現代建築用語録

復刻版

宮脇 檀・コンペイトウ 著

彰国社

本書は、1971年に刊行された『現代建築用語録』の
第1版16刷(1993年9月10日)をもとに、
当時の時代背景、著作のオリジナル性を尊重し、復刻しております。

復刻管見

41年前、33年前に出版された2冊、著者は故宮脇檀とコンペイトウ。檀さんが62歳で亡くなって早13年が経ち、コンペイトウはいずれも檀さんの没年を超えた。

そもそものきっかけは情報科学芸術大学院大学および東京大学の名誉教授である横山正さんを誘い、彰国社から1冊、出版しようということだった、と聞く。檀さんは四谷三丁目の木賃アパートで最初の事務所を始め、この時、横山さんは午後7時から10時までの社員第1号。3歳年下の気心の知れた友人だった。横山さんは生憎、イタリア留学に出発し、檀さんは「マ、ショウないワ」と10年近い後輩のわれわれを呼び出した。

天から槍が降ってこようが、コンペイトウはヘイチャラと何食わぬ顔をしながらも、学生の分際と10年先輩では知識・経験の大差は紛れもなく、「吉村順三先生が設計したもっとも小さくて（13坪）もっとも安い家（を）…建蔽率、容積率の許す限り周りに増築して、宮脇家と宮脇事務所を入れて、50坪の家にして住んだのです」（「宮脇檀―わが軌跡を語る」別冊新建築1980年9月）と檀さん自ら追想した事務所に、打ち合わせを口実に入り浸り宮脇蔵書を読みかつ筆記し、2年余りが瞬時の如く飛び去った。

33年を遡ることさらに数年以前は、青山墓地のなかを突っ切る桜並木から横町に折れた、とあるアパート。コンペイトウの2人はヨコのものをタテにすることを覚え、読んでは記す生活を続けていた。こういう時ばかりは「檀先輩」と、2人で1冊分の原稿を準備し、檀さんに「まえがき」をお願いし、共著のかたちをつくった。

1970年代、東大安田講堂、新宿地下通路、大阪万博、浅間山荘、防衛庁本館などでの出来事の波紋は、アメ横調査、都市モニュメント廻り、蓼科山小屋や戸隠ドーム建設などと共にコンペイトウの生活や作業を浸し、2冊の著書に及んだ。10年越しのコンペイトウは、この時代をもって終焉。

勝手に「先輩格として意識し、興味を覚えた八田利也（ハッタリヤ）」のような、アイロニーの刃先（きっさき）をもたぬ甘いコンペイトウの著書は、先輩の名著とは比するべくもない。はたして復刻に馴染むか、読者掌中の書たりうるか……、忸怩たるものがある。

2011年5月13日　コンペイトウ

復刻版装幀デザイン………赤崎正一

ボキャブラリーノート

　現代に用語なり概念の定義が可能であるかという問いからこの本はスタートした。

　定義という語の意味はある概念の内包を構成する本質的属性を明らかにし，他の概念から区別することであり，その概念の属する最も近い類をあげ，それが体系中に占める位置を明らかにし，さらに種差をあげてその概念と同位の概念から区別する方法であると位置づけられている（広辞苑）。

　この位置づけのあまりにも科学的な定義は，18世紀のリンネ以来の界・門・綱・目・科・属・種といった生物の分類に共通する概念が前提となっている。

　つまり万物は基本的に分類可能であり，樹幹状に体系化され，その枝を細分化することによりあらゆる事象の客観的分析が行ないうるというギリシア的，ルネサンス的な概念である。20世紀の初頭，これらの概念があらゆる面で否定されたにもかかわらず，人間の思考は依然としてこうしたルネサンス的科学万能の思考に大きく支配されている。

　一世を風靡しつつある情報社会の思考の中にも同様な方向性がみられる。科学や技術・組織が細分化され，複雑化し多様化する時代において，新しい概念・用語・定義・約束が横行し，定義は新しい定義を生み，概念は次の対概念を生む。これらのあふれこぼれんばかりの概念に対して情報化社会とはコンピューターによる記号化，分類化によって，2進法を樹幹構造として全体を完全にカバーしうる社会であるという暗黙の了解がある。情報化はこれらの情報をいかに分析し，整理し，再取を容易にするかの技術の面でとらえられようとしている。

　これはきわめて低次の情報化社会のあり方だといわねばならないだろう。一つの概念が一つの事象または物を完全に正確に表現できると考えられていた時代には，たしかに分類の細分化，広域化によってそれは可能になるだろう。けれど情報化の本来の意味はそのように低次な部分にあるのではなくて，それぞれの概念そのものが古典的な定義から崩壊し分散しつつ全体の領域を無限に広げていく状

況にあり，情報化社会の真の問題点はこうした極限化する状況の中で自己の情報を顕在化させ，確認することにある。

たとえばコミュニティという言葉がグロピウスたちによって1947年 CIAM の第6回総会で使用されたとき，それは明確な概念用語であった。それは中世的な共通の精神世界を共有する一つの閉ざされた地縁社会を意味していた。現在都会で働く人間にとってコミュニティは地縁コミュニティでなく，同じ会社または企業集団における横の連帯においてこうした意識が強く働いており，主婦にとっては子供を媒体とした点在する同種人の意識をコミュニティとした PTA 的連帯として把握されている。

住宅公団的な発想からいえば，コミュニティとは近隣住区として段階的なクラスター状の共同施設をそなえた住居群をいう。盛り場をさまよう若者たちにとっては対象となる目的物を持たないことが彼らのコミュニティの現われとして無意識に意識されており，広場でスクラムを組み，フォークソングを歌う若者たちは逆に体制に対する明確な対立の意識が彼らのコミュニティを作り出している。同じ盛り場の道が歩行者天国として解放されるとき，そこにはコマーシャリズムと政治のゆがめられた疑似コミュニティが人びとをあざむき出現する。

これらのさまざまなコミュニティの意識は大きく精神的な——それも主としてフィジカルな触れ合いによって生ずる——連帯感という意味で共通するだろう。ちょうど生物でいえば属とか門のあたりでくくることは可能だろうが，それをもう少し細かくし，1次……X次に至る細分類を試みることによってあらゆる意味でのコミュニティを定義づけることは不可能である。

状況としての現代社会は正にこうしたルネサンス的な単純核やバロック的な軸に収斂する様相ではありえない状況をさす。それを可能であるかのように錯覚しがちであること，そこに情報化社会の持つ最大の危険性がある。

建築の設計を考えるとき，それは概念の定義に似ている。建築とは一つの概念であり，設計とはその概念を定義づける作業に等しい。

概念が一つの定義または数十個の分類でコンピューター的に説明できるとするならば，建築の創造性は全く無意味になってしまう。

たとえば住宅の場合，たしかに都市住宅または週末住居，一戸建または共同住

宅といった大きな分類から，家族数，面積，予算レベル，必要室，地域性，教養度等と分類の項目をどこまでもふやしていき $\varphi=f(x^1+x^2+x^3+x^4……x^x)$ としたところで最終的な家の型が決定することはありえない。

最終的に形態や空間を決定するのはこうした家に住みたいという建て主の，こんな家にすべきだという設計者の倫理の世界であり，この部分において初めて創造の世界が成立する。

もちろんコンピューター的な概念化の作業によって近似的な，しかもきわめて収斂した型での方向づけは可能であるし，その意味でこの方向で建築物を造り出すことは決して不可能でないし，逆に創造性といった神秘の中に隠されてしまう個人の恣意的な欲望や錯覚のミスを発見することはありうる。

科学的な意味においての誤りのない建築物を作り出すという意味でこの方法はたしかに正しい。工業化やそれに伴う標準化，規格化のレベルでこれは正しい方向なのだが，これは決して終局の目的でないことは当然である。

設計においてもこの多様化した様相は分類の項目をふやし，系統化することによって終局の方向を発見することではなくて，逆に概念が次々と発展することにより分類不能に近い状態になる状況を意味している。

その方向はある一面におけるきわめて収斂した方向性でありながら，それをしぼればしぼるほど，他の部分において同様な強い方向性を生み出さざるをえない。そしてそれらを最終的に選択し，決定するのは個人であり，その部分に創造性が存在するし，それゆえに設計という作業の価値が存在する。

話を材料という例にたとえてみると，コンクリートの場合，どの時代，どの時期を見てもコンクリートとはこういう性質のものだという一般概念とそれを破る新しい概念が次々と生まれてきた。

大規模に建築に登場したとき，それは人工石であった。石と同じ性質，型を作ることが可能な材という一般概念があった。それが現代建築の登場により，構造の表現という新しい論理の登場により力の流れを表現する構造材として，版として，薄膜として，柱・梁の楣的表現として，プレストレス材として，プレキャスト部材として，打ち放され，はつられ，サンドブラストされ，みがかれて使われてきた。それは重々しいもの，量の表現，軽やかに飛ぶもの，荒々しいもの，高貴なるもの，細やかなもの，暖かいもの，冷たいものとさまざまな扱われ方をさ

れてきた。

　これらの扱われ方の豊富さには，もちろんコンクリートの可塑性——自由な表現を可能にする中性的性質を意味しているのだが，それだけでなく，それを選び，使用した人間にとってコンクリートは何であったか？——というその中性的な材に対する人間の構え方，倫理または心情の部分の豊富さ，多様さを意味するところに価値が存する。

　石灰 64.8，礬土 5.7，珪酸 22.1，酸化鉄 3.2 を主成分とするセメントと，水・砂・砂利という単純な構成のコンクリートがこれだけ千変万化の使われ方がされている。そこにつくる行為が存在し，つくる人間の場における解釈が施されたからにほかならない。

　今，現代建築はかつての教条的で，古典的な成立時のパターンを通過してカオスの状況を模索している。カオス的状況が現われ始めたひととき，どの方向が現代建築の主流であり，どれが正しい一つの路線であるかを求めようとする意識が見られた。

　けれどもこのカオス的状況は決して一つに統一されるものでなく，その豊富さ，無方向性的混乱そのものに意味がある。それぞれの人間，個々の創作者たちにとってそれぞれの方向があり，かつての○○スクール，○○派といったきわだった集権性は失われている。

　こうした時代としての現代建築のあらゆる部分についてそれぞれ無数の概念用語があり，これらの概念用語を教科書的または教条的な統一解釈を設けようとすることがナンセンスであるという次元から出発したこの本は，だから決して辞典でもなければ字引でもない。

　概念が多様化しているとして，その多様さを展開してみせようとも思っていない。つまり僕たちという個々の人間にとって，この概念はこうであると突っぱねることにしか現代的状況における定義の意味はないという立場である。

　そしてこれは同時に読む人たちに対して自分自身の定義，解釈を要求することによって，豊富化の方向をより拡大していきたいという姿勢でもある。無責任のようだが，今こうした本が意味あるとしたら，そんな部分ではないかと僕たちは考えざるを得なかったからである。

本の構成はまったくランダムである。単に50音順に用語が並べてあるにすぎない。どこからでも読める，つまり読物的に扱った。用語概念は原則として見開き2ページで処理されており，定義の半分は従来的な辞典的な扱い方——つまり客観的な事実の紹介——にとどめ，後半で僕たち自身のその用語に対する概念規定を述べている。付属して写真・資料等これを助けるのに必要であると思われる，または，最も象徴的に僕たちの概念規定を表現していると思われる図版を併用している。

　巻末の資料索引はこの本文において自己の内部における新たな問題提起に対して有効であると思われる資料のリストである。われわれの本文は実はこれらの資料に読者が手を出さざるをえないようにしむけるための触媒的意味しかない。

　出版に際して示唆を与えていただいた彰国社の金春国雄氏，終始進行を進めていただいた同社の山本泰四郎氏，鈴木泰彦氏に，井出建・松山巌・元倉真琴の三人の仲間とともに感謝しなくてはならない。

　　昭和45年残暑，所員の帰った真夜中の事務所にて

宮　脇　　　檀

目　次

12　ARCHIGRAM
14　Architecture without Architects
16　アーケード
18　新しい都市交通
20　アーツアンドクラフツ運動
22　アテネ憲章
24　アーバン・スプロール
26　アーバン・デコレーション
28　アメリカの新世代——体験派建築家たち
30　アールヌーボー
32　インターナショナル・スタイル
34　インテリア
36　インフラストラクチュア
38　エキスティクス
40　SOM
42　M.C.
44　LCCからGLCへ
46　L+nB
48　かいわい
50　輝ける都市
54　桂と日光
56　カーテンウォール
58　機能主義
60　空気構造
62　クラスター
64　形態は機能を啓示する
68　GEAM
70　ケヴィンとペイ
72　幻想の建築
74　建築家

- 76 コアシステム
- 78 構成主義
- 80 構造デザイナー
- 82 五感建築
- 84 五期会
- 86 ゴシック
- 88 コートハウス
- 90 コンクリート打放し
- 92 サリヴァン
- 94 CIAM
- 96 シェルター
- 98 シカゴ派
- 100 自動車
- 102 シドニー・オペラハウス
- 104 借景
- 106 住宅産業
- 108 週末住居
- 110 ジョイント
- 112 城下町
- 114 食寝分離
- 116 真 行 草
- 118 新建材
- 120 新古典主義
- 122 新都市
- 124 スケール
- 126 スターリング
- 128 ストリート・ファニチュア
- 130 施工会社設計部
- 132 第1期カリフォルニアの住宅
- 134 大架構

- 136 大パリ計画
- 138 タウンスケープ
- 140 丹下健三
- 142 団地
- 144 地下街
- 146 チーム X
- 148 帝国ホテル旧館
- 150 テクニカル・アプローチ
- 152 デザイン・サーヴェイ
- 154 デ・スティール
- 156 田園都市
- 160 伝統論争
- 162 東京計画―1960と麹町計画
- 164 道路からの景観
- 166 都市のイメージ
- 168 都市のコア
- 170 都市はツリーではない
- 172 NAU
- 174 中廊下
- 176 2DK
- 178 日本の都市空間
- 180 ニューブルータリズム
- 182 バウハウス
- 184 パースペクティブ・ビュー
- 186 パルテノン
- 188 "はれ"と"け"
- 190 バロック
- 192 万国博覧会
- 194 P.Sコンクリート
- 196 被サービス空間――サービス空間

- 198 尾州檜
- 200 表現主義
- 202 ピロティ
- 204 広場
- 206 フィラデルフィア——都市の歴史
- 210 複合建築
- 212 フラー
- 214 プランナー
- 216 プリミティブ・ビレッジ
- 218 プレファブ
- 220 分離派
- 222 マンション，コーポ
- 224 ミース・ファン・デル・ローエ
- 226 未来都市
- 228 未来派
- 230 民家
- 232 ムーブネット
- 234 メタボリズム・グループ
- 236 モビールユニット
- 238 ユニテ
- 242 ライト
- 246 理想都市
- 250 ル・コルビュジエ
- 252 ルーバー
- 254 ローマ——都市の歴史
- 256 ロンドン——都市の歴史

- 258 文献
- 275 索引
- 286 引用文献

ARCHIGRAM

　1961年ピーター・クック(1936～)が中心となってデヴィト・グリーン(1937～),マイケル・ウェッブとともに雑誌「アーキグラム」を刊行する。第1号はさほど世評を浴びなかったが,テオ・クロスビーを通じてちょうどLCCでクイーンエリザベス・ホールの設計に携わっていたウォレン・チョーク(1927～),ロン・ヘロン(1930～),デニス・クロンプトン(1935～)のグループと接触を持ち,一つのチームとしてクロスビーに協力してディラーウィドロー建設会社のユーストン駅再開発計画を進めることになり,同時に6人は雑誌「アーキグラム」を通じてプロジェクトを発表する。6人の結びつきは,「ある程度係わりを持つ思想や感情の持主とだけ付き合えばよい(ウォレン・チョーク)。」(第7号)のごとく,CIAMやチームXなどのように明確な運動方針を持たず,6人のほかにアーキグラムに参加している者も多い。

　こうしてアーキグラムはその後ホラインのBAU,イギリスではMegascope(1964～)ノーエル・ロバーツほか編,Clipkit(1966～) P.マーレイ編など,造らない建築＝グラフィック・アーキテクチュアの先鞭をつけることとなる。

　プロジェクトの素材がまた「ダイデアの心理学とスーパーマンの心理学,月世界の建築と小麦製粉所,ラジエーター・グリルとロケット発射台,こういう対極的なものに同じように係わり合うこと」(第2号)。パロディックな都市装置のプロジェクトに,決定的な影響を与えたものは宇宙ロケットとその作業場であろう。そこに巨大な機械類の動きと制御するコンピューターを見る。それは「歩く都市」(ロン・ヘロン)や「プラグイン・シティ」(P.クック)等のプロジェクトで,カプセル,ネットワーク,チューブ,クリップ止めという概念に結びつく。

　アーキグラムのプロジェクトを機械美とともにささえた要因は,イギリスを初めとして人間の生活,文化が60年代を境に大きく変貌をとげた点にある。人間生活の基盤が揺れ動くなかで「完全消費性」「クリップ止め住居」という概念が生まれ,第7号以降から始まる物と人間との係わり合いへの興味は宇宙船内部の人間の行動,宇宙服の完全カプセル性の都市への置きかえのごとく人間の行動を探っていく方向を取り始め,インスタント・シティ「2人のための快適さ」と題された不思議な服,「マンザック」という奇妙な家庭用品に集約する。アーキグラムは未来の建築に見えるかもしれぬが,それは現在の状況を丸のみにしたカリカチュアであり,彼らの言うようにいつ現われるかもしれない。

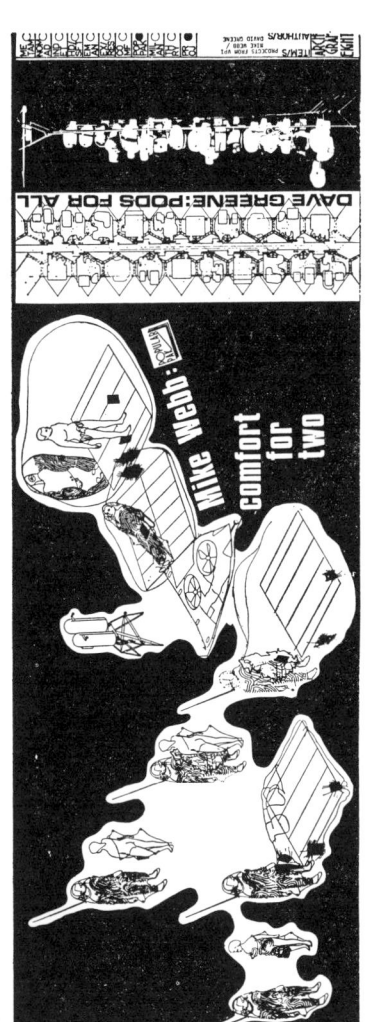
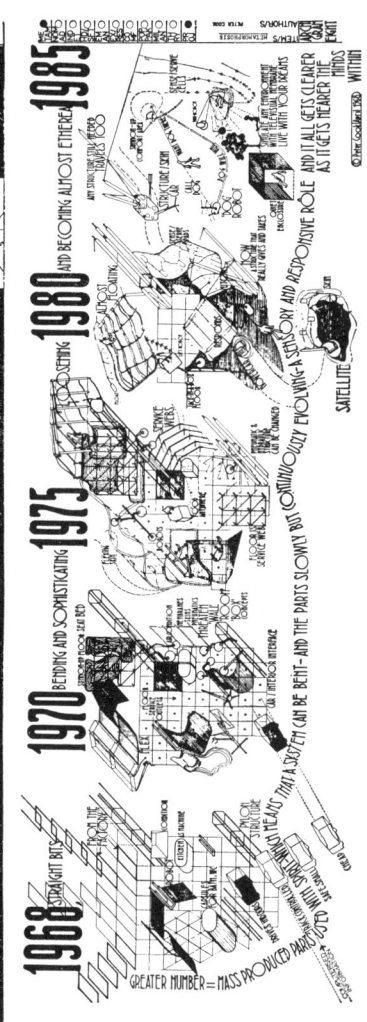

デイブ・グリーンの「みんなのポッド」
マイク・ウェッブのポップパック「2人のための快適さ」

ピーター・クックのプロジェクト

アーキグラム第8集より

Architecture without Architects

　Architecture without Architects＝建築家の関与しない建築（建築群）は意識的に計画されたものではなく，無意識で自然発生，自然淘汰的なものをさす。一般に vernacular（その土地固有の），anonymous（匿名の），spontaneous（無意識の），rural（田舎ふうの）の言葉で定義され，多くは特徴的な形態を持っている。民家とか最近よくデザイン・サーヴェイ（→ p. 152）として採り上げられる類の集落，それから文化人類学で取り扱うようなプリミティブな集落もこれに属している。広い意味で現在のわれわれの都市の多くは Architecture without Architects だと言える。

　「プリミティブワールドにおけるプランニング」(planning in the primitive world) の序でダグラス・フレーザー (Douglas Fraser) は「ある人間がどんな時代にどんな場所に存在しているとしても，固有の住居が存在するし，固有の構造を持っているはずで，それは工業時代以後に考えられてできたというものではなく，プリミティブな社会においても自然に見られる。そして固有な構造がどんな選択過程を経て生じたか，その過程を知ることには意味がある」と言っている。そしてこれを形態的，公式的なものとして見るのは間違いで，最近の人類学のように相互関係に着目し，構造－機能的方法によらなければならないとしている。

　Architecture without Architects の生成の過程は無意識的なものである。C. アレキサンダーは「無意識的な過程」と，計画された「意識的な過程」とを比べながら，無意識的な過程では絶えず失敗に当面し，ダイレクトに反応し調整する。自己調整の行為はシステムを持った積極的な均衡の持続によくフィットした形態を作りあげる。それに対して意識的な過程では，このような繰返しは行なわず，当初から永久的調整をしようとするのでフィットしないものができてしまう。

　このように「無意識的過程」で生成した建築に驚くのは，その形態やプランニングがわれわれの概念とはひどく異なったものでありながら，その場の生活に非常によくフィットしている点であり，逆にわれわれが意識的にデザインをするとき，確かに非常に進んだ技術——たとえばプレファブ，フレキシブルな動くストラクチュア，フロアヒーティング，エアコン等——を持っている。しかしそれらを使って人間の生活にフィットした状態を作っているか。またフィットした状態をデザインするのに，どのような意識的過程を踏まなければならないか。Architecture without Architects が投げかける問題である。

スペインの典型的なヒルタウン

アーケード

日本中いたるところ地方の街にある○○銀座と呼ばれる商店街のほとんどはアーケードでおおわれている。多くは車の通行を禁止し，2階分の高さで街路全体をおおうものも少なくない。

両側の歩道をアーケードでおおったものはヨーロッパ各地の古い街（ジェノヴァ，ボローニャ，ベルン等）の伝統的なアーケードの姿をそのまま受け継いだもので，街路全部をおおい歩行者専用にしたものは，有名なミラノのガレリアなど，各地に多い。

商取引が広場だけで行なわれていた中世以前，広場の周辺に雨のときのためのアーケードが造られることが多く，街路状店舗の定着により，それが道路沿いに伸び，やがてショッピングに都市生活の一つの中心が移行するに従って街路全体がアーケード化され，遊歩道的になっていったヨーロッパでの形成の歴史の後半を日本では引き継いだものと考えてよい。

ショッピングセンターが都市の最大のセンターになる現代都市の自然の方向から言えば，このように風雨や昼夜に関係なく，ある程度空間化された装置は利用者の当然の要求であり，特に歩行者が自動車に脅かされない唯一の場であることが，こうした装置を伴った街路を当分要求し続けるだろう。しかし有名な浅草の仲見世，武蔵小山商店街の成功に刺激されて，続々と発生し定着し始めているこれらの都市的装置は，その必然性の高さの一方，既存商店街への現実的な密着度の強さからくる低いレベルでの現実的解決法でありすぎるところに問題がある。

第1に両側建物の最大公約数的な高さと型をとらざるを得ないし，個々の商店街のみの出費で造られるため，安価でかつ露骨な商業性が前面にむきだしになっている。第2に都市的な建築物として，都市の地域と地域を結び，また独自な環境を造りうる可能性を持ちながら，全く単独で，都市を結ぶ新しいネットワークになりうるものが線状の点としてしか存在していない。建築的に言えば，インテリア・エクステリアとも言うべき J.スターリングやK.ローチが最近提唱している第3の空間に十分なりうるのに（ミラノのガレリアは完全にこうした性格を持っている），そこまでの配慮が全く欠けている等々。

遊歩道（モール）が都市デザインの武器として注目されているとき，またショッピングを都市の核として評価せねばならないとき，アーケードを一つの手掛りとして都市の構成を考える方法は考えられるのではないだろうか。その意味でもう一度既存のアーケードを分析し評価する必要がある。

ジェノヴァのガレリア　こうしたアーケードはヨーロッパに多い

新しい都市交通

現在,都市交通で第一にとりあげられるのは自動車(→p. 100)の問題であるが,今の道路建設中心の都市交通の改良は,見通しが暗い。それに,ロスアンゼルスのような都市に対しても次のような反省が見られる。「買物したり,リラックスしたりする所が,車で行くような所よりも家に近くて,歩く距離内にあることが大切ではないのか。」

最近の考え方は,都市の混乱を助長するだけの改良主義的方法という狭い考え方を捨てることが必要であるとしている。そして自動車にたよらなくても,どの人も行きたいところにすぐ行ける交通システムを確立することが必要で,それには,現在開発中の新しい交通システムを推し進めるとともに,単独の交通システムですべてをカバーすることはできない。種々のシステムの持味を発揮させ,それらを結合して連続性を獲得することが必要である。

都市は交通の集中地点であり,そこから四方八方に広がる分散の拠点でもある。高速道路,高速鉄道,急行バスシステム,航空機はこの集中分散に仕えるおもな交通システムである。これらとともにおのおのの交通機関の拠点と拠点を結ぶシステム,たとえば空港と都市とを結ぶヘリコプター,モノレールなども必要となるだろう。またさまざまな交通システムの切換点で,それらを連続させたり,都市内の日常的な行動に対応するための副次的交通システムも必要とされる。ブライアン・リチャーズは「新しい都市交通(New Movement in Cities)」(曾根幸一・森岡侑士訳)のなかで,未来の都市の中心地区において四つの副次的交通システムの必要をあげている。

1. 全般的な動きに対する,ノンストップ機関の無蓋の「カーベア」システム
2. 交通の切換節点や,レベルの変換で役立つ歩行者コンベヤー
3. 外部空間で使われるミニレールシステム
4. 私的に使われるミニカー,ハイヤーまたはタクシーのシステム

このように都市はさまざまなオーダーのさまざまな交通システムを必要としている。それらのネットワークは互いに重複し合い,からみ合うものとなり,都心のスペースの絶対的不足と相まって,交通施設はますます立体化されていく。そして副次的システムが,相互に繫いで連続性を与える。このシステムに都市の目的空間がダイレクトにとりついて,またそれらが交通システムを組み込んでしまうことで――今の地下鉄の駅や都心・副都心の駅に見られるように――都市の集積効果をますますあげるものになるだろう。

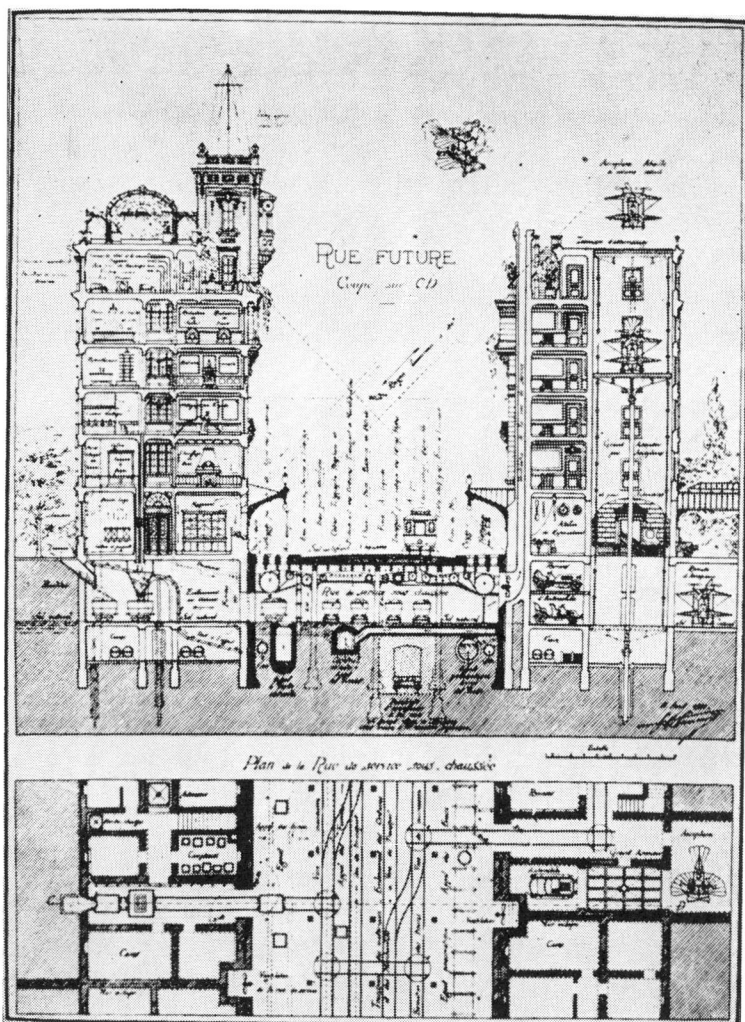

エナールは都市をエネルギー運動の総合的なシステムと考え，街路・建物が一体化し運動している。
飛行機のためのエレベーターはなにも航空母艦専用ではない。

エナールの都市交通のためのプロジェクト

アーツ アンド クラフツ運動 (the arts and crafts movement)

イギリスでは1760年ごろから産業革命に突入し、1840年には、ほぼその時期を通過したと言われるが、社会・経済等、生活全般にわたって非常に大きな変化が起こった。この産業革命を推し進める大きな要因となったものは紡績業とそれに続く製鉄・製鋼方法の変革である。

紡績業ではハーグリーヴズのジェニー紡績機 (1760年代半ば)、アークライトのウォーターフレーム (1769)、クロンプトンのミュール紡績機 (1779) などの発明が続き、また製鉄業ではベッセマー法、オープンハース法が発明され、その生産量は鉄で1780～1830年の間に30倍近くに、出炭量は1810～1857年に20倍というように驚異的に伸びた。だが手工業制マニュファクチュアから工場生産への移行によって、中産的生産者層は産業資本家階級と賃金労働者階級へと終局的に分解し、都市は変質し、農村からの労働者を多量にのみこみ、肥大し、労働者の雇用条件の悪化と同時に都市環境そのものの悪化をもたらした。これに対して人びとはその悪の根拠、機械の破壊を標榜したラッダイト運動 (1811~2) や選挙法改正に対して圧力を加えようとするチャーティスト運動を組織するなど資本主義社会開幕の多様な動きを起こした。

デザインの分野においても一つの動きが現われた。「息つく暇もなく走っている最中には、生産者も消費者も無数に出てくる新しいものの対応に忙殺されて、それをいちいち洗練している暇はなかった。中世紀の職人は絶滅してしまい、すべての製品の形態や外観は無教育な製造業者の手にゆだねられていた。」(ニコラス・ベヴスナー、白石博三訳) このような虚偽と醜さに満ちた安い大量生産の品物のなかでラスキンの「ヴェニスの石」等の著作から大きな影響を受け、中世の精神を理想としていたウィリアム・モリスは手工芸製品の復興を叫んで1861年モリス・マーシャル アンド フォークナー商会を設立、中世の職人の実例に啓示されて、装飾芸術または間接的には建築に対しても (たとえば1859年 P.ウェッブによる「赤い家」と呼ばれる自邸) 偽りのない創造感覚をとり戻す運動を始めた。

彼は「芸術は人間による労働における喜びの表現であると考える。そして民衆によって民衆のために作られ、作る者と使う者にとってともにそれが楽しみでなければならない。」「芸術はこのままの組織 (機械生産を基本とする社会組織) が継続するならば文明から姿を消すだろう。それにつけて考えられることは全組織を一度ご破算にすることだ。」(白石博三訳) との考えを実現すべく職人と共に製品を作ったが、それ

らは,少数の愛好者むけの高価なものとなりがちで,結果として彼が述べた「成金の下劣なぜいたく」のための芸術になりかねなかった。しかし手工芸を芸術作品をつくり上げていく重要な要素であると考える W. クレインや C. アシュビーのような後継者が現われ,また 1880～90 年には芸術的な職人技術の向上のために五つの団体が発足し,すぐれた手工芸品の展示普及にも努めた。モリスらの仕事は単に手工芸の復活を唱えるだけでなく,たとえば 1851 年ロンドン博の出品作とアーツ＆クラフツの作品を比べると明らかなように,機械時代の材料,形,あるいは絵の出発点となるようなものであったため,大陸に伝わってアールヌーボー (→p. 30) の形成に大きな影響を与えたし,またグラスゴーで活躍し,1899 年グラスゴー美術学校を完成した C. マッキントッシュに直接的な影響を与えている。

ウィリアム・モリスがデザインした本の表紙

アテネ憲章 (la charte d'Athen)

　アテネからマルセイユまでのパトリス号の船上で行なわれた1933年CIAM 4回大会は，CIAM初期のドイツ現実主義者に代わってコルビュジエ（→p. 250）たちが主導権を握った大会であった。「機能的都市」がテーマで，ドイツでは国会からヒトラーが政権を奪ってはいても，夏の地中海はたしかにロマンチックであった。この大会の最後にアテネ憲章がつくられ，「住居」「レクリエーション」「労働」「交通」「歴史的建築」の5項目95の現代都市に対する考察と要求事項がまとめられている。これらの考え方はイギリスにおける田園都市の建設，アメリカにおける近隣住区論の提唱(1927)や歩車道分離スーパーブロックの提案を含むラドバーンの建設(1928)等と相互に刺激を与えているであろう。またコルビュジエは「輝ける都市」を同じ年に出版している。　R.バンハムは次のような意見を述べている。「ビジョンを広げる意味においても，また都市をその回りの地域との関連なくして考えられないことを主張した点でも一般論の良さはある。この説得力ある普遍性のためにアテネ憲章は世界的適応の可能性を感じさせるが，同時にこの普遍性には建築と都市計画との双方にわたって非常に偏狭な考え方が含まれ，CIAMに次の責任をはっきり負わせている。

　a)機能別に確保された地域の間に緑地帯をもうけるという，機能優先のゾーニングによる計画。

　b)"人口密集地域の住宅団地は必ず高層の広く間隔をとったアパート群"という言葉で憲章に表わされている単一的都市団地。

　30年経た今日では，われわれはこれを単に彼らの造形的な好みとして受けとるが，その当時はモーゼの戒律のような力を持っていた。」(現代建築事典)

　CIAMの第4回大会において論じられた研究の成果が，今日＜アテネ憲章＞と呼ばれているものである。これが最初に公表されたのは1933年ギリシア技術協会の機関誌の第44, 45, 46の合併号であり，ギリシア語とフランス語によって会議の議事録とともに掲載された。その後，各種の事情で出版されなかったが，1941年にCIAMのフランスグループによって，憲章とその各項の解説付で出版が実現された。序文は，政治家で劇作家として有名なジャン・ジロドゥーが書いている。

　しかしこの版は敗戦後のフランス国内の事情のため部数が少なく，一般に普及しなかった。1942年，セルトが＜Can Our City Survive?＞をハーバード大学出版部で出した時，＜The Town Planning Chart, Fourth C. I. A. M. Congress Athens, 1933＞と題して本文の英語版が初めて公表された。これは，プロン社刊のフランス語版とは異なった構成をとっている。

（佐々木宏；抜粋）

第2部　都市の現在の状態，危機と対策

住　居

23　住居地域は，地形方針をたて，気候を尊重し，もっとも条件のよい日照や適当な緑地を配置し，今後は都市の中でももっともよい場所を占めるべきである。

24　住居地域の決定は，保健衛生上の理由によって規定されるべきである。

25　合理的な人口密度は，土地の性質そのものから割り出した住居の形態によって規制されるべきである。

26　最小限必要な日照時間は，ひとつひとつの住宅に定められなければならない。

27　交通路に沿った住居の配列は禁止されなければならない。

28　高層建築物の建設に現代技術の手段を考慮に入れなければならない。

29　高層建築物は互いに広い間隔で建てられ，広大な緑に地面を解放すべきである。

余　暇

35　すべての住居地域には，今後，幼児や青少年や大人の遊戯やスポーツのための合理的な施設に必要な緑地をそなえるべきである。

36　非衛生的な街区は取り壊して緑地に変えること。隣接地区は清潔になるだろう。

37　新しい緑地帯は，幼稚園，学校，青年のセンター，または住居と密接な関係のあるすべての公共建築などを含む，目的のはっきりした施設に役立つこと。

38　週1回の自由な時間は，公園，森，運動場，競技場，海水浴場などの，よく準備がととのっている場所で過ごそう。

40　河川，森林，丘陵，山岳，渓谷，湖，沼，海……これらはじめからあるエレメントを尊重しなければならない。

労　働

46　職場と住居との距離は，最小限に短縮すべきである。

47　工業地帯は住居地区から独立しなければならない。そして緑地帯によってひとつひとつ隔てられていなければならない。

50　私的または公的経営に当てられる業務地区は，都市内またはその近郊にある工業地区や家内工業地区と同様に住居地区との良好な連絡が確保されるべきである。

交　通

59　都市およびその地域における厳密な統計や交通全体に関する有効な分析がなされ，交通の方向とその通過量をあきらかにしなければならない。

60　交通路はその性質によって分類されるだけでなく，乗物の機能とその速度によって建設されるべきである。

61　交通の流れの混雑する交差点は，立体交差によって，交通が途切れないように整備されるだろう。

62　歩行者は，自動車とは別の道路を通れるようになること。

63　街路は，住宅地の道路，散歩道，通過交通道路，幹線道路など，用途別に区別されるべきである。

64　緑地帯は，原則として，主要な交通の流れを絶縁すべきである。

（佐々木宏・芦沢行男訳より抜粋）

アーバン・スプロール

東京の丸の内に夜間居住しているのは，守衛ぐらいだと言われるほど，都心では夜間人口が激減する反面，周辺の近郊地域に人口の過密状態を呈している。この現象は日本のみならず，世界の大都市に共通の現象でもある。

ロンドンでは，中心のシティ人口が19世紀末から減少し始め，周辺の半径10kmのカウンティ人口も今世紀初頭の454万人を最高にその後減り始め，さらに外側の大ロンドン部分も第二次世界大戦後は外へ拡大している。パリも市内人口は20世紀にはいると頭打ちで，セーヌ・エ・オワーズ県へと移っている。アメリカは，人種問題も影響し，ワシントンでは中心部の黒人街のスラム化が，白人の郊外逃避を助長している。

日本の場合，昭和30年以降の高度経済成長期に，人口5万人以下の小都市は人口減少を示し，50万〜100万人都市の増加が著しく，35年から大都市は停滞し20万〜30万人都市が成長し始めた。これは大都市周辺の郊外へドーナッツ型に夜間人口が拡大したことを示している。農業や石炭産業に依存した市町村，大都市から離れた市町村は淘汰され，南関東や近畿臨海の東京・大阪50kmの圏内にあるベッドタウンは爆発的に人口増加が進んだ。

アーバン・スプロール現象の根底は土地問題にある。高度成長施策は，急激な設備投資増に伴う工場用地と企業の管理部門の拡大をもたらし，同時に中央官庁と結びつけて東京に集中する傾向を強め，さらに企業は庶民が家を建てようと貯蓄した資金を銀行から融資を受け，土地買収を計り，費用は経費として計上して値上がりを待つ資産とする。つまり庶民が家を建てるために貯金するほど地価が高くなるという矛盾が働く。大ロンドン計画を模した首都圏整備計画も，財政支出を既成市街地にあまりに近い衛星都市の開発に重点を置いたため，地価高騰をより進め，そのうえ郊外農地が細分化されているのに加えて，零細不動産業者がはいることにより，いっそうの土地分割が起こり，住宅金融公庫の融資さえも借地困難から小規模の土地購入にあてられるために，結果的には地価高騰に肩入れをしていることになる。こうした悪循環の結果，都心にはビルが建つが，大衆は地価の安い郊外へと移住を続けることとなり，通勤の交通量も増大し（駅ができたり交通の便が良くなると，移住者が増し，地価が高騰する），道路事業もまた進まず，オフィス・工場の水の需要増から水不足に悩み，ゴミ・下水道等の環境施設の不備も起こる。

スプロール現象は，マンションをいくら建てようとも解決はしない。

やがてスプロールは山の斜面を登り始める

アーバン・デコレーション（urban decoration）

　近代建築運動以来，絶えず攻撃され続けてきたデコレーションという言葉は，現在，アーバン・デコレーションという概念で蘇生してきた。デコレーション＝装飾という観念は素材に対して常に純粋であろうとした近代の建築概念と衝突するところであった。アーバン・デコレーションの概念は，建築や都市への視覚的なものの再認識からきている。人間が環境に最も影響を受けているのは，都市の表面部分ではないか。都市を単に機能や俯瞰図（ふかん）として見ていくのではなく，もっとミクロに，体験的に見ていく。プライベートな部分に対して，パブリックな部分を注意深くひろっていくことが必要である。アーバン・デコレーションの方法は，都市を構成している街路に面した表皮的な部分を操作することによって街をわかりやすく，特性をもったものにしようとするのである。

　視覚的な都市の把握への再認識は，現在いろいろな次元で行なわれているが，そのいずれもサイン，シンボル，イメージの問題として把握しようとしている。ケヴィン・リンチは視覚構造的に都市とイメージの問題を扱い，R. ヴェンチューリは「ラスベガスから学ぶこと」の小論で「ラスベガス環境はコマーシャル・ヴァナキュラーである看板がつくっている」と述べている。

　またルネサンスやバロックもこの視点で再認識されている。これらの時代ではアーバン・デコレーションの考えはごく当り前だった。建築の高さをそろえ，1階部分をコリドアにし，統一されたペーブメントと植樹など建築のファサードや道や広場の表面を操作することでパブリックスペースにデコレートを施していた。現代のアーバン・デコレーションの要素のひとつは，やはり建物の外部形態と外部表面とペーブメントと植樹である。それにコマーシャルを中心とする看板類，キオスク，ストリート・ファニチュアがある。

　これらの表面に囲われた中で人は毎日の都市生活を送っている。

　アーバン・デコレーションの手法で特に最近目立つ方法は，外壁のペインティングである。ペインティングの都市的スケール例では，ブルーノ・タウトが外装に色彩を施した試みがある。現代では芸術家やグラフィックデザイナーによって古い建物の外壁をペインティングすることによって蘇生させ，その環境に活気を与え，また地域のシンボル的効果を与えている。

　都市環境はめまぐるしく変化する。そしてその表面はもっとはげしく変化をする。都市のブルドーザーによる変革ではない，もっとソフトなコントロールを考える必要があるだろう。

環境はコマーシャル・ヴァナキュラーか（少年サンデーより）

アメリカの新世代——体験派建築家たち

　アメリカ住宅の原形はニューイングランド地方のバルーン構造とシングル葺のアメリカ・コロニアル・スタイルで，その伝統は愛され続けてきたが，一般的にはモダニズムの住宅に圧倒されていた。しかし，ここ10年ぐらいにアメリカの住宅の伝統を新しい形で発展させた一つの傾向が，カリフォルニアを起点として広まっていったのである。カリフォルニアに伝統的なスタイルを定着させたメイベックの思想は，W. ウルスターを経て，バークレイの建築科の J. エシェリック，C. W. ムーア，J. フィッシャーの中に新しい形で蘇生した。エシェリックはバーマック邸やキャリー邸のように伝統的でかつ新鮮な作品を作り続け，ムーアらは1962年以後自邸など一連の住宅作品で連続して P/A 誌の年間賞を獲得，P/A 誌もこの傾向の若い建築家たちの作品を載せたことが広まるきっかけとなった。E. R. バーンズもシンプルな形の中に伝統的な形態と構造を受け継いでいた。

　一方，東部でも J. ロジャースのようにニューイングランドの伝統をすなおに受け継いだ作品が見られ，そして1965年にムーアが R. ヴェンチューリやジョゴラとともにエール大学の建築科に就任した。彼らの自由なやり方と独自の理論に影響されて，東部の学生や若い建築家は全く違った方法を始めた。それはデザイナー以前に実践者であろうとする姿勢である。エール大学や M.I.T の教室の変貌。また W. ライネック，D. セラーズは設計行為を否定して，みずからスキー・ハウスをつくった。また，P. ホプナーや H. ベッツや L. マッコールの影響も大きい。

　これらは運動とは言えないが，大きな共通点は定式化されたアカデミズムに対する反動であり，伝統的なもののみがもつ生活との密着性と自然に対する順応性を理解し，それを新しく展開させる。身の回りの生活から出発するデザインの姿勢，人間の現実の体験を最も大切にする方法。それは内部空間の重視とそこからの出発に見られる。はしご，スカイライト，吹抜け，出窓，レベルの自由な構成などのボキャブラリーが体験を呼び起こすものとして使われる。また環境をつくる要素としてもポップアートやオップアートと強く結びついて，スーパーグラフィックが用いられ，巨大な家具など，ポップな考え方と意図された矛盾は，ヴェンチューリの複合と対立の理論，「現実の環境をつくっているのはビルボードだ」という考えと通じる。

　しかしながら，この環境と体験を重視するものも，建築の伝播が常にそうであったように単なるスタイルとして広まってしまう危険を含んでいる。

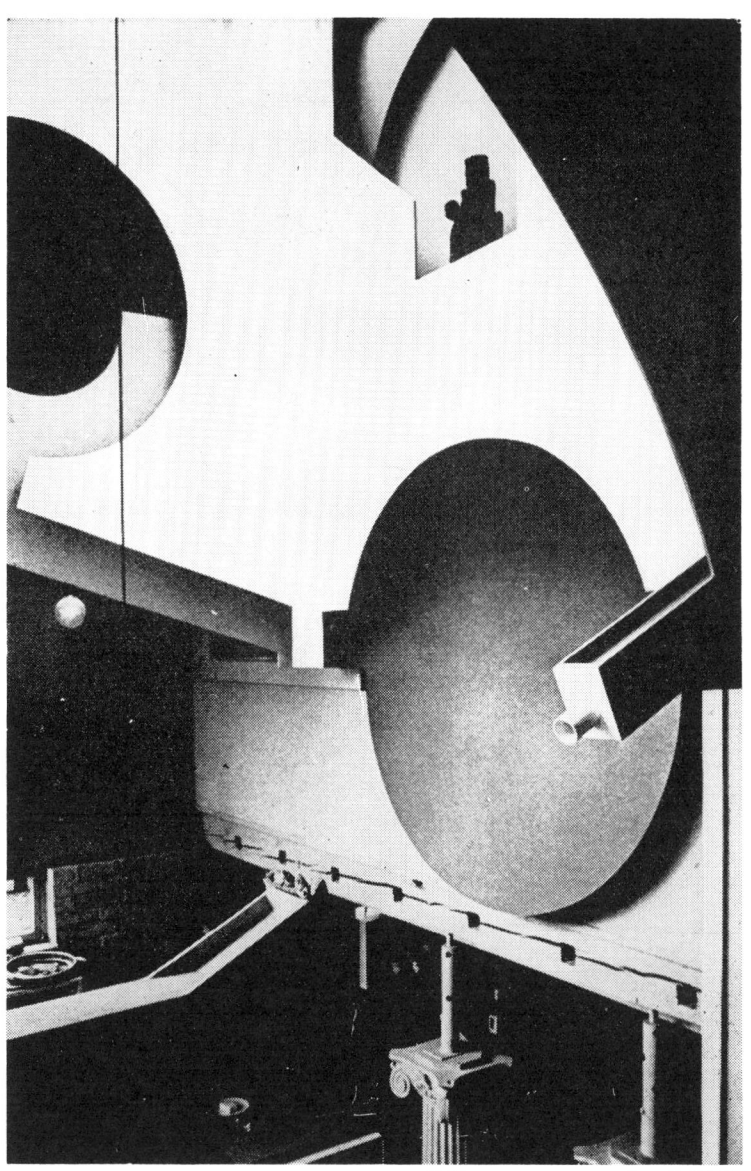

C.W.ムーアのニューヘブンの自邸内部

アールヌーボー (art nouveau)

1880年代にはいるとベルギーを先頭に欧州大陸全体でもイギリスに続いて産業革命が起こる。産業革命は鉄やガラスといった新しい材料や商品の大量生産という新しい事態をもたらす。画家であったヴァン・デ・ヴェルデやヴィクトル・オルタ(共にベルギー人)は,応用芸術・建築などのデザインに興味を持ち,イギリスのアーツ＆クラフツの影響を受けながらも,植物の持つ曲線を題材とする新しい装飾的な作品を生み出す。この傾向は建築だけでなく家具・食器・ポスター・活字など身の回り一切を含んでいて,特にビアズリの挿絵やガレのガラス器は有名で1897年ドイツ・ドレスデン博覧会,1900年のパリ万国博はこれらの作品で埋めつくされた。

このスタイルを持つ最も早い建築はオルタのチューリン街の住宅(1893)で,特に階段回りの装飾はアールヌーボースタイルの典型として知られている。またヴェルデは自宅の家具(1895)によって美術商ビングに認められ,1896年にはビングのパリ店「アールヌーボー」をデザインする。この店はそこに並べられている美術品ともども大評判を博し,この新しい装飾のスタイルにこの店の「アールヌーボー」という名前がつけられ,同時にヨーロッパ全域に広がる契機となる。

また A. エンデルのミュンヘン写真工房(1898),H. ギマールのパリ地下鉄駅入口(1900),O. ワーグナーのカールプラッツ駅(1897)などの作品がつくられる。このスタイルはドイツでユーゲント・シュティール,ウィーンでゼセッション,イギリスでモダンスタイル,イタリアでうなぎ(イール)スタイルという呼び名がつけられた。特にウィーンでは折衷様式的な建築からの分離(ゼセッション)をかかげたグループが存在しており,ヴァン・デ・ヴェルデやイギリスのマッキントッシュからの影響を受けて,その造形的表現を過去のものとの関係を断ち切る新しい装飾として利用し,オルブリッヒのゼセッション館(1894),J. ホフマンのストックレー邸(1905〜11),O. ワーグナーのシュタインホーフの教会(1906)といった作品が造られている。

O. ワーグナーは最初からゼセッションの運動に加わっていたわけではないが,彼の「芸術はただ必要によってのみ支配される」という必要様式の考えは,このグループの指導的な考えだった。

イギリスでは,アカデミズムとは無縁の新興都市グラスゴーで C. マッキントッシュ (1868〜1928)を中心とするグループがグラスゴー美術大学 (1897〜9),同図書館(1907〜9),クランストン

喫茶店 (1897〜8) など，建築や壁画，家具をつくり幾何的，直線的な表現を特徴とする作品を造り出している。

このほかスペインではA. ガウディ，アメリカでサリヴァンがアールヌーボー的装飾を伴った作品を造っている。

以上のように一方では装飾的流行現象として終わっていくアールヌーボーも他方でウィーンのO. ワーグナーからロースへ，J. ホフマンとコルビュジエの出会い (1907)，あるいはヴェルデのヴェルクブンドへの加盟といったかたちで近代建築の1920年以降の動きへとつながっていく。

インターナショナル・スタイル (the international style)

　グロピウスは1925年バウハウスから「国際建築」(Internationale Architektur)を出版．そのなかで次のように述べている．「現代建築には個性的なもの，国民的なものを客観化しようという特徴があり，世界的な交通と技術に基づいた現代建築の統一的印象は民族や個性などの自然的限界をこえて文化諸国に普及される．」(河合正一訳)　そしてその例として，ヴェルデを初めとするヴェルクブンドの作品，マート・スタムのプロジェクト，モスクワのヴェスニン兄弟の作品，マッチ・トルッコ (Matte Trucco) のフィアット工場 (1920~3)，ライト，メンデルゾーンの作品等の図版を載せている．そして彼自身もデッサウのバウハウス校舎(1926)，ダンメルシュトックの集合住宅 (1927~8)，ジーメンスシュタットの集合住宅(1929)と一連の新しい工業製品であるガラスと鉄とコンクリートを用いた作品を造り出している．

　また1932年にはアメリカ人の H. R. ヒチコックと P. ジョンソンが同じタイトルを持つ「インターナショナル・スタイル」という本を出版している．ここで彼らは現代建築を観察し，そこに一つの新しい様式が形成されているという意見を述べている．それはマッスとしてではなくボリュームという空間把握，軸を持ったシンメトリーによってではなく規則正しさ (regularity) によるデザインの秩序づけ，装飾の排除という特徴を持つ様式で著者たちがハーフ・モダニストと呼ぶ P. ベーレンス，A. ロース，O. ペレーを先駆者とし，M. ローエの摩天楼計画 (1919~21)，バルセロナ博ドイツ館 (1929)，テューゲントハット邸 (1930)，W. グロピウスのシカゴ・トリビューン・コンペ案 (1922)，バウハウス校舎(1926)，ル・コルビュジエのシトロアン(1919~21)，サヴォア邸(1930)，スイス館(1931~3)，アウトのフック・ローコストハウジング(1926~7)，リートフェルトのシュレーダー邸(1924)　などが現実の作品として出現する．1930年代前半を過ぎるとヨーロッパの社会情勢は悪化し，建築家たちの活動も終わるが，1950年代にはいると，世界中で再び第2期インターナショナル・スタイルと呼びうる活動が開始する．アメリカのシーグラムビル(1958)，レイクショア・ドライブアパート(1957)といったミースの作品を代表とし，デンマークでは A. ヤコブセンの SAS ビル(1959)，ヴェネズェラではヴェガスとガリアのエディフィコ・ポラール，このほかイギリス，ドイツ，イタリア，ベルギーではもちろん，南アフリカ，ブラジルなどにも多くの作品が造られた．

　1920年代から30年代にヨーロッパで

形成された様式はミースのユニバーサル・スペースという考え方やカーテンウォールという新しい工業製品と結びつき新しい展開を示す。ヒチコックはそれについて，この様式は1925～50年の間に存在したのみではなく，これからの20世紀後半の建築に対して，少なからぬ影響を持つであろうと後に語っている。

しかし現代建築の巨匠たちの去った現在，このインターナショナル・スタイルという様式は解体しつつある。

　物は正しく機能するように形作られねばならない。家具も家もまず第一にその本質が探究されるのである。建築物のこういう本質究明はちょうどプロポーションの法則に対するのと同様に，動力学・静力学・光学・音響学の境目に結びつけられている。プロポーションは精神的世界にかかわる仕事であり，材料と構造はそのにない手として現われる。すなわち材料と構造のたすけによりプロポーションは建築家の精神を公示する。プロポーションはまた建物の機能と結びつけられており，建築の本質を供試し，そして初めて緊張力をまた必要価値よりでてそれを超える本質的な精神的生命を建築に与えるのである。数多くの同程度の経済的な解決の可能性の間から——それはそれぞれの建築課題にとってもたくさんの解決の仕方の可能性を意味するのであるが——創造的な芸術家は自分に適した個性的な感覚に従って，その時代が彼にめぐらした限界の中で，これを選ぶのである。その結果作品はその作者の手蹟を保っている。しかしだからといって他のすべてを犠牲にして個性的なものを強調しそれを追求することが必要だというのは誤っている。その反対に，われわれの時代の特徴である**統一された世界像**を発展させようとする意志は精神的価値をその個人的制約から解放して，客観的に通用する価値にまで高めたいという熱望をもっている。こうしてやがて文化となる外面的造形の統一が生じるのである。近代建築にあっては個人的，国民的なものから独立した客観化が明瞭にくみとられる。世界交通と世界的技術に由来する近代建築の類似した統一性はそれまで民族的なまた個人的なものを結びつけていた自然的境界をこえて，すべての文化国にその道をきり開いたのである。建築はもちろんいつも国民的なものであり，いつも個性的なものである。しかし，個人——民族——人間という三つの同心の円の中にある一団の存在にあっては，最後の人間としての共通性が最も大きなもので他の二つを包括してしまう。それゆえここではこの本に「**国際建築**」という題をつけたのである！
（グロピウス「国際建築」序文・河合正一訳）

バウハウス叢書

インテリア

一般に建物の void な（うつろな）内部を表わす言葉として使っている。そしてその内部をデザインすることをインテリアデザイン，その人をインテリアデザイナーと呼んでいる。過去においては部屋という概念が定式化され，ルイ王朝風というように部屋それ自体が独立してデコレートされるものであった。現在オフィスビルのような殻だけの建築の出現により新たに内部空間が別にデザインされるようになった。

しかし空間は必ずしも内と外というように単純にはとらえられない。たとえば芦原義信が外部空間と呼んだ，建築と建築によって強められてできたネガティヴな空間は，新しく獲得された内部＝インテリアと呼ぶほうがふさわしい。ミラノのガレリアや中世の広場はまさにそのようなものである。カンピドリオ広場の幾何学のペーブや列柱はインテリアデザインといえる。

インテリアはもともと「物の内部」をさす言葉である。どれを物の内部と見るかは視点の置き方で決まってくる。建物のなかからは外部と感じられた広場も，囲まれている広場のなかに立てばインテリアとして感じられる。また逆の例ではC.W.ムーアの自邸やシーランチの集合住宅での「家のなかの家」では外から見れば家のなかはインテリアであり，装置内部に視点をおけば家のなか全体は外部としてある。

また自然＝外部という考え方も変わってきている。B.フラー（→p.212）がドームでおおって都市を気候化しようとすることは自然をインテリア化しようとすることで，ケヴィン・ローチ（→p.70）のフォード財団ビルの内部化された外部やJ.スターリング（→p.126）の歴史図書館においてコミュニケーションの場として扱われている内部化された外部を見るとき，外部とか内部とかを一義的には決められなくなる。これらはガラスやプラスチックなどの透明材料の開発によって，ますます区別できないものとなってくる。

こう見てくるとインテリアという語は内部という，空間の一つの状態を表わすものとして素朴にとらえたほうがよさそうだ。そして視点のおき方や，ものの二面性や，空間の相関関係によって絶えず変わる動的なものである。

今日，建築自身が人間の感性により直接的に訴えかけるものになりつつあるとき，以上のようにインテリアの意味をとらえ直すことによって有効なものとなるだろう。それによってインテリア＝室内という概念を切ることができるし，インテリアデザインを家具のデザインとかテキスタイルの追求という狭い分野に押し縮まろうとする方向から解き放つことができるだろう。

ここには従来のインテリアのイメージはない（モントリオール万国博アメリカ館）

インフラストラクチュア (Infra-structure)

　最近の都市デザインの分野で盛んに使われているこのインフラストラクチュアという言葉は1962年，チームXのロョモン会議でスミッソンによって初めて使われた。つまり

　「都市の基本的な骨組と個々の建築群との相互的な概念に重点を合わせること。これまでにコミュニケーションのシステムが都市の骨組になり，それが建築群に組織化へのポテンシャリティを与えるということがかなり明瞭になっているが，ポテンシャルがどのようにして，実際の個々の建築群の中で持続するのか，いいかえれば，都市の基本的な骨格の持つ浸透性について」(黒川紀章)。そしてスミッソンは「ベルリン計画」で空中のペデストリアンデッキをインフラストラクチュアとして見いだした。これは木の幹(スケム)にたとえられ，建築は木の葉のようにこれにとりつく。つまりコミュニケーション・システムをより実体化したペデストリアンデッキを都市の基本構造，インフラストラクチュアと呼んでいる。

　丹下健三のメジャーストラクチュアはこれよりもっと実体的なもので，設備，交通システム，道などを含んだ都市的スケールの構造物をさしている。

　B.V.ドーシとC.アレキサンダーはインド部落に関する研究でメインストラクチュアと，フィラー(詰め物)という言葉で述べている。(1)メインストラクチュアは常に詰め物(個人の自由な付加あるいは取壊しに属する部屋)よりも恒久性を持つ。(2)メインストラクチュアの機能は一般に詰め物の機能よりも厳格性を持つ。(3)多くの場合，詰め物の発展は個人の自由な要望，需要の多少によって変化する。

　このようにインフラストラクチュアは，都市の基本的な要素を集約化，凝結化し，長いサイクルを持つものとして固定し，人の要求に基づいて自由に変化する詰め物を受けとめるものである。これは単位に対する媒体，単位に対するストラクチュアのように一元的で，結合の道具と見なされている。

　しかし同じチームXのキャンディリスとウッズは「トゥールーズ計画」で「幹とは道路・遊歩道路・上下水道・電気・ガス・商業施設を内包したインフラストラクチュアである」としたが，それは一つに集約されずにいくつかの機能を持つ系がお互いにずれながら重なり合っているものであった。ここではインフラストラクチュアは実体的なものでなく抽象的な構造——社会構造といったときのストラクチュア——の意味のほうが近い。そこで「ストラクチュアを抽象的な概念と考え，それが顕在化したものになったとき，スケルトン＝骨組という言葉で呼ぼ

う」とする考え方がでてくる。

この意味で GEAM (→p. 68) のヨナ・フリードマンのインフラストラクチュアの概念は明確である。

「これら（都市）のメカニズムを"見えざる"部分と"見える"部分とに区別しようと思う。……"見える"部分は住民が活動の間に直接利用するエレメントである（家具・衛生および電気設備・間仕切・遮蔽物・乗物等）。これに対して"見えざる"部分は間接的に利用されるものと言えよう（上水および下水，電気のネットワーク，直接利用するエレメントの安定を確保するネットワーク，出入路のネットワーク等）。間接的に利用されるこれらのネットワークを，ここでは"インフラストラクチュア"と呼ぶことにしよう。直接利用するエレメントを"インフラストラクチュアの造築物"と名付けよう。われわれのプログラムは，このインフラストラクチュアを固定し，インフラストラクチュアの造築物を"動かす"ことと言えよう。都市を物理的に眺めると都市はインフラストラクチュアのなかで造築物を整備したものにすぎない。」（カラム21号）そして三次元の立体インフラストラクチュアを最適としている。そこでイメージされているのは集約化，凝結化ではなく多様の系である。

トゥールーズ・ル・ミレイユ計画　キャンディリス，ジョシック，ウッズのインフラストラクチュア

エキスティクス (ekistics)

C. A. ドクシアディスが＜エキスティクス——人間の生活圏の科学＞を提唱したのは、現代の飛躍的な技術の発展や生産の増大にもかかわらず、それが人間の生活圏の形成に結びついていないことによっている。

現在個別的に進められている諸科学や技術を、人間の生活圏の科学というところで総合化させる。そのとき建築家は、都市計画家、経済学者、地理学者、社会科学者の一構成員となる。

これまで生活圏の問題はもっぱら建築家が関与してきたのだが、現在では能力以上のばく大な知識と素質を必要としている。その意味でもエキスティクスは必要なのである。

「エキスティクスは生活圏の科学である。これは他のすべての化学のように自然やこの種の起源と進化を支配する法則を確立しようと試み、この進化の周囲のあらゆる現象を分析し分類しようと試みる。」このようにエキスティクスのとらえ方は進化論的であって、生活圏において、常に変わらぬ永久の問題、今経験している現代の問題、将来起こりうべき問題の綿密な考察を歴史的進化のプロセスの上にダブらせて、未来の人間の生活圏のビジョンを打ちだす。永久の問題、現代の問題、過去の問題にエキスティクスがどのように対応し、いかなる未来の新しい生活様式を目ざしているのかは四つの基本原理のなかに要約されている。

「第一の原理は目的の統一である。」全世界的視野に立って、失われた物質のなかに、人間とその環境を復活させるという目的の統一のもとに、諸分野を結集し実行していく。そのために"プログラム"と"プラン"が準備される。「第二の原理は、われわれの生活圏のなかに機能のヒエラルキーをつくりだすことである。」これは近隣から大都市に至るなかでのコミュニティとおのおのがどのような機能を持つべきかということである。「第三の原理は四次元の生活圏である。」現代および将来の生活圏は固定化されえず、秩序を持った一定の変化の状態にある。かつての固定化された中心ではなく、扇形に拡大する中心というダイナミックなプログラム発展のリズムを持つ必要がある。そして「第四の原理はわれわれの都市や生活圏がスケールを変えた」ということである。つまり人間の生活を機械が侵害しないように、ヒューマンスケールを確信し、自動車、航空機、天体間ロケットのおのおののスケール間の区別を明確にするということである。

このような四つの原理の内容を持つエキスティクスの究極とするところは、原理に基づく建設という実践にある。そしていかなる部分の地域的な実

行も，目的の統一のなかの一貫なのである。

実際の計画を見ると，たとえば，パキスタンの主都計画は一定方向に発展するように将来計画が総合のなかに編成されているし，フィラデルフィアのイーストウィック地区再開発計画は，諸原理を典型的に適用させた例である。このように＜エキスティクス——人間生活圏の科学＞は実践のなかに生かされている。

そのなかでドクシアディスの果たしている役割は，それらの一貫した組織化への方法論にある。

（文中引用部分は建築 1961-9, 佐々木宏編による）

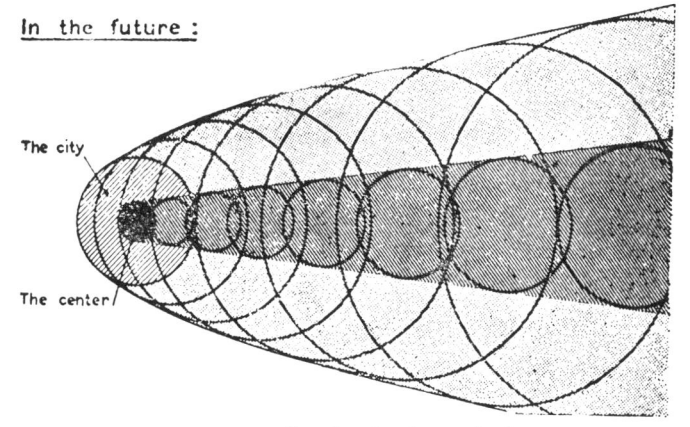

In the past :

The city
The center

expansion of the city
expansion of the center

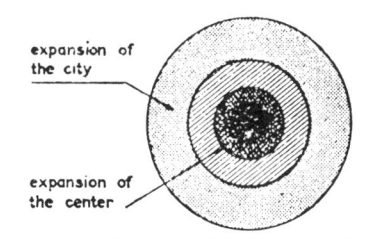

the concentric expansion strangles the center, which struggles with other functions

In the future :

The city
The center

the expansion in one direction allows the center to expand without difficulty

現代都市の爆発的拡大のダイアグラム

SOM (Skidmore, Owings & Merrill)

　SOM はニューヨーク，シカゴ，サンフランシスコ，ポートランド，そしてワシントンに事務所を常設する。SOM の基礎であるルイス・スキッドモア事務所は1933〜34年のシカゴ博チーフデザイナーに指名され，軽量工場生産材によるデザインを開始する。1936年ナサニエル・オウイングスが参加し，ニューディール政策による公共事業が大規模に進行していくと産業組織に結びつく。シカゴからニューヨークにも進出した時期にデザイン方法の基本方針を決定する。すなわち「現代の様式」に沿った設計を行なうこととスタッフに各設計分野の専門家を加えることであった。

　その結果，集団住宅計画の専門家，W. セバリングハウス，構造技師で病院建築担当の R. カトラー，プレファブ住宅の専門家でもある G. バンシャフトが，39年には連邦住宅局の地方建築主事であったジョン・メリルが参加し，SOM の名称を生む。第二次大戦は建築界にはきびしい淘汰をもたらす。アルバート・カーン等の大事務所でさえ退潮していくが，軍事施設設計で，SOM は大きく飛躍する。

　特に1941年ごろから始まった原子力研究所および工場の大半に SOM は参加し，なかでもオークリッジの建築群は完成時に7万5千人が生活するという都市計画でもあった。原子力施設に関与することが，事業の資本集中からデュポン，スタンダード石油などの超企業をクライアントにし，時代の最先端の技術に接触し，設計軍団とも言えるほどの作業の組織性が要求されたことが戦後の SOM の背景となった。1949年にスキッドモアの引退で，経営権もジェネラル・パートナー十数人に分割され，その下のアソシエイト・パートナー，パーティシペイト・アソシエイトまでが利益配当を受ける。その下にシニア・デザイナー，ジュニア・デザイナーが位置する。パートナー，デザイナーは五つの事務所間を移動することが可能だが，オークリッジ計画やコロラド空軍アカデミーなど国家的な施設の場合は，事務所間が協同し，専門家もかかえる。しかしバンシャフトが設計したレヴァハウスが，カーテンウォールと版状の棟という SOM スタイルを生みだし，その後の SOM の作品のみならずオフィスビルの典型をつくり上げてしまったように，ピラミッド型の組織が"現代の様式"を巧緻なディテールで繰り返すこととなる。この操作により，技術体系と結びつけて成功してきた。ただワルター・ネッシュ，エドワード・バセットなど新しいデザイナーたちが，いわゆる SOM スタイルを破ろうとしている。

チェース・マンハッタン銀行 (ニューヨーク, 1957〜61)

M. C.（modular co-ordination）

　寸法を決定する要因には，人間的要因，数学的要因，生産的要因が考えられる。人体の寸法に比例関係が見られることは古くから考えられており，日本でも咫（親指と中指をひろげた長さ），あるいは握（にぎりこぶしの幅），尋（両手を広げた長さ）等が寸法として使用され，あるいは尺やフィートもまた人体寸法から考えだされている。中世にはいってレオナルド・ダ・ヴィンチの人体寸法の研究が名高く，ダ・ヴィンチは連続住居を考案したとも言われている。数学的な要因では幾何学の発達から，ローマの建築家ヴィトルヴィウスがパルテノンに例を求めてモドゥルス（Modulus）と呼んだように（ヴィトルヴィウス「建築十書」），寸法の比例関係の解析が進んでいたことがわかる。また日本でも桃山時代に記されたとされる「匠明」5巻に木割術がすでに定められているし，ピタゴラス学派が発見した黄金比はルネサンス以後の建築寸法に大きな影響をおよぼしたのである。

　第三の生産的要因は，れんがの寸法が手で持ちやすい大きさに決められ，また木割が一面では桃山時代という城のような巨大な建築を建造するうえで考案されたように，建築量産が必要になったときの必要条件である。

　産業革命がベルトコンベヤーからさまざまな生産物，鉄・ガラスなどを送り出し，事務所・工場といった新しい機能が建築の上に要求され，激しい都市化が進むと，大量の住宅などの必要性から生産，設計，施工に結びつく寸法がやはり必要になってくる。そこで1936年にアメリカのアルバート・スミスが組積造の概念から立体モデュール法を公表し，1939年には実践段階に進むプロジェクトA62を提案している。これがモデュールの最初である。

　建築はいくつかの部品によって構成される。したがって寸法は加減算つまり等差級数がモデュールに適することになるが，部品に大小があるように，小さい寸法の連続では間に合わない。そこで掛け合わせられる寸法つまり等比級数であることも必要となる。そこで二つの級数の性質を同時に持ち合わせていることが必要となる。

　コルビュジエは，人体寸法とフィボナッチ級数との類似からモデュロールを考案し，設計上に使っている。それは，生産的要因に欠けている面があるが，コルビュジエの指摘どおりモデュロールは組合せの自由度が高いこと，できるだけ人間の動作に対応すること，しかも工業生産上できる限り単純であることはモデュロールを考えるうえの基本的なことがらであろう。

　モデュールは現在多くの国で考案されている。このように比較的工業化の

遅れた建築にモデュールが考えられるのは，建築生産部品をオープン・システムにしようとするためで，自動車部品がメーカーによって異なるクローズド・システムとは違って，オープン化を志向することは結局モデュールが寸法概念ではなく，人間の行為のネットワークからのフィードバックが必要となることを意味している。

　各国それぞれのモデュールの研究がその終局的な目的を失わないで，個性的な建築への可能性を包含する広く自由な体系を目ざすことが望まれているのはその点にある。

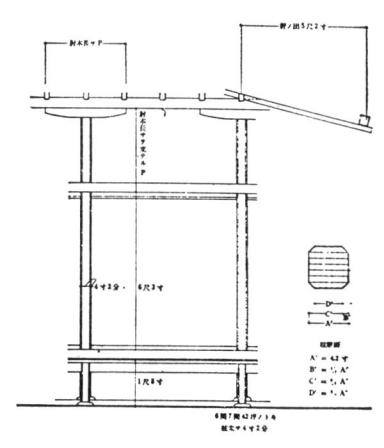

殿屋集古法の木割

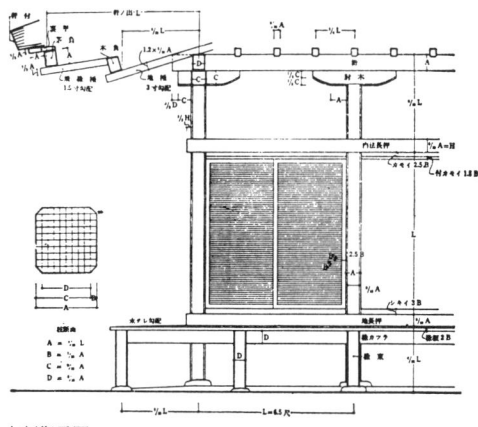

木割復元図

殿屋集の木割

LCC から GLC へ

1965年ロンドンのアーバン・スプロール現象の激化から，ロンドンの地方行政機構は LCC (London County Council) から，半径24kmのロンドンの首都圏を含む GLC (Greaten London Council) に移され，LCC の建築部門もまた GLC に引き継がれる。1887年トーマス・ブランシェルを主任建築家に迎え，100人足らずで発足したが，W.E.レーリーの時代になって1890年労働者住宅法によってスラム・クリアランスのキャンペーンを始め，ミルバンク団地等の団地を手掛ける。さらに1910年学校部門を吸収し，1930年には病院・特殊学校・保護施設等を扱い，1937年には地域計画も加え，そのころにはスタッフ800人を越える。第二次大戦が始まって停滞したが，ロンドン再建計画が LCC にまかされたことから，1943年 Great County of London Plan (大ロンドン計画) を作成し，またロンドンの学校の半数を再建しなければならなかったことから，活況を呈し，組織の規模はさらに増大していく。

LCC は1959年のローハンプトン団地が設計密度の高さを感じさせるが，一方ではコルビュジエのユニテの影響が見られるし，1900年代のミルバンク団地，ワンズワースの消防署が当時イギリスの住宅設計の先導者であったノーマン・ショウやフィリップ・ウェッブの影響をじかに受け，最近のクイーンエリザベス・ホールはニューブルータリズムの扱いに酷似している点から，常にその時代のデザインの底流をおさえながらも，一方ではロイヤル・フェスティバルホールの音響設計への執拗な追求，また1950年には労働者住宅だけでなく，大規模住宅も同時に含めるというミックス・ディベロップメントの方法を開発するなど，アカデミックな方法の先駆的な役割を果たしてきた。

特に第二次大戦後，ロバート・ショウによって導入された共同設計システムは，レスリー・マーチンによって発展されて若いアイデアマンと，経験深い者がともにチームを組み，設計の硬直化を防いでいる。のみならず，実現はしなかったがフック・ニュータウンでは，社会学者・人口学者・造園家等の専門家が協力しているし，建築部門でも民間の事務所，専門家がチームを組むことが多く，スミッソン夫妻をはじめ，アーキグラムの連中までもがLCCに籍を置いたほど，イギリスの建築家のほとんどが関連しているのである。大ロンドン計画を模して日本の首都圏整備計画が失敗してしまった。むしろ日本住宅公団，官公庁の計画部門が学ぶべき点は，こうした組織のあり方にあるのではないか。

カンバーノールドの中心施設

L＋nB

　住宅設計とはしょせん居間（L）に家族数分（n）だけの個室（B）を加えるだけの順列組合せでしかないではないかと言いきったのは小住宅バンザイ論の八田利也であった。これに対して他の建築家側から"住居こそ建築の根源"とか"住居・この小宇宙"といった激しい反論が巻き起こり，八田利也は言いわけをせざるを得なくなる。論争としてはこれっきりのものであったが，問題の提起として興味があった。

　第1にL＋nBという冷徹な概念が顕在化したことである。日本の戦後の住宅設計が，戦時中からの西山夘三の"食寝分離"論を下敷きに，住生活の合理化，近代住宅の確立を目ざして来た方法は個室の確保，家事作業の重視，L.S.B.といった各エレメントのゾーニング，新しい"居間"の概念の追求であり，ひとわたりこれらが追求されていく過程で伝統論争が巻き起こり，論理は観念的なパターンの段階で甘い伝統の衣を着せられ，焦点を失ってしまう。単純なパターンに，和風の表現やちょっとした視覚上の遊びや個性的と称する表現をつけ加えることによって住宅が定型化してくる。そうした付加物に住居デザインの焦点が移ってしまっているかのようにさえ見えていた時期に，L＋nBでしかないではないかという指摘は痛烈であった。直接の指摘ではないがL＋nBの段階で追求をやめてしまった基本理念の理論的追求が中途半端であり，プランの順列組合せは理論としての概念の追求ではないことを暗に意識させたからである。そして同時に指摘されているように，甘いオブラートをかぶされた住宅パターンは建築家の手を離れ，町の工務店や大工という幅広い層によって普遍化され，一般化されていく。

　L＋nBというこの観念的なパターンの強い影響力は最近まで続き，やっと，このパターンが論理的に突き破られ，不振が終わろうとしている。

　戸建住宅に関する限りL＋nBは一つの定型がもたらす弊害を生んだが，逆に定型化することで普遍性を獲得した。これと同じ普遍性はプレファブ住宅や集合住宅といった規格化の分野でも定型化により獲得され，戸建住宅の成果のレベルで十分な概念として活用されたし，事実L＋nB的な関数化で初めてプレファブは可能であった。

　L＋nBといった平面型は明らかに一つの型であり，型が持つ功罪の二面性——定型化による沈滞と型の確立による他の次元での追求——の両者を住宅設計の上に投げかけていた。

　そして今，空間性や物語性といった新しい動きの中で，批判され再構築されようとしている。

2階平面

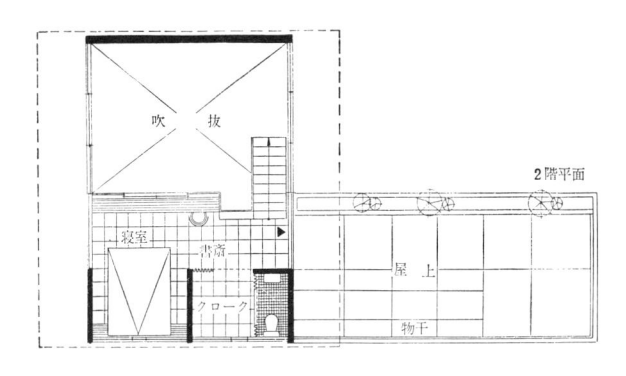

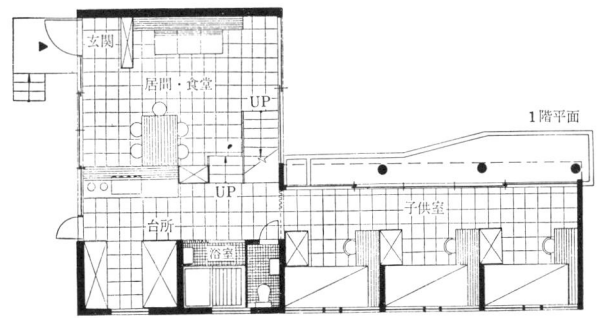

寝室 書斎 吹抜 クローク 屋上 物干

1階平面

玄関 居間・食堂 UP 台所 浴室 子供室

石津邸 No.38／池辺陽 1957

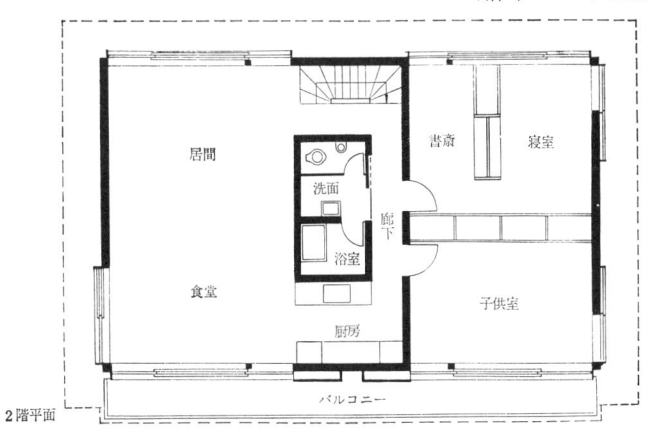

居間 書斎 寝室 洗面 浴室 廊下 食堂 厨房 子供室 バルコニー

2階平面

ケーススタディ・ハウス／増沢洵 1959

47

かいわい

　かいわい（界隈）というのは一般的に，「……あたり」「……近辺」という意味で使われている。銀座界隈，河原町界隈などのように，漠然とある場所を示すときに使われる。それは境界の決められた内容を持った限定された地域を示すのではなく，漠然とした内容と，不明確な領域を示すものである。人のイメージのなかに，ある共通要素の集合体として存在している。ちょうどある地域におけるイメージマップが各人違うように，界隈も人の経験の違いによって，異なってくる。

　ある人の新宿と別の人の新宿はそれぞれ異なった領域と内容を持ったものである。これら各人のイメージの重なり合っている漠然とした場所を一般的に「〇〇界隈」という言葉で示しているのだ。そこのところでわれわれはある種の共通のイメージを共有することができる。

　界隈および界隈的と言ったとき，単に領域以上のニュアンスを含んでいる。にぎやかさ，人ごみ，音，イルミネーションなど，そこに行くと人間性を取りもどせる都市のオアシス的な内容を持つ何かがある。アクティビティの高いことが大切な要素だ。それも，ある目的のはっきりしたことをする場所ではなく，なんとなく無目的に行くことを許容する場所である。

　界隈を構成している商店，映画館，酒場などは人間の楽しみを目的とするふるまいを受け入れる場としての機能を持っている。多種多様なアミューズメント的な機能を持つ施設が凝集化されている場所が界隈なので，機能の多様な集合体であると同時に，同種機能の集合体でもある。つまり多様な機能からの選択と同種機能からの選択をわれわれは獲得できる。

　この選択の多様性こそ人間の最大な楽しみの一つである。

　逆に商業的に見れば，できるだけ多くの人を引き込もうとし，さまざまなメディアを駆使して商業的表現をわれわれにぶつけてくる。このダイレクトな表現は，環境を活気づけ，それをわれわれは無意識に享受する。それらが相互に織りなされてつくられた場に多発している偶然性もわれわれを強くひきつける要因である。

　都市における界隈的フィーリングの必要性が強く叫ばれている。現代の生活自体が機械化され，インフォーマルな人と人の接触が減少してゆき，すべてフォーマルなものに取って替えられつつあることと，デザインされた環境が非人間的に冷たいことへの反省として出てきている。計画された都市には人間的な何かが欠けている。家に居間があるように都市にも都市の居間があ

るべきだというところから，界隈的フィーリングがクローズアップされてきた。

しかしわれわれが界隈というとき，それは自然発生的に出現したもので，スラムなどに感じられる人間臭さと同種のものを持っている。それには計画というやり方では決して獲得できないものを含んでいる。界隈的フィーリングとは何か。それを解きあかしデザインのなかに組み込む必要性が建築家，都市デザイナーの間でさかんに言われているのだが，具体的な方策が見つからないままになっている現状である。

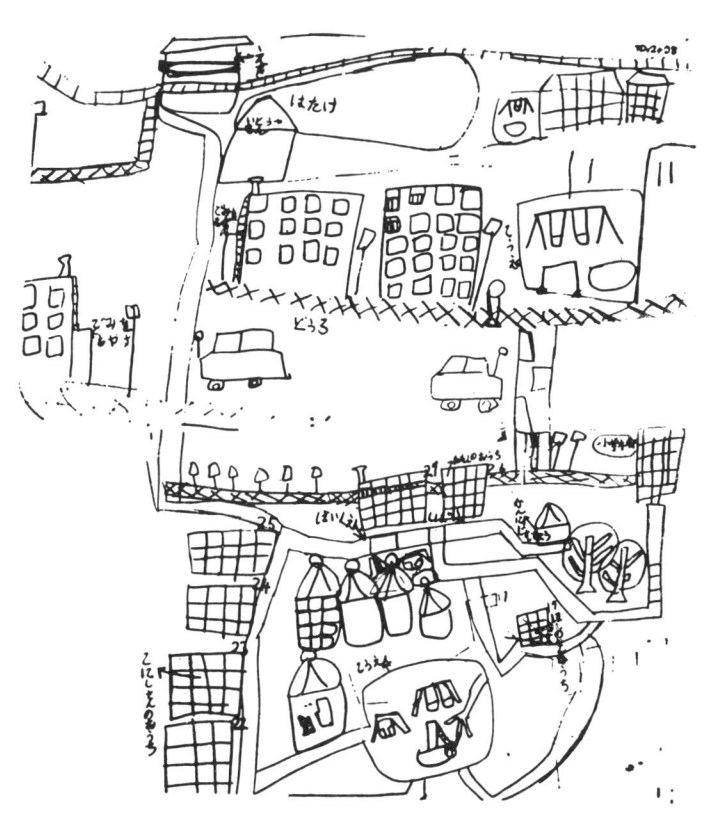

小学校2年生の高根台団地のイメージマップ（住宅公団研究論文集「生活領域の形成に関する研究」）

輝ける都市 (la ville radieuse)

　コルビュジエは1922年ごろからサンテリア, ガルニエらの影響を受けつつ, 都市プロジェクトをつくっている。それは "現代" "都市" のプロトタイプ (proto-type) をつくり出す努力であり, 1933年の "輝ける都市" によって, それらが集大成された。これは摩天楼と高速交通という現代と "緑と空気と太陽を" という対立物のありえない共存を示していたが, これが近代建築運動のもたらした都市のイメージだったのだ。コルビュジエはそのプロトタイプの実現のためのいくつかのプロジェクトをつくったが, それは1951年のインドのシャンディガールまで実現しなかったし, これが実現した唯一のものである。

　彼の都市に対する考え方も, アテネ憲章とともに, 現代建築の歴史の上で疑問をつきつけられている。しかしブラジリアにおいても丹下健三の東京計画-1960においても基本的な考えは受け継がれており, 特に工業化, 都市化といったものに緑・空気・太陽という人間の基本的要求を示す実体概念を対立させた考え方は重要なものであろう。ただし, 1960年以後のアーバンデザインの展開は GEAM あるいは C. アレキサンダーまたアーキグラムなどによりコルビュジエの考え方の基本的変革がなされ, それを歴史的事象としてしまった。

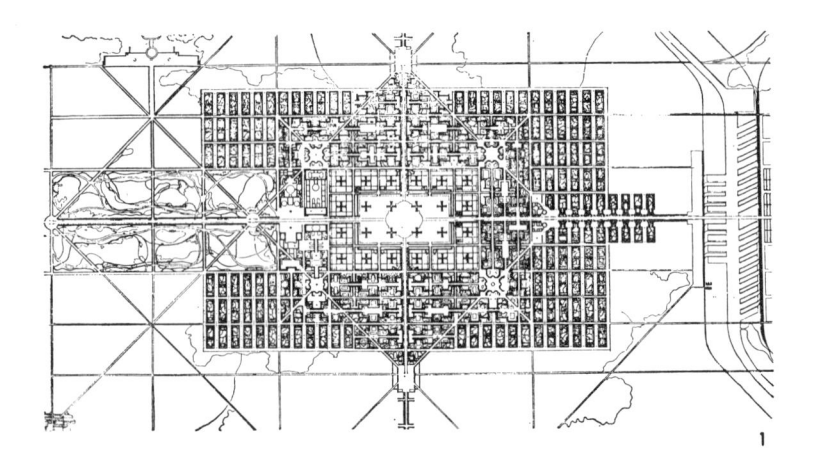

1

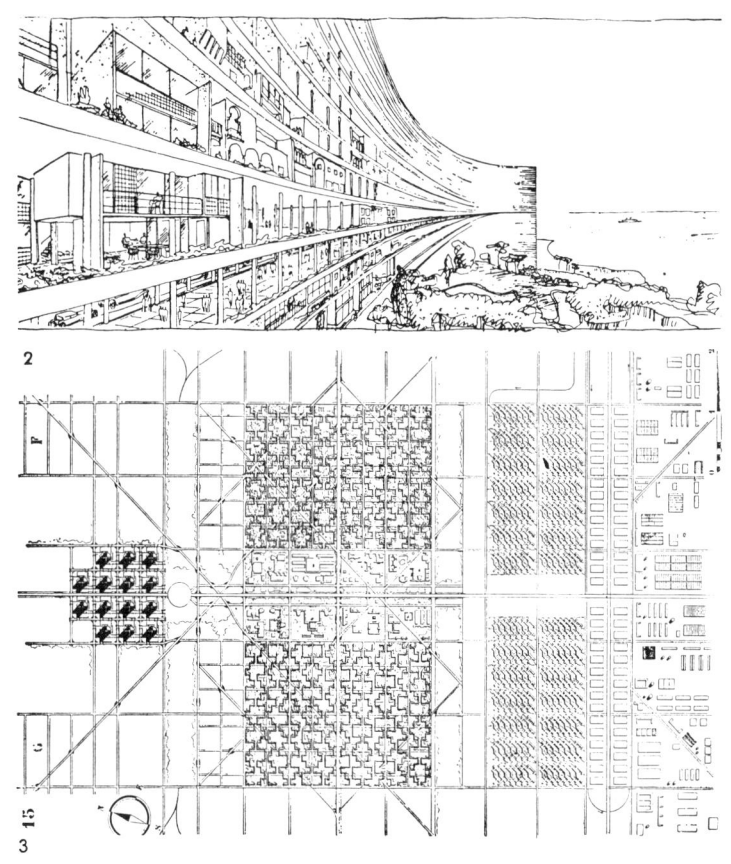

1. 1922年 (34歳) 現代都市 (une ville contemporaine) ＜人口300万人＞＜オフィスが中心部形成＞＜鉄道は地下＞
2. 1930年 (42歳) アルジェ計画 (Alger)
＜地上 10m, 26m 幅で 1,300km の長さのハイウェイ，屋上がハイウェイの幅 26m 14階建の建物，それ以外に 31 階の管理用建物と 23 階建の建物＞によってこのプロジェクトは構成されている。
＜なぜカーヴィング・フォーム (Curving form) をとったか＞
  1. 全方向に広い水平線を見わたせるため
  2. 建物の容積を増すために起伏の多い土地で低い部分を捜して配置したため
  3. 敷地の景観的要請
3. 1933年 (45歳) 輝ける都市 (la ville radieuse)

4

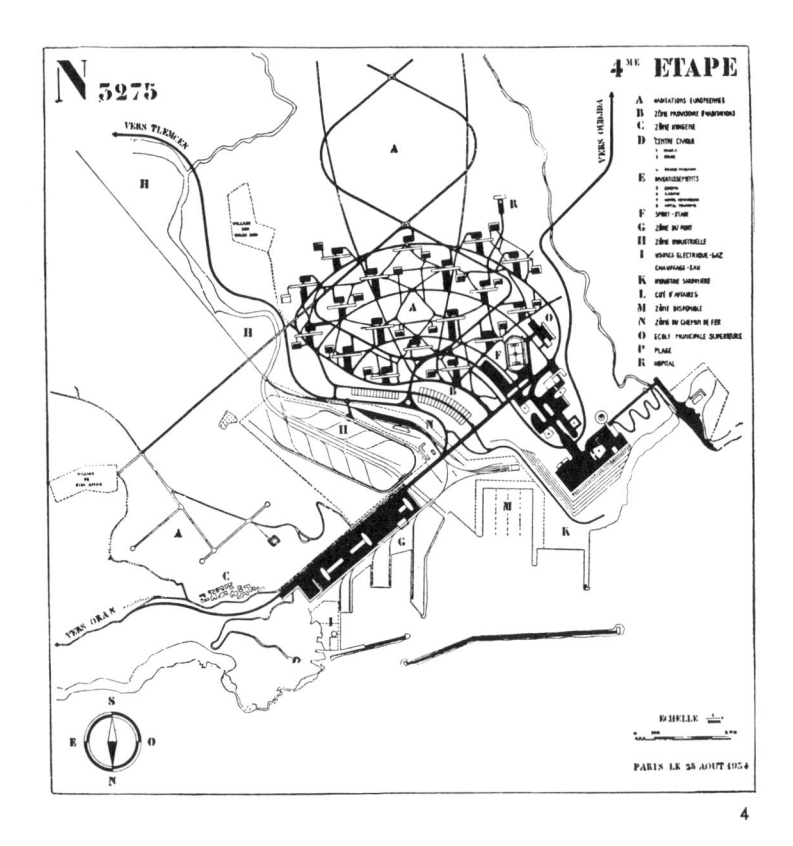

4. 1934年 (46歳) ヌムール (Nemours)
5. 1945年 (57歳) サンディエ (St-Die)
＜戦争で破壊された都市の復興計画＞人口2万人，都市のコアは広場・公園に囲まれた高層の官庁，観光施設，労働組合会館，博物館，コミュニティホール，ホテル，デパートによって構成されている。
6. 1951～ (63歳) シャンディガール (Chandigarh)
　計画人口50万人，セクターの概念と交通に関する"7Vの法則"の適用がこの計画を特徴づけている。すなわち，町は17のセクター (800×1,200m，人口5,000～20,000人) で構成されているが，これはスペインの占領時代の町割の再編成によって現代の交通問題を解決しようとしたもの。

5

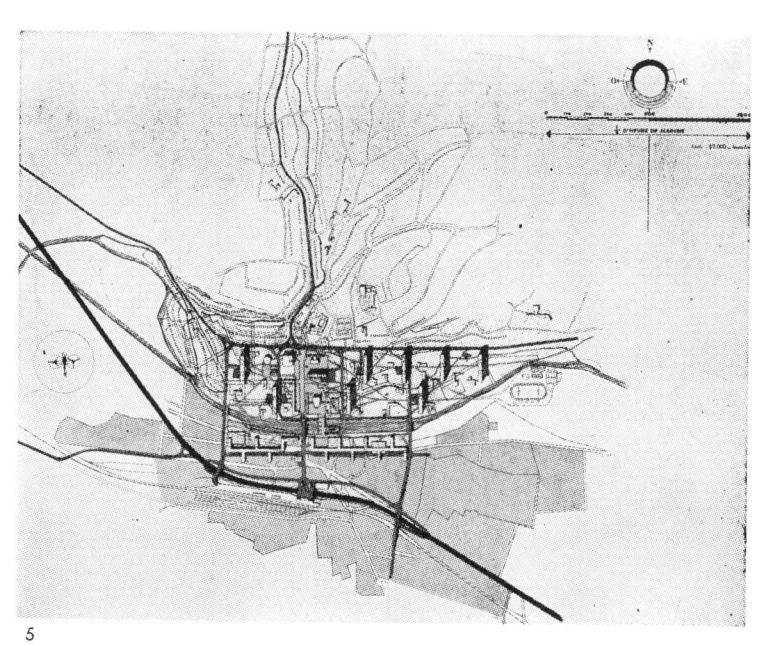

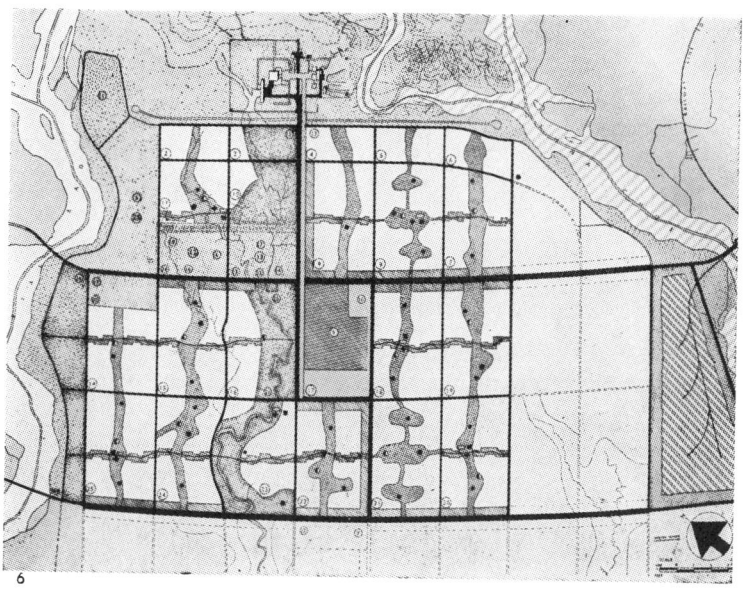

6

桂と日光

建築の伝統の問題を論じるとき，桂と日光は常に引合いに出される。それは，単に時代的同時性の理由だけではない。桂と日光において，機能美と装飾過剰，自然の味わいと黄金趣味，簡素と権力的という比較がこれまでの大勢であった。

「装飾——それもおおむね仏教的装飾をもって建築の欠如を補おうとするところに，また建築家が単なる使用人として，命じられた様式を設計せねばならぬところに——日光廟がある。これに反して，要素が清浄のところ，新しい問題が真摯な心構えで解決せられるところ，建築家にこうすることの自由が与えられるところ（建築家が自分の能力によって世に認められるところ），……ここにはるかな目標としての桂離宮がある。」(B.タウト，篠田英雄訳)

このブルーノ・タウトの評価やグロピウスの評価以後，桂と日光は強く対照づけられ，日光は"いかもの"と言われてきた。この評価は建築の機能的表現を尊び，装飾をきらう，近代建築家の立場として，鋭いものと言える。

しかし最近では対照的なとらえ方でなく，幅広い内容と共通性について改めて考えてみようとしている。

その一つは，"単に天皇家と将軍家という，二つの建築の用途や利用者の違いだけでなく，もっとその建築の風土との関係や，さらに，意匠を決定する建築のあり方についても注目する必要がある"（大河直躬）という見方である。桂の計画の中心であった八条の宮は教養人としての立場から，技術的な面より感覚的な表現や趣味性を問題にしたし，日光では甲良豊後や平内大隈たちが工匠として，細部様式や構造技術，彫刻のような部分に腕を発揮させた。そしてこの二つの建築に携わる人びとの間にもかなりの交流があった。そして桂と日光を全く違った世界の建築と考えるより日本的伝統の二面性，日本の伝統がその両者を包含したかたちで存在していると見るべきだろう。二つの建築の大きな構想と自由な表現の獲得に注目すべきだろう。

もう一つは，建築をランドスケープの見地から見るという姿勢である。桂は庭の建築と言われるように建築と庭園が多様に組み合わされ，融合され総合的に構成されて，建築は庭の一要素として扱われている。一方，日光はいくつかの広場を石垣や石段でつなぎ，それを結ぶ参道を中心軸にして，多くの建築を建て並べたものである。自然を生かした変化ある構成，重層性，従深性の構成のすぐれたものである。

このように，桂と日光は平野と山地に対する，すぐれた二つの解答と言える。

ワルター・グロピウス

ふしぎなことに，同時代の桂離宮とあい対して，権力を誇る徳川将軍の日光霊廟では，桂における控え目な態度とは対照的な虚飾にみちた演出が見られる。そこでは圧倒的な装飾の豊富さによって，自己の栄光のうちにおこうとする将軍たちのために，職人の技巧が誤った形で濫用されている。それは全体としての建築構成の明晰さを破壊し，うぬぼれと自讃の刻印だけを残している。これにくらべ，桂離宮における崇高な表現の印象は，見る人を高い精神的領域に引き上げずにはおかない。

丹下　健三

弥生的な文化形成の伝統と繩文的文化形成のエネルギーとが，ここで伝統とその破壊として，ディアレクティクに燃焼しあうことによって，この桂の創造はなしとげられたと見てよいだろう。（桂―日本建築における 伝統と 創造）

磯崎　新

そういう図式（伊勢―桂＝皇室芸術，仏教建築―日光＝専制的支配芸術の図式）を成立させる二つの伝統的な流れがあることは事実なのだが，その流れの対立を固定化してしまい，ついには図式にみずからの主体をのみこまれていたことがいまになって明らかにされようとしている。　　　　（建築1964-6）

日本の都市空間　障りの連続／日光

折れ曲がる軸線の消点には，門・鳥居・神庫・手水屋・本殿・拝殿のような象徴的な建物がおかれ，それによって空間の変化と転換とが強調されている。つまりこれは障りの連続である。また，たとえ軸線が直線の場合でも，階段・門・鳥居等によって空間に区切りまたはアクセントがつけられ，このために軸線沿いに進む際の空間体験が豊かになる。　　　　（日本の都市空間）

桂離宮，新書院楽器の間付近

東照宮，唐門の扉

カーテンウォール (curtain wall)

　カーテンウォールとは、壁のなかでそれ自体の機能に耐えるだけの強さを持ち、他の構造部材により支持されるもので、他の構造部材にはめこまれ、取り付けられるもので、基本的には床と床、柱と柱、梁と梁、あるいはそれらの組合せのなかに取り付けられる。

　広義に解釈すると、積み込まれたれんが壁、コンクリートブロック壁、ラスモルタルの塗壁、あるいは木造の真壁、襖、障子、建具、ガラス、ガラスブロック、間仕切パネルをも含まれる。カーテンウォールは他の支持体に取り付けられるから、できうる限り軽く、そのうえに壁の機能である人、物、光、音、熱、雨、湿気、火気、磁場を制御しなければならない。

　金属パネル、サッシ、ガラス、サンドイッチパネルは断熱・吸音・耐火といった性能上の効率性、工業生産化への進展、作業の簡易化によりカーテンウォールの代表、オフィスビルのシンボルとなった。

　近代建築は、組積造の否定(開口部が小さく6-7階の高さになると鉛直荷重だけで、数十センチの壁厚が必要)に始まる。鉄筋コンクリートの成立によって、壁は支持体の役目から解放され、コルビュジエのいう近代建築5原則の一つ"自由なファサードの構成"はカーテンウォールがその切り札になる。

　コルビュジエのセントロソユースも、グロピウスのバウハウス校舎も、全面ガラスのカーテンウォールでファサードが計画された。そしてレヴァハウスやシーグラムビルで、カーテンウォールのファサードは新しいオフィスビルの典型となり、世界中の至る所に全面ガラス、アルミパネルのオフィスビルが建ち並ぶことになる(日本では前川国男設計の日本相互銀行本店のコンクリートパネルによるカーテンウォールが最初)。それはカーテンウォールを支持するラーメン構造の停滞、オフィスビルはただ単に長いスパンの空間を与えればよいといった不明確さ、そしてカーテンウォールが持つ生産性の高さゆえであろう。その結果至る所でレヴァハウスまがいの建築が派生し、ガラス面の割付けとアルミパネルの凹凸に"自由なファサード構成"は陥っている。

　こうした反省から、特にアメリカでは、I.M. ペイや L. カーン、そしてSOM でさえもコンクリート打放しを使い始めていて、また、かつての組積造に代わってコンクリート、プレキャストによるベアリングウォール等の技術が生まれている。

　超高層ビルが計画される時点で、カーテンウォールのファサードの問題、R.C のラーメン構造の発展は再び考えられてよいであろう。

鉄道会館第1期

鉄道会館第2期　カーテンウォールが取り換えられた

機能主義 (functionalism)

　機能主義という言葉ほど，多くの人に採り上げられ，定義され，歪曲されてきた言葉はない。建築を論ずるとき常に顔をのぞかせる。有機的なものこそ機能主義とするのに対する機械嗜好者のイズム，創造物は常に目的を持つことから，あらゆる時代のすべての建築は機能主義であるとするものまで，定義のされ方は多種多様である。機能主義はどれも「形態は機能を反映しなければならない」という主張を持っているのだが，その大部分は表現の問題，美学の問題である。

　サリヴァンの「形態は機能に従う」という言葉と彼の作品——それは一方では"用"を説きながら一方では有機的な装飾を肯定する——は機能主義という言葉を大いに混乱させている。つまり機能主義は建築を何かの形態的アナロジーと見るところにあるのだが，出発点において機械のアナロジーと生物（器官）のアナロジーの両方を含んでいたのである。

　機能主義は歴史的に継承されてきた一つのイズムであり，時代によって絶えずその意味は変質してきたし，同時代においても全く異なっていた。そのときわれわれはつまり歴史の系譜としてとらえることが必要である。

　1900年前後，産業革命以後機械による近代生産方式が著しい進歩をした時代の背景にたって，近代建築運動の先覚者たちは，実用と建築の概念を採り上げた。機械の持つ野蛮さに徹底的に反抗したモリスに対して，その後継者たちは積極的に機械を歓迎する態度をとり，装飾を否定し，実用的なものの美しさを強調した。O. ワグナー，A. ロース，L. サリヴァン，それにベルラーへ，ヴァン・デ・ヴェルデ，機械時代を謳歌したF.L. ライトなどがいる。

　この機械への謳歌とアナロジーを統合した形で現われたのがル・コルビュジエ（→p.250）とワルター・グロピウスであった。彼らの主張は，それまでの折衷的，形式的建築へ向けられたもので，合理的建築の主張であった。グロピウスは造形と技術の方向に向かったが，コルビュジエは合理的な精神とともに，熱烈な自動車や船や飛行機など機械讃美者であった。彼の「住宅は住むための機械である」は機能主義という言葉と同じように曲解されつづけてきた。サリヴァンとコルビュジエの言葉の曲解は合理的建築のスタイルをつくりだした。ラーメン構造とガラスのカーテンウォールの建築＝近代建築となった。

　おまけにインターナショナル建築という言葉も曲解されて，固有性のない建築という意味をもたされ，機能主義にくっつけられた。そして社会の需要

の増加と工業化のルートに乗って，またたく間にこの機能主義建築は全世界に広まった。近代建築の普及と一般には言われているが，その画一性はじきに悪評を呼び，その結果，機能主義は悪い建築をさす言葉となってしまった。

　生物のアナロジーとしての，もう一つの系譜はサリヴァンの装飾性から出発し，ライトの有機的建築に受けつがれる。その主張は，キュービックな建築に対するものである。H.フィンステルリンの幻想的建築，F.ヘーリング，H.シャロウンらの主張は，直線に対する曲線，幾何学から解放された建築の表現の自由さであり，彼らの機能の意味はほとんど生物学的なそれのアナロジーとして説明されている。

　現在この有機的表現主義的態度はあまりにも合理的になりすぎた建築に対して，表現の拡大と人間性という方面から見直されている。

　また，機能主義という言葉こそ使われていないが，建築デザインのシステムズアプローチは，新しい機能の意味を提出している。

機械は剛猛な，しかも微妙な生物に似ている。そしてその活動は絶対であり，すばらしく器用で誤ることなき動物である。

　　　　（ル・コルビュジエ，吉阪隆正訳）

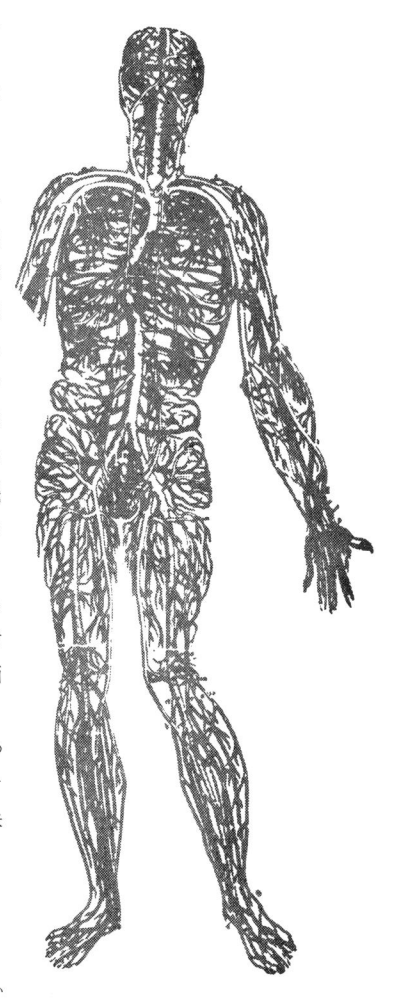

空気構造 (pneumatic structure)

　ニューマチック構造とも言われる。空気圧によって構造物を形成しようとするものは，建築以外の分野でさまざまに使われてきている。最も初源的なものはゴム風船に見られ，気球飛行船，自動車のタイヤ，救命ボート，ホバークラフト，それに最近のニューマチック・ファニチュアなど，すべて空気圧を利用した構造物である。

　この構造の研究は18世紀後半フランスで熱気球の研究で始められ，その後水素気球から飛行船へと発展した。空中上昇へのあこがれが推進力となっていた。初めて建築への可能性をうちたてたのはイギリスのF. W. ランチェスターであるが，初めて実現させたのはV. ランディとワルター・バードによるモビールシアターである。その後レーダードーム，兵舎，倉庫など軍需と結びついて発展した。そして1958年のブリュッセル博のパンナム航空館を契機にヨーロッパや各地に広まり，新しい建築空間の要求に答えるものとして急速な発展が見られる。特に1967年ドイツで空気構造に関する会議が開かれ，1970年の万国博で大々的に用いられている。しかし空気構造はまだ未開拓の分野と言える。

　空気構造の将来の可能性の一つは巨大化への道である。用途に従うのではなく，人工環境化，気候化を生み出すとき空気構造の軽さと施工の簡便さと透明性は最適のものである。

　空気構造の施工のインスタント性と運搬されるときのコンパクト性は，今日，空間と移動性に対してフレキシビリティが要求されているとき有効である。また今日のプレファブにかわるべき「ふくらむ家」注)の可能性もある。

　また空気構造のテクスチュアと形態は，建築や建築以外の分野に新しい概念をもたらした。そのテクスチュアと形態は触覚的と言われるように一種のエロティシズムを感じさせる。その非重量性は人に重力から解放されたイメージをひきだす。それはインテリアの分野に進出し，また新しい環境芸術のオブジェとして出現した。ありふれた素材と加工の簡易さ，コンプレッサーさえあれば個人的レベルで環境全体に作用するものを瞬時に作り出せることは，構造体の概念をかえ，人と環境の係わり合い方の固定性をうち破れるものかもしれない。

注）二重の膜の間にプラスチック・フォームがはいり，送風機で建てあげられた後，フォームは硬化する。空気がコンクリートにおける型枠となるもの。もう一つはふくらました後，膜材料そのものを薬品処理により硬化させる方法であるが，このときやはり膜材料によるリブが必要。どちらも自由な曲面が選択され，つくられる。

ハンス・ホラインのポータブルオフィス

クラスター (cluster)

　クラスターという概念が出現したのは，CIAMの崩壊と軌を一にすると言ってよい。P.スミッソンやキャンディリス，ジョシック，ウッズあるいは丹下健三（→p. 140）という人たちは都市の構造，あるいは構成パターンのアナロジーを生物からとり，おのおののベルリン計画でのペデストリアン・プラットフォームというインフラストラクチュア，カエン(1961)，トゥールーズ(1962)計画でのステム——幹，東京計画-1960の都市の軸——脊椎という実体概念としてのストラクチュアを示した。この都市のストラクチュアという概念と同時に出現したのがクラスターで，構成要素の段階構成の仕方を名付けたものだった（ちなみにクラスターという言葉の一般的な意味はぶどうなどの房をさす。つまり一つの実から大きな一房に至るという構成パターンをこのように名付けたのだ）。たとえばスミッソンのペデストリアン・プラットフォームは自動車交通と歩行者を分離し，かつ歩行者の利用する施設をクラスター化するという働きを持っている。このクラスターという言葉を使い始めたスミッソンは次のように述べている。

　「われわれのおかれた状況はより複雑であり，あまり幾何学的なものではない。われわれは規範よりも流動を考慮せねばならぬ。そしてそれらの要求を満足させる概念はクラスターの概念である。クラスター——きっちり編まれた複雑な，しばしば運動する集合，しかも明確な構造を持っている。これは，おそらく建築や都市計画の新しい理想の記述に最も接近しうるものである。現在容認されている集中型の都市の概念とは異なって，クラスターの概念では，中心は一つではなくて多くある。それらの商業や工業の集中点は自動車道路によってうまく住居地域や村落と連結される。」（建築文化1967-1）

　家・教室・近隣住区は，それぞれ町や学校，ニュータウンのクラスターと呼ぶことも可能である。たとえば近隣住区は実際の町のアクティビティに対応した単位のとり方とは言えないし，また，町・村・学校・商店といった構成単位のとり方は，それぞれの言葉の持つ意味が歴史的含蓄が多すぎるし，外延的な規定のされていない不確かな言葉である。そのため建築，交通，コミュニケーションの複合化された都市の中に住むひとりひとりの要求に対応できる環境をつくり出そうという目的にとっては障害なので，逆にクラスターという言葉を用いて，どのようなファクターによって外延的な規定のされるものを，ある特定のクラスターとするかを考える過程として重要になっている。

クラスター・システムの構成

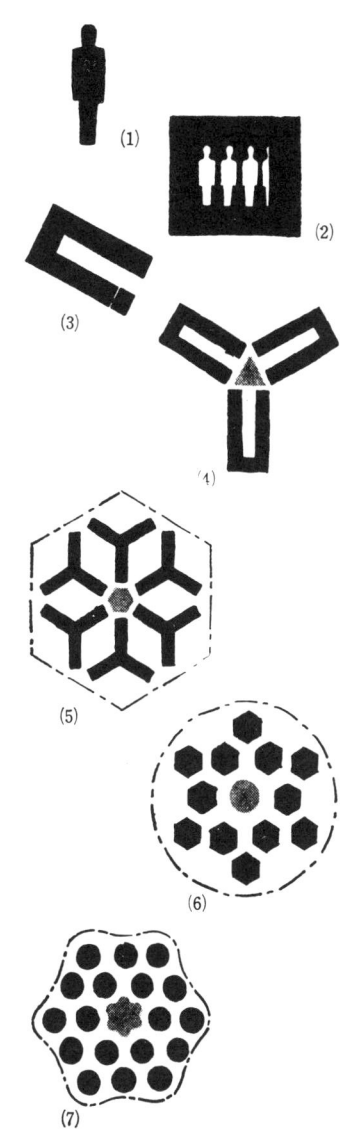

(1) 基底になるモデュールは一人の人間である。

(2) 数モデュールの集合体は，すなわち一つの家族である。

(3) 家族の集合体は単位集団，すなわち基底になる社会単位である。

(4) 単位集団の集合は近隣住区を形成するが，それらは社会・文化・経済各施設，小学校，集会所，日常購売施設等として用いられる近隣センターを取り囲んで結晶する。

(5) 近隣住区の群はさまざまな性格のクラスターのコミュニティをつくる。そして，事務所・研究機関・軽工業勤労センター，小売業・サービス業の商業センター，文化・教育・レクリエーション各センター等で構成されるコミュニティセンターが，その中心となる。

(6) おのおのにコミュニティセンターを持った近隣住区集合体は，さらに一つのタウンセンターを取り囲むようにグルーピングして，コミュニティ群をつくる。その中心であるタウンセンターは，コミュニティセンターよりさらに大きな規模，高い段階構成，複雑な内容を持った労働・商業・娯楽・文化・社会各施設で構成される。おのおのにタウンセンターを持つこのコミュニティ群は，50,000ないし200,000のモデュール，すなわち5万ないし20万の人口を持つことになろう。そして，こういった市街は，地方においてはそれだけで独立した都市であるが，大都市圏においては，その一部を構成するのである。

(7) 大都市圏内の都市は非常に強力な活動の中心，すなわち都市エネルギーの主要な源泉であるメトロポリタンコアの影響圏内にあるのが常である。このコアは，巨大な人口によってのみ支持されるような業務，国・州・地方の行政事務，観光業務，文化・厚生・娯楽事業などのための複雑なクラスター群で構成される。(このクラスター群は相互に歩行者連絡施設によって密接に連絡される。) (国際建築1955-11)

形態は機能を啓示する (form evokes function)

　サリヴァンが「形態は機能に従う」と言って以来，形態と機能の二つのことがらは建築家にとって常に問題とされてきた。そして建築家自身の思想をこの事柄の中に集約的に表わそうとしてきた。しかしそれはややもすれば形態と機能を対立するものととらえ，つまらない二元論に陥りがちであった。その中でルイス・カーンの「形態は機能を啓示する」は，彼自身の建築における思想を集約させるのに成功している。

　この内容は次のカーン自身の言葉で説明される。「もしも，建築をひと言で定義しようとするならば，私は建築とは空間を思想豊かに創造することであると言おう。それは施主の要求を満足させるだけでは十分でない。それは限られた範囲に用途を適合することではない。建築は全くそのようなものではない。それは用途の感覚を呼びさます空間の創造である。空間は建物が建てられる目的の用途によく調和するように空間それ自体を形成する。」（中真己訳）この「空間を思想豊かに創造する」とか「用途の感覚を呼びさます空間」とかはどういうものを言っているのであろうか。カーンは学校について次のように言っている。「私は『学校』とは学ぶのに良い空間環境であると思うのだが……，一本の樹の下で，教師であるとも思ってもいない一人の人間が，自分らを学生であると思ってもいない数人の人びとと，彼の具現化について話し合うとき，それが学校の始まりである。学生たちは彼らの間の交流とこの人の前にいたときの充実感をながく心にいだきつづけ，彼らの息子もこのような人間の話に傾聴することを希望する。間もなく空間が建設され最初の学校となった。学校とは，それが人間の熱望の表われであるからこそ成立する。」（山本学治訳）つまり，建築を考えるときに物の始源にさかのぼって，そこでそのものの精神と内容からつかみとったもの（霊感）を実際の建築のなかに具現化することが必要だと言う。「建築家がその設計という媒体を通じて表現すべきものは，『学校というもの』——すなわち学校の精神，その存在意志の本体——である。」（山本学治訳）つまり建築は使い方——機能によってつくられるのではなく，逆にさまざまな使い方を呼び起こすものとしてつくられるということである。

　カーンのこのような思考の形態は，哲学とも言うべきユニークなものである。それは古典的哲学かもしれないが，ものをつくっていく者の共通の基盤になりうるものをもっている。以下は彼の言葉を整理してまとめたものである。

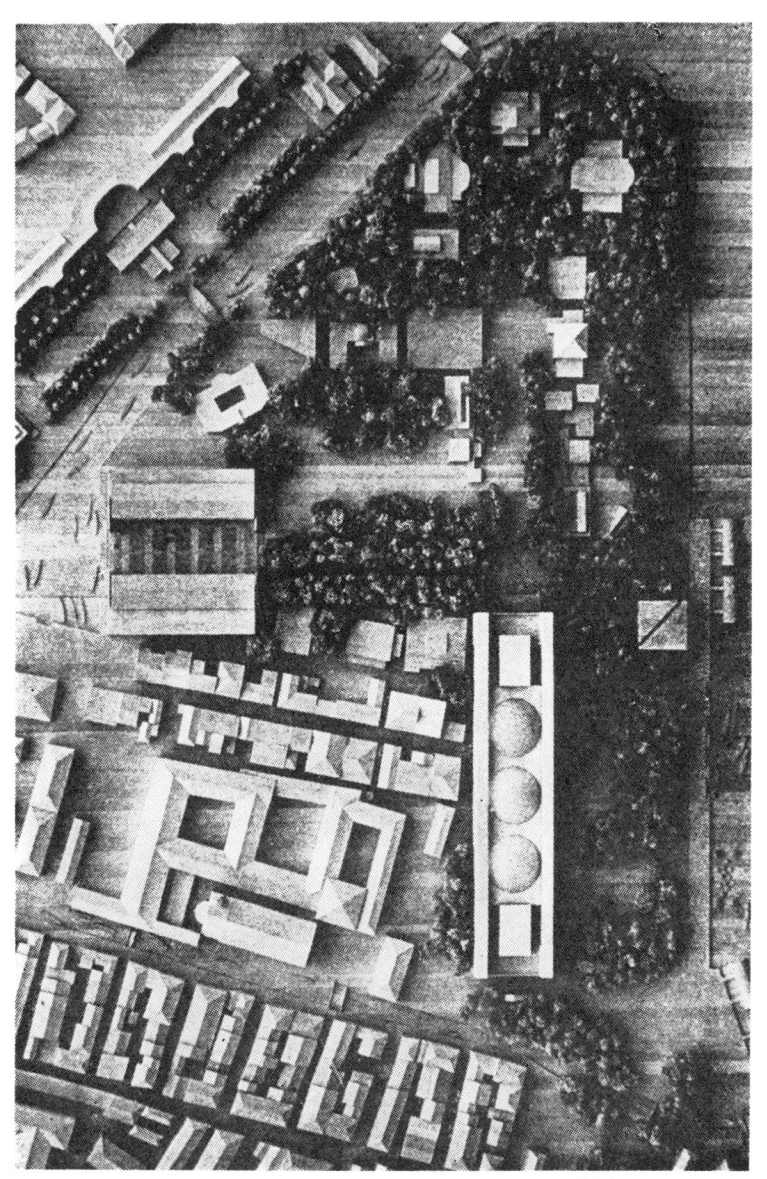

ヴェニス議事堂／ルイス・カーン

O（オーダー）

デザインとはオーダーに基づいて形造ることである。

オーダーの中に創造力があり、その方法はデザインのなかに表われる。すなわち、どこに、何をもって、いつ、どの程度に？

オーダーは美しさを暗示するものではない。

オーダーは手に取ることはできない。それは創造的意識の水準器であり、永遠に水平を保ちながら高まろうとする。

オーダーは統合を支える。

D（デザイン）

デザインは物質によるものであり、かたちと寸法を持っているものである。

デザインを通して form は実体となる。このプロセスを通じて「それ自体が欲しているもの」はどんな方法で建てられるのか、また「それ自体が欲しているところの空間機能は何か」によって理想のスキームとして変わっていく。

デザインとはオーダーに基づいて形造ることである。

F-D（フォーム-デザイン）

もしも私がフォームを説明するのにスプーンを採り上げるならば、スプーンはひとつの容器であり一本の腕である、と私は言うであろう。両方ともにスプーンにとって切り離すことのできないものである。もし私がスプーンをデザインするならば、それを銀または木で、深くまたは浅く造るであろう。デザインがはいってくるのはここなのである。しかし他の道具からスプーンを特徴づけるものは形態である。

F（フォーム）

フォームはあるがままの秩序の法則に答えなければならない。

フォームは物質やかたち (shape) や寸法を持っていない。

フォームはカーンにとって単なる機能ではなく思考された秩序 である（Vincent Scully）。

フォームはデザインを暗示する。

R（リアライゼーション）

リアライゼーションは、精神と霊魂のもっとも密接な一致点における感情と思考の併合であり、物がそうありたいと欲する根源である。

リアライゼーションとは一定の精神状態があるセンシブルな秩序の状態に達したシステムの調和を意味するが、それは空間の次元を持たず、感情や思想から直接生まれるものでない思想全体による事実の認識および感情の延長と思想が一致したときに生ずるものだ。

信念の始源を呼び起こすことはフォームのリアライゼーションそのときである。

人間の感情が宗教を（個々の宗教でなく本質的な宗教を）超越し、思考が哲学を導くとき、精神はリアライゼーション——つまりいわゆる空間の特別な建築的ビジョンを持つ存在意思となるだろうリアライゼーションに向かって開かれる。

F-T（感覚-思考）

われわれが創造しようと望むすべては、感情にのみ起点を持っている。しかし思考から離れて感情の中にとどまっていることは何ものをもつくらない。

I（イナ）

彼は生きているものはすべてひとつの ina を持っているという。この ina（カーンの発明した言葉）はすべての生物——細胞、バラ、人間——において共通の要素である。そして生物の精であり、存在の精である。

すべての生物は existence will（存在意思）を持っている。その生存は ina の特性および個性とみなされるであろう。それは ina の内部の方向性ある力であり、互いに他を区別するものである。それは異なったものになろうと要求させる。このようにして細胞は細胞になろうとし、人間は人間になろうとする。

（ヤン・ローワン）

非生物は存在意思を持っていないが、人は自身によってそれらに意識を与えることがで

きる。(ヤン・ローワン)

　霊魂は感情や思考によって表現され，そして常に測ることができないものであろうと，私は信じる。霊魂的存在がそうありたい状態をつくるよう自然に呼びかけているのを私は感じる。バラはバラになろうとすると私は考える。

　個人的感情が宗教を超越し思考が哲学を超越するとき，精神は具象化（リアライゼーション）する。それは特別な建築の存在意思であるかもしれないものの具象化であると言おう。

　リアライゼーションは霊魂を伴う精神の最も近い関係における思考と感情の表われである。その霊魂はある事物がなかろうとするものの起源である。それはフォームの始まりである。形態は組織の調和や秩序の意味や，他のものから存在を特徴づけるものなどを取り囲む。形態は何が what である。デザインはいかに how である。(中真己・中村敏男他訳)

```
         DESIGN
         Measurable
           FORM ── What characterizes
            ↑       one existence will
            |       from another
        → Realization ←   Merging of Religion
  Love.   |            |  & Philosophy (A dream
  Nobility|            |  that can become a
     Religion      Philosophy ── The presence of
  Unmeasurable    Unmeasurable          order
     |Transcendence|
     |             |
   Feeling      Thought
         PERSONAL
```

```
                 in all life
          elements ┌ ina - common
   Rose   of the  ┤
          psyche   └ will - different    Man
           ι'ι'ι'              ι'ι'ι'ι'
          ι'ι'ι'ι'            ι'ι'ι'ι'ι'
           ι'ι'ι'              ι'ι'ι'ι'
                                ι'ι'ι'

           ι = ina spirit of life
                  (not ego I)
           ✓ = Existence will
```

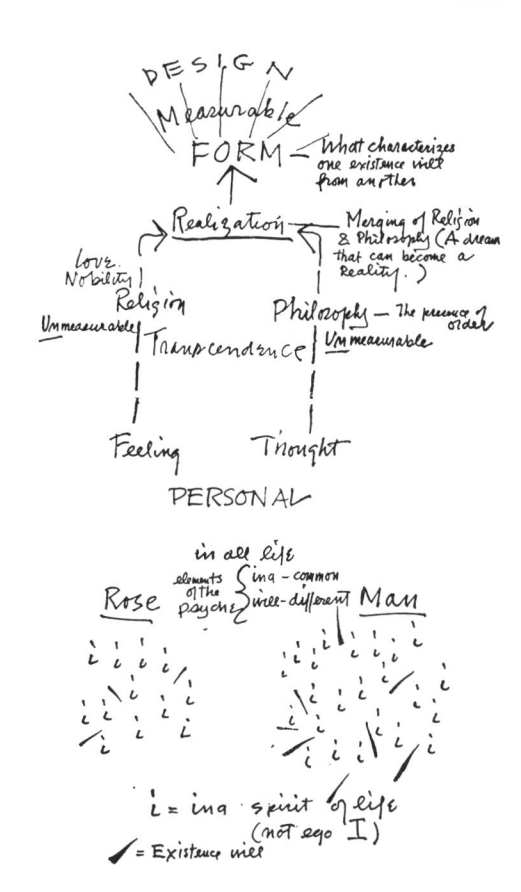

GEAM (groupe d'étude d'architecture mobile)

ヨナ・フリードマンは第10回 CIAM 会議 (→p.94) の後 チームXの その後の活動にあきたらず注),独自の思想に基づいて翌1957年仲間たちと GEAM (動く建築研究グループ) を結成した。

その主張は「近代社会のにない手は一般大衆であり,建築家は社会の組織者でありえない。新しい工学技術とか都市計画の技術に目を向けることによってのみ,社会の動きに対応する弾力性のある動く建築を創り出せる」(黒川紀章) に集約され,終局的には住人の自由意志によって造られ,変化する建築,都市をイメージし,それをコントロールするものを新しい技術のなかに求めようとするものである。

このグループとしての主張は,建築家の技術者としての態度と方向性を示しているのだが,その人と内容は多様である。Y.フリードマンの空中都市,O.ハンセンの可動床パネルの展示場,G.ギンシェルのバブル・ハウス,シェルツェ・フィーリッツの三次元都市,ポール・メイモンの海上都市,フライ・オットーのテント構造,ルーノウの空気構造など,フリードマンの理論的なものから,技術の発展からイメージされた建築や都市像,大スパン架構による気候化をめざすものまである。

しかしこれらのプロジェクトが都市や建築を空間や形態の問題としてでなく,社会の変化に対応していこうとする,純粋に科学的,技術的解答である点,新鮮である。

このグループのなかで最もよく目に映るのはフライ・オットーの膜構造とその架構による気候化と,このグループのリーダー格であり理論的背景である Y.フリードマンの都市理論と,立体格子を使った都市のプロジェクトである。

注) 黒川紀章の「行動建築論」によれば,Y.フリードマンは GEAM とチームXの違いを次のように言っている。
(1) CIAM の基礎は,建築家が社会のオルガナイザーであると信じている点にあり,チームXもそれを引き継いでいる。GEAM のメンバーは,このような組織者としてのイメージを否定し,自らを建設者または技術者と考える。最終的なかたちを決めるのは住まい手である。
(2) CIAM の問題意識は空間の質に集中されていたあまり,空間の量的な問題,たとえば住宅の絶対量の不足に対する社会的な闘争,技術者としての追求をおこたった。チームXにも同様の傾向がある。
(3) 現実に造ることよりも,予見することに力をそそがねばならない。チームXは現実妥協である。

既成街区の上に造られたインフラストラクチュア　　　　　　　　　　パリ空中都市 (1960)

ニューヨーク空中都市 (1964)

ケヴィンとペイ (Kevin Roche and I. M. Pei)

アメリカが開拓者のものであった時代は終わって久しい。もはやだれもが大統領になれ，だれもがミリオネヤーになれるという神話を信じている人間はいない。けれども少なくともヨーロッパと違って，異端者が正統に組み込まれうることは可能だという。

巨大資本や巨大なメカニズムはその巨大さ，組織性のゆえに本能的な血の純化を願っており，それを個人の純潔さに求めようとする面は，社会が未組織で，後進的である国よりはるかに強い。

建築家もその例外ではない。機械やコンピューターや組織が絶対的な強さで支配しているこの国の設計界でも，そうであるだけに神秘的な創作の秘密を導き入れたいとする気持は強い。ただしその創作者が企業や資本にとって新鮮であるだけでなく，彼らの論理や倫理になんら変更をもたらすおそれの無いという限界において，建築家も作家として優遇され，もてはやされる。

完全に資本の体制の中で優等生としての作品を作り続ける SOM，その中で優秀すぎるときにはその枠をはみ出しそうに見えて決してはみ出さないバンシャフト，エレベーション・アーキテクトといわれながらも資本の要求する一般大衆への迎合性を発揮することによって活躍し続けるヤマサキ等々。

偉大なライトも結局は熱烈だが数少ない愛好者たちに支持されただけであったアメリカの風土である。

そうした状況のなかでケヴィン・ローチや I. M. ペイは作家としての自己の個性をその枠の中でどれだけ発揮できるかという限界に挑戦していると言ってよいだろう。

ペイは銀行経営者の子として生まれ早くからゼッケンドルフという巨大企業のディベロッパーの部分に参画し，アメリカ中に彼独特の建物を建てているし，ローチはサーリネン無き後の事務所を引き継ぎながら，サーリネン以上の個性的なアイデアで，サーリネン以上の大きなクライアントを得るのに成功している。ペイはこうした企業の要請に 200 余名の組織とプロ的な巧みさと破綻の無さ，質の高さで答えているし，ローチはアイデアという組織の逆の極からこれに対し，しかも十分答えうる質を生み出している。

彼らの施主に対するまた建築そのものに対する姿勢はきわめて謙虚である。それが社会をくつがえしうる力を持つのだと信じてはいない。より良くする原動力としての建築，大人の建築がそこにある。だからこそ彼らはアメリカ資本主義に迎え入れられたし，彼を目ざす若者たちも後をたたない。「建築家として成功する方法」

MIT 地球科学研究所／I. M. ペイ

ナイツ・オブ・コロンバス／K. ローチ

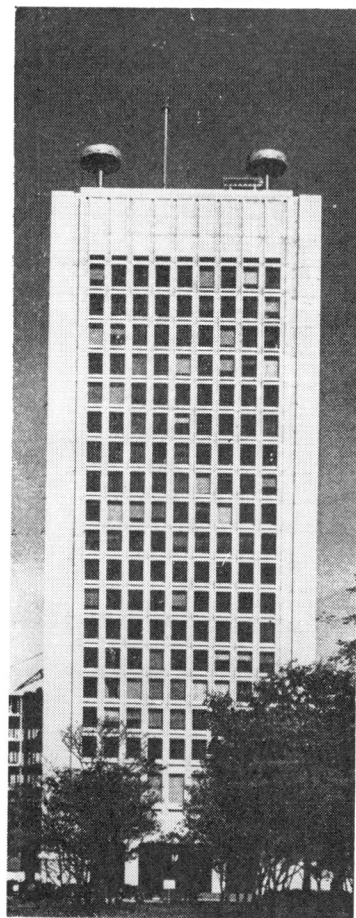

幻想の建築（fantastic architecture）

「能動的な領域において，明らかに潜在的な本能だけに動機をもちながら，実際には深層において根本的な遊戯本能にかかわりを持つ」（幻想の建築/藤森健次訳）ものと言える。つまずいた石の彫刻的形態を見て思いたったフェルナント・シュヴァルやサイモン・ロディアの「おいらは何かやりたかったんだ」という言葉に代表される。人間の深層の意識と空間的，建築的なものとの結びつきは強い。絵画の世界での幻想の建築がそれを物語っている。

幻想の建築の動機はさまざまであるがいずれも自己の世界の展開であり，それは一般的に技術とか文明とかに無関係なばかりか，それらを裏切る。現実の束縛を拒否し，人間の創造力によってのみ追求されたものである。

ヴィジョナリーな建築の時代の秩序や習慣への反抗と批判が，いつか歴史的にのり越えられてしまう宿命に対して，幻想の建築は時代の固有性を有しながらも，時代を越えて人間の深層の感情に働きかけてくる。

われわれはそれらを単に異端として扱うことはできない。それは建築史の本流が自らの正統性を証明するために捨てねばならなかったものである。われわれは建築の世界を限定しすぎてはいなかったかという反省とともにそれを見直す必要があろう。

サイモン・ロディア：ワッツ・タワー

アンドレ・ブロック：Habitacle No.2

ベルブ・クリーン：オクラホマの家

ブルーノ・タウト：アルプス建築

建築家

　Architect という言葉の語源はギリシア語の arkhos（長）―tekton（職人）であり，手工芸のアーチザンに対する職能を示すものとして古くから使われてきたし，ラテン語の architectus がローマや，中世以降建築の専門家を示す語として使われている。

　建築家はエジプトで"王室の一員であり，予言者の長であり，あらゆる事象に精通した全人的存在であった"昔から最高の権威者として存在してきたことが主張されてきた。

　確かに建築という有機体が，無定見の職人の寄せ集めで成立するはずはなく，常にそこには決定者がいた。

　それは歴史の文書が示すように，ときには発注者であったり，管理者・彫刻家・画家・職人頭・技術者としての職能をもって参加したのであって，現代的な施工者や職人から離れた独自な存在としての建築家の職能が発生するのは近世以降のことである。

　つまり施主と施工者の中間に位置し公正な立場で創意と技術の統合を行ない，それに対して報酬を受けるという職能はかつての宮廷のお抱え芸術家や職人の長としての技術者のどちらにも属さない存在として定義されている。

　そのような近代的な建築家像が定義づけられるのはヨーロッパでは19世紀にはいってからであり，日本では日本建築家協会がこうしたヨーロッパ的建築家像を求めて1956年発足したが，建築士や施工会社設計部などとの関連においてまだ確立してはいない。

　プロフェッションとしての建築家と創造者としての建築家とは現実において一致せず，作品が建築家のすべてであるという従来的な姿勢に対して「造らない建築家」というジャンルすら登場してくる。建築家とは一体何だろうかという問いが根源の問題として提示されているのだが，RIBAの「建築家の将来像」にしろ，日本建築家協会の「設計監理業務法」運動にしろ，現在の立場の自己保守的なニュアンスが強く，基本的な命題には答えていない。

　加えて安保と万博の70年には，体制側の存在としての建築家が強く指摘され，アメリカでは彫刻的芸術作品の作家から技術・性能・政治の立場からの建築家を意識する方向が生まれ，今，古典的な建築家像は建築または建築する作業そのものと同時に揺り動かされている。コンピューターや組織が事象の決定権を持ち，資本の論理がすべてに優先する時代でもある。

　あるいはそうした時代の流れの持つ価値観に対して，他の極の価値観の存在を示す意味を持つものとしてしか，従来的建築家の存在の意味は無いのかもしれない。

1927年シュトゥットガルトのワイセンホーフ・ジードルンクにおけるコルビュジエとミース

コアシステム (core-system)

　主として衛生関係の諸室を core（核）として集中する手法は，もともとヨーロッパ等の石造多層建築に源を発している。壁体が組積造，床および屋根が木造という構法は，これらの諸室は上下に一致していることが配管やその他の点で有利であった。階段室などという空間もその例にもれない。

　この様式がコアシステムとして体系化され始めたのは第二次大戦以降，建築の年代で言えば設備部分が建築の他の部分と等しい，または同等以上の価値を持つ時期になってからであった。それまで一般の居室と比して，建築的にそれほど対比的な内容を持ちえなかったこの部分が，にわかに内容を充実し始める。

　そこに生まれた設備の集中化はそれにとどまらず，異質な空間の分離による一般的空間の均質化，無限定性の確保といった内容的な発展をみせ，やがて構造と一体化し，生活の核と結びつき，多様化しながらパターンとして定着し始める。

　日本において，池辺陽は住居デザインにおけるコアの型とその可能性を，丹下研究室はコアによる空間の無限定性の獲得を説き，とくにパターン性の強い住居のデザインでは，フォーラムの住宅コンペの影響もあって爆発的な流行を見せ，その後一つの手法として定着した。

　その後都市デザインにおける joint-core（垂直の道路であり，インフラストラクチュアでもある）や都市のコア (heart of the city)（→p.168）やクラスターシステムにおける段階構成的なコア等，コアの概念は具体的なイメージからシステムに至るまで，拡散され普遍化している。

　建築におけるコアシステムの第一の意味は均質な無限定の空間を確保する手法であった。

　集約化され，限定されたコアを設定することにより，一方に無限定な空間が確保される。これは観念としては正しかった。けれど具体的な実践の体験のうちで無限定の要素であったコアそのものが，空間の限定化のきわめて大きな要素であることを実感し始めたとき，コアシステムは変貌し始め，ムーブネット（→p.232）の誕生を見なければならなくなる。従属すべきものが逆に空間を支配してしまう——俗に言えば，便所や風呂場のまわりをうろうろしながら住まなくてはならない事実。

　同時に中世の都市にも似た単純核的な支配のシステムの限界，空間の多様さや豊かさの認識がコアの支配力を疑わせている。（カーンのリチャーズ研究所はこのシステムのうちでのこの限界に挑戦したものとして意味がある。）

静岡新聞東京支社／丹下健三

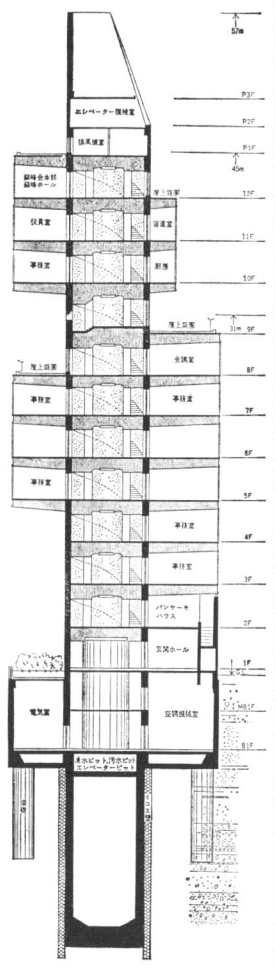

構成主義 (constructivism)

「精神文化においてかなりな水準に達している物質的後進国は,その先進諸国の到達したものをそのイデオロギーのうちに,いっそう鮮明かつ強烈に反映するものだ」とトロツキーは構成主義,未来派が胎動し始めたロシアの状況について語っているが,パリでもまだキュービズムがはっきり定着化していない1909年に,ロシアではマリネッティの"未来派宣言"が訳され,また彼が訪問したことも手伝ってキュービズムをのり越えようとするきざしが彫刻を中心に見えていた。

たとえば1913年のタトリンによる「構成主義」と名づけられたハンギング・レリーフあるいはマーレヴィッチによるシュプレマティズムと称した舞台のための黒と白の正方形の絵であった。1917年のロシア革命で社会的変動が起こったが,その後少しずつ落ち着いてくると,革命後の「新しいものの探究」が開始され,西欧に展開しつつあった新しい傾向が純粋なまま採り入れられた。とくにカンジンスキーの「内的必然性」という抽象化への主張が広く受け入れられた。これらを共通の基盤として1920年にヴフテマ(高等美術技術工房)が設立され,新しい道をいこうとする人びとの拠点となった。

同年にガボ,ペヴスナーの兄弟により,"リアリスティック・マニフェスト"がなされタトリン,マーレヴィッチあるいはマヤコフスキーらが同調。その主旨は色・線・マッスの抽象化をとなえ,色は黒白のモノクロームだけ,線は叙述的意味を持っていないこと,マッスも面から構成された立体,それに動的リズム感であった。

なおこれらの人びとには大まかに三つの意見の相違があった。一つは対象を持たない抽象美術のなかにイデオロギーから自由な純粋な詩を発見するマーレヴィッチを中心とする考え方。プロジェクトとしてマーレヴィッチのアルクシトーネンといわれる一連の建築的立体構成がある(1920～2)。一つは労働者のための芸術は大衆に奉仕し,すべての人びとに理解しうるものであるべきで,また積極的に工業材料や新しい技術を採り入れるべきだというタトリン,ロドチェンコ,リシツキー,ヴェスニン兄弟,レオニドフ,ギンズブルグらの考えで,たくさんのプロジェクトがつくられたが,おもなものはタトリンの第三インター記念塔 (1920),リシツキーの雲の支柱 (1924),レオニドフの高層のレーニン学院 (1927) などである。もう一つはペヴスナーとガボの考え方だが,彼らはどちらということでなく両者の中間的な考えを持っていたようだ。

やはり工業的,大衆的であることを

主張するタトリン一派がいちばん力を持ち，また社会的発言も強く，他の考えの人びとの多くは外国へ出ていった。ガボはドイツ，ペヴスナーはフランスへ，マーレヴィッチはドイツへ，またリシツキーは構成主義展開催のためにドイツへ行き，そこでバウハウス（→p. 182），グループGなどと交わり影響を与えている。

　ロシアの国内では1930年にスターリンが体制を確立，それに伴い革命前からの職能建築家団体のマオが民族伝統の遺産を社会主義建築の上に継承することを主張．構成主義派の建築が20年後半から具体的建設過程でみじめな工業水準という壁にぶつかっているときに，一気に"社会主義リアリズム"というドグマをつくりあげてしまった。こうして何かを捜そうとする人びとはソ連にはいられなくなってしまった。この運動はデ・スティールとともにバウハウスに直接の影響を与え，またガボらによって第二次大戦後のアメリカへさえ影響を与えていくことになる。

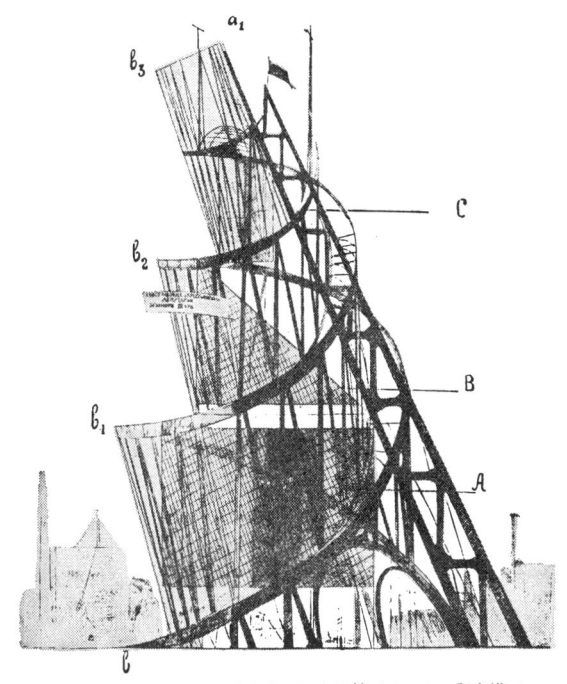

タトリンによる第三インター記念塔 (1920)

構造デザイナー (structural designer)

　R.Cラーメン構造が定式化されて以来今日まで，構造家は設計に直接関係しない構造計算屋になってしまっている。しかし建築と構造は不可分のものであるし，たとえば，山本学治の力説する，「構造自体が建築の機能的，空間的，造形的特徴と結びついていなければならない」ということは，この意味では全く正統だし，建築家が構造に能動的になることと，構造家が設計全体の視野から発想することによる協働関係は必要である。

　以下にあげるマイヤール，アルプ，ネルヴィ，キャンデラ，トロハらは技術的感受性からの構造的発想が建築をトータルにつくっているところから建築家でもある。そして建築の可能性を実際的に切り開き，構造的，技術的発展を実際的に推し進めていった人たちである。

　現代の技術の発展の一つは構造技術が単なるラーメン構造から，シェルやスラブなどの立体構造へと空間や造形の道を開いたことである。マイヤールは橋で面の徹底的追求をして，ギーディオンが指摘するように面的コンポジションの美学をつくった。マイヤールの「明快な構造だけが，最もむだの少ない材料の用い方を進めることができる」という材料の性質の極限まで使い，合理的でないものはすべて切り捨てる姿勢は，すべての構造デザイナーに見られる。そしてラントクルト橋のように単なる構造合理主義を越えて，機能と構造が強く結びついている。

　アルプも徹底した壁式構造でコンクリートのスラブ的特性を発展させた。シドニー・オペラハウス（→p.102）で知られているように，建築家との協働作業のなかでもすぐれた構造的発想をしている。それに施工技術上の発想が加わっていて，特に最近のシステマティックな構成にそれが強く出ている。この構造技術と結びついた構造部材の規格化，量産化という現代技術の発展のもう一つの要素はネルヴィにもっと徹底して表われている。彼がシェルで造るとき，それをP.Cのリブや，波形の構成部材に基づく構造体にしてしまう。これは力学的に不必要な部分を徹底的に削り取ることであり，施工方式——経済性と結びついている。そしてやはり「良い構造的解決には表現力が自ら内在する」信念に基づいている。

　コンクリートのシェルとしての特性はトロハによって大きく進展した。またキャンデラはシェルを自由に使うことによって新しい建築を目ざし，特にH.Pシェルは単に表現と空間のすばらしさだけでなく，コンクリートの特性として構造的に，また施工上からも納得のいくものである。

このように構造デザイナーと言われる範疇にはいる人たちは，徹底した合理的精神のもとにすぐれた独自の構造的発想を持っていて，それによって新しい建築の可能性を開いている。しかしそれはコルビュジエのロンシャンの教会でマッシヴなものが人に与える情感や，H.シャロウンの表現主義的なものへの情感など，建築の非合理な面を否定するということではなく，建築の可能性の一方向として見るべきであろう。

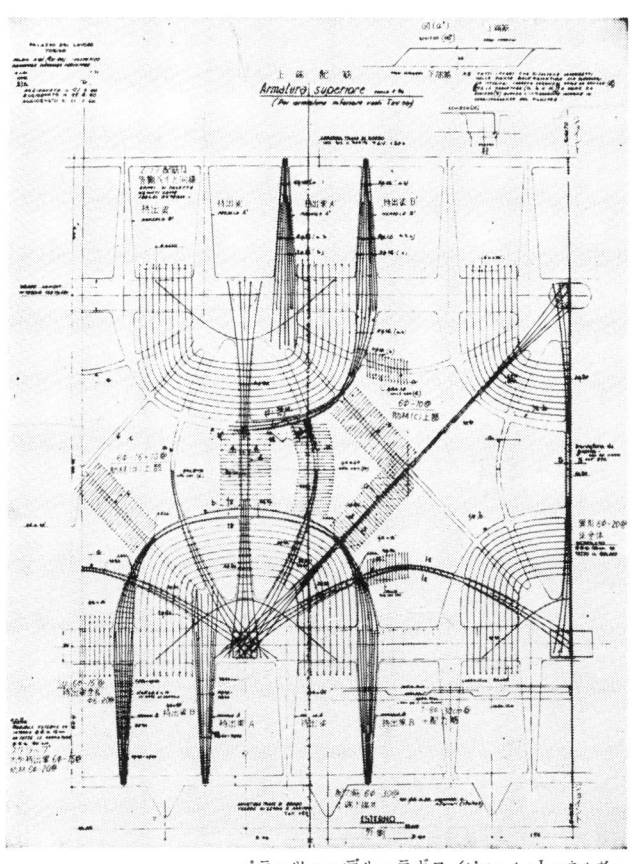

パラッツォ・デル・ラボロ／ピエール・L・ネルヴィ

五感建築

1950年代の用語である。主としてアメリカより起こり,物理的な機能,建築の価値が視覚的なものに依存しているのに対し,それ以外の五感,味・音・香り・肌ざわり・空気・暖かさ・冷たさといったものもデザインの要素として組み込むべきであるという主張。

現代建築としてメインのテーマではなかったにせよ,空間をつくる当然の要素がことさらこの時期に主張された背景は,主として建築設備,特に空調関係産業の発達とその要請があった。

第二次大戦が終わり,戦時中に急速に拡大した戦時産業は,一斉に平和産業に転換せざるを得ない状況となり,活路を求め転進していった。フラーのダイマクシオン・ハウスが航空機産業として有名なカーチス社の平和産業転進策の一つとして,多量生産を原則として生産されたのは有名な例である。

転換の一部には機械器具メーカーの建築設備業界への進出があり,以後アメリカをその起点として建築工費に対する空調・電気等設備工事のパーセンテージは増大する一方であり,この発想の裏づけとなっていく。

当時の建築家たちがそれなりに音,材料の手ざわり,においとかの空間に与える要素を評価したのに対し,全体の要求はそうした古典的な部分にではなく,材料時代の新しい空間としての空気——その流れ,新鮮さ,暖かさ,冷たさ,電気的な明るさ,暗さなどを人工的に処理することに求めていた。その背景上当然のことであった。

建築費のうち,躯体工事対設備工事の割合いは5：5を越え,ついに設備工事費のほうが多くなる。P.ルドルフが「設備費が建築本体よりもコストがかかっているのに,つまり,主体的な部分を占めているのに,何ゆえダクトも配管も壁の裏や天井内部に隠されなければならないのだろう。建築全体の表現のうちに設備工事的な部分がもっと参加する必要がある」とグルークロスビル(1960)の設計にあたって述べているのは L.カーンのリチャーズ研究所の完成後とはいえ,アメリカ的反応であったとも言える。

しかし背景はともかく,こうした人工気候を主体とする建築の質的変換は否定できない趨勢であるし,地域全体の人工気候化(フラーのマンハッタン・ドームなど)が意図され,また最近の新しい動きのなかに性能としての建築といった動きが現われてくると,建築は視覚的な部分から目に見えがたい性能的な部分へのよりかかりを強くしてくるのは目に見えている。

こうした傾向がしばらく続き,やがて「性能がすべてか？」という時代が現われるであろうことを予想して。

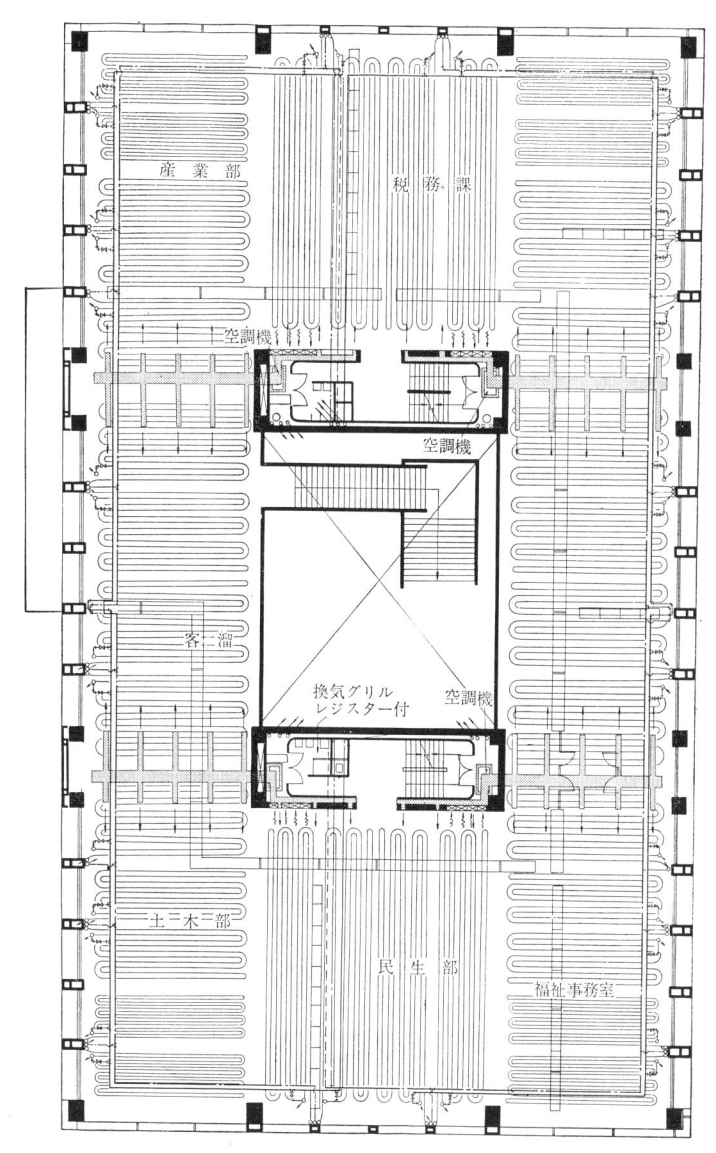

倉敷市庁舎2階暖冷房換気装置

五期会

　NAU（→p.172）が1951年になって「レッドパージ」、「朝鮮動乱」そして「ビルブーム」が始まっていくなかでくずれ去ると、農村建築研究会、ソビエト建築研究会、火曜会、ＬＶ研究会、さらにPODOKO、新建築家集団等の小組織の研究会が発足するが、これらの研究会は再び建研連（建築研究団体連絡会）に結び合う。また、研究会とは別に民間事務所約20の所員たちが集まって所懇（建築事務所懇談会）が結成され、中小設計事務所で働く所員の労働条件、設計体制の改革を目ざした。

　戦後のビルブームは、丹下健三（→p.140）、芦原義信等のスターを生みだし、彼らも"例の会"という連絡会をつくっていたが、それは次の世代にはまるで上流社交機関であったし、こうしたスターたちにいわば徒弟奉公してのれん分けして独立することが所員たちの一般的進路であった。したがって当時20代後半から30代前半の建築家たちは、常に設計労働条件といった問題をかかえこみ、一方では当時の建築論争のテーマ"民衆論"、"伝統論"という問題も当然、論議されていた。

　1955年、五期会はこうした問題をのみこんで結成される。五期会のメンバーには、建研連や所懇に属するものも多かったが"五期"の意味が、東大系列でいって、辰野金吾と佐野利器の一期に始まり、内田祥三、岸田日出刀、丹下健三に続く第五期というように、そこにはエリートが集まっていたことは事実で、大半は東京在住者で、官庁や施工会社設計部に所属する者はなく、設計事務所員が2/3、大半はチーフか独立寸前の者であり、残りの1/3は大学研究室関係と評論家、歴史家という構成で、設計体制の変革を通じ創造を解放し、各分野の活動と手を結び、民衆のための建築創造のなかで活動の場をつくりだすべく闘うという方針のもと、大谷幸夫会長はじめ60名が集まる。外部からは青年将校の反乱とみられた。しかし、議題がおもに新建築問題（川添登編集長以下全員解雇問題）、国立劇場コンペ問題、日本建築家協会との関係といったいわばエリートらしい問題が採り上げられると、機関紙「設計・組織」第1号に不信任文が載るように、構成員相互の意識のくい違いがしだいに大きくなってゆき、設計組織改革は進展しないまま、昭和35年安保闘争寸前に五期会規約は凍結される。

　その後有志の形で東京海上火災ビル問題を採り上げたが、すでに建築家協会理事の半数近くが五期会メンバーになった。これは五期会の構成員が再び結びつくとき、例の会のようになるのか、それとも別の組織をつくり出すのかという問いが常に残る。

五期会不信任

五期会の会員に民間の普通の事務所の所員がたいへん少なくてまずいと思っていること。

五期会は，まずいろんな人が集まって会ができたわけですが，会としてはっきり発足したときは「しゅいしょ」を作ってそれを目標にしたはずです。その中には民間の事務所の設計の環境を改善して建築全体の質をよくしてゆくことがはっきり打ちだされていたわけです。ところが集まってきた人は民間の事務所といってもごく一部だし，研究室の人だとか，ジャーナリストだとか，まああんまり関係のない人の方が多くなってしまって，その人たちが民間の事務所の問題をうんと教えてくれるのはいいことなわけですが，何といっても職場が違うのでなかなかうまくゆかなかったと思うのです。これはやっぱり会員の構成が偏っている故だと思います。（略）

1957．11．18　富安秀雄

五期会委員会（批判にこたえ五期会の方向をあきらかにする。）

われわれの当面している問題・対象は，設計の意識・方法・体制から生産機構との関連，建築の科学と技術の体系，教育問題にまで連鎖する実体をもつのであって，岩田的評論家のいわゆる"働きかけ"，安易な掛け声だけで動くていのものではない。

五期会はそのためにこそ"仲間を結集"し，かつ世代と職能をこえて建築の進歩派と手を結び，困難だが，しかし希望に値する，地道な戦いを闘うものである。　　　　　（新建築1957-3）

年代記的ノート　1954-1964

五期会に対しては，いまだにしっくりとその会は腰をすえ，心ゆくまでの活動をした，というより，なにか割りきれず，フラストレーションの連続であった。その原因は会員の年齢構成としての，最下層にぼくはいたわけで，すでに事務所をかまえて実作を発表したり，大事務所のチーフとなっているメンバーが創作活動における組織の問題を中心に目標を設立したとき，おそらく，それを自己のなかで創作経験とてらしあわせて検証するだけの余裕と蓄積にとぼしく，お調子にのって働きはじめたことと関係ありそうだ。

この会のなかでは，主としてアーキテクト像についての論議が中核になっていた。そこで具体的な像は結局のところ，ある地点において上層部が次々と日本建築家協会の会員になっていき，いまではその中堅会員になった，という事実で示されるように，前川国男が戦前からの事務所活動の体験からつくりあげてきた民間のフリーアーキテクト像を，その個人的に閉鎖された部分を解放し，できるだけ協同システムを確立することによって修正するという考え方に近かった。そのまえに，総評会館を集団的に設計するとか，各種の同人的組織活動がはじまるとか，民衆論といった建築家の主体性を解体にみちびくような論争があり，五期会内部での論議はそれらの状況の集中化したものであった。（中略）建築家協会になだれこみ，それを内側から改革するという方針を五期会がうちだしたとき，ぼくはこの会から精神的に脱落したように思う。　磯崎新（建築1965-5）

ゴシック

ゴシック建築は尖頭（ポインテッド）アーチ，リブヴォールト，フライングバットレスをおもな特徴とする建築といわれるが，これらはロマネスク期までに用いられている。これらの特徴でゴシックを区別するのは誤りである。N．ペヴスナーはゴシックの特徴として「これらのモチーフに対して，ゴシック様式のもたらしたものは，新しい美を目標として，これらを組み合わせたことなのである。その目標とは石造の鈍い集まりを活発にさせ，空間の動きを早め，建物を運動神経の行きわたった線の体系のように見せることであった」（小林文次訳）と言っている。

それらの技法は空間の要求に対しての構造上，施工上の解答であった。それは石造技術が最高峰に到達したことを示している。

しかしゴシック建築を単に構造合理主義 注）の建築と見ることも誤りで，構造の意味の希薄さが指摘されている。それは重みを支えているという印象を与える装置であり，この錯覚が上昇する力の流れを強調させる。「上から圧しつける重量よりも下から持ち上げる力を強調することが，建築全体に非物質的な軽さを与え，人びとに一種の超自然的な感情を呼び起こす」（堀内清治）ものなのである。それは構造的考慮より，美に対する配慮からのもので，構造そのものの表現というより構造的表現というほうがふさわしい。

ゴシックは内部の建築，自然と対立する建築といわれる。非常に高い天井を持ち，一気に上昇するような垂直の方向性の強調と，均一の柱が狭い間隔で林立することによる水平の方向性の強調，この垂直と水平の二つが対立し合いながら共存している空間がゴシックの内部空間である。それは芸術家の手になる超自然的空間である。ブルーノ・ゼヴィはこれをやや否定的な立場で「その空間は見る者に単に瞑想的な静けさでなく，アンバランスで感動しやすく，非合理的な塊の状態，すなわちたたかいの状態をつくり出すことであった」（栗田勇訳）と言っている。

このように，いくつかのトリックによって超自然的に造られた内部空間に対してゴシック建築の外観は，その建築の種明かしと言える。控壁やフライングバットレスのように，こんどは建築の構造的諸要素をむきだしにすることによってダイナミックな表現としている。

注）建築は構造を正しく反映し，純粋に表現していなければならない，という考え方で「装飾は悪である」から出発した近代合理主義運動のテーゼである。今日でも建築の表現を正統化するのに「構造的合理性」という言葉は使われる。だが建築が構造的にだけ造られていることはほとんどない。

ブルジュ教会（フランス）（1230〜1380)

コートハウス (court-house)

　プリミティヴな集落は広場を中心に家屋が囲むように配置されて，生活基盤や風土との関係のなかで地域を作るが，生活基盤の変動，人口密度の高まりにつれ市街地が形成され，家屋の敷地は限定され，家屋は連結していく。家屋が連続し，敷地内で環境を制御する過程で，庭の存在があらわになる。コートハウスの本質も，都市住居すなわち連結する住居形式と理解すべきであろう。中庭式住居が広大な敷地内に配置されていれば，中庭は積極性を持たなくなる。

　市街地化したコートハウス群は紀元前5世紀のアテネ住居からすでに見られ，カスバなどの回教徒の住居あるいは京都の町屋など，各地に現存している。こうした自然発生的なコートハウス群は明らかにその土地の風土と密接な関係を持つ。酷暑・烈風・砂塵・短い日照時間など，コートが住居環境を積極的に制御している。コートハウスが大地の区画と風土に結びつくという意味で伝統的であり地域的であった。近代建築の目標がインターナショナルな建築であり，大地の開放であるためにはコートハウスは忘れ去られ，打倒すべき形式に違いなかったし，高密度の都市計画の具体策はグロピウスのアパート群であり，コルビュジエの"輝ける都市"(→p.50)やユニテ(→p.238)に代表される高層住居計画であった。

　高層化案は"冬至日照4時間"，"平行配置"，"不燃性"，"設備の高度化"等の手法，言葉を持ちつつ世界各地に広がっていく。その結果多くの場合団地がそうであるように，高層建築と隣棟間地とが明確に分離されてしまったし，また各住戸が平面的な画一に追いこまれて，一方では「庭が欲しい」といった各自の土地所有意識を満たすことはできなかった。コートハウスは庭への要求を満足させ，プランニングによっては，コートが各室のプライバシーを確保し，新しく起こった都市公害・騒音・煤煙・ごみ・日照権などを解決する決め手として再びクローズアップされるようになる。

　近代建築家で最初にコートハウスを計画したのはミースで1931年に発表し，コートによってプランニングを徹底的に整理する意図がうかがえるが，コートハウスが都市住居であると提起したのは，弟子のフィリップ・ジョンソンが1949年にニューヨークに建築したタウンハウスで，小さいコートの中にプールと木と敷石を置いてマンハッタンの中に隔絶した環境をつくり上げ，この設計が都市の小住宅におけるいくつかのコートハウスの原型となった。

　こうした一戸建住居でなく，連続してかなりの住居密度を持つコートハウ

ス群はヒルベルザイマーらによって研究される一方，イタリア，中南米，北アフリカさらにイギリスなどで実現されている。高層住居が敷地を分離するのみならず，人間の動線を階段，エレベーターなどで限定してしまうのに対し，コートハウス群は低層であるために人間の行動の変化に対応できる可能性を持ち，各住戸内部だけでなく外部もまた，内部の変化につれて広がっていく意味を持っているが，計画上のスケールで公園・駐車場・交通装置が導入されたとき，高層住居との併設にメリットがあるだろう。

ウル西方住宅地区（紀元前1800年ごろ）

コンクリート打放し

やっとコンクリート打放し以外に建築の表現手法が豊富化され始めたとはいえ，まだ日本にあってこの技法は大きな部分を占めている。その論理は基本的に近代建築の戒律——シャム・コンストラクション（偽の構造）の否定による力の流れ，架構の表現——にあるのだが，これがとくに日本に強い理由は次のように考えられる。

伝統的な素材尊重の精神に合致すること：日本人の素材感はその材が持つ特有の肌理なり材質をそのまま表現することを伝統的に重視しており，コンクリートの素材表現として現代建築と一致することは喜びとして受け入れられた。初期の熱心な実践者であるレイモンドは，明らかにこれを意識していた。

物質の扱いが論理の構造として単純明快で，扱いやすい：柱梁は打放しであり，非耐力壁は塗るなりパネルで異なる表現をする。動くものは原色で動かぬものは素材自体の色で等々，戦後日本の現代建築の初期の論理は常にこうした単純さに満ちていた。それだけに普及力も鋭かったと言える。

後期のコルビュジエを初めとするブルータリズムの建築への影響：戦前から大部分の建築家を影響下においていたコルビュジエが，マルセイユやナントのユニテ，インドの一連の建築とすべて荒々しいコンクリートのむき出しの表現を用いたこと。その後のブルータリズムと呼ばれた一連の動きが同様に，その強い表現手法の一つとして，コンクリート打放しを採用してきたこと。

技術精度への要求が建築の近代化に役立つと考えられた：打放しが打込みのまま仕上りになるため，被覆の部分で逃げていた従来の工法よりはるかに高い精度が要求される。テクニカル・アプローチ等によって建築工事の前近代性を破ろうとしていた日本の建築界において，こうした面も打放しを擁護する論理になりえた。

一般の商業建設の特に室内においては絶対に使われぬ，つまり一般的には徹底的にきらわれるこのテクスチュアが，これほど強い執念とともに使われているのには，こうした背景があるにせよ，日本の建築家が持っている戒律遵守性，悪く言えば型にはいることにより仲間入りする性質を示してもいる。

ともあれ初期のころから見られた型枠の板目や板割りの転写に集中していたこの表現法に，ベニヤ仮枠，メタル仮枠の使用による面そのものの表現，釉薬・塗料等の表面仕上，プレキャストによる型や打込み材料等，新しい方法が最近試みられ始めたことは，次の展開として歓迎したい。

マルセイユのユニテ　避難階段

サリヴァン（Louis Sullivan）

　1856年にアイルランドから移住して来た踊りの教師の息子として生まれたサリヴァンは5歳以後ボストンの祖父母の農場で育てられ，16歳で大学をやめ，1873年にはF. ファーネス（ネオ・ゴシック様式をとりながら，ヴィオレル・デュックの影響のもとに構造的合理性，有機的装飾を追求していた），1874年にはB. ジェニーの事務所でドラフトマンとして働いた。その後ヨーロッパに渡り，ボザールにも入学するが，そこでの教育にも不満しか感じられなかったため，1875年に，当時大火の後で新しく建物がどんどん造られ始めたシカゴに帰る。サリヴァンはそこで南北戦争後の1881年からD. アドラーと協同で仕事を始める。そして1889年には最初の傑作であるホテル・オフィス・劇場という複合的な機能を持つシカゴ・オーディトリアムビルが完成する。この建物はH. リチャードソン（1838〜86）のマーシャル・フィールド商会（1887）のどっしりと重々しいロマネスクな感じや，材料の使い方から影響を受けている。4,237席を有する劇場の回りをホテルが囲い，オフィスが劇場の入口に塔状に建つという構成で，劇場内は良い音響効果を得るために機械的なものを全部床下に収め，座席には前と後で5m以上の差をつけ，劇場内部を四つの大きなアーチがおおっている。外壁はどっしりした組積造の壁で内部は鋳鉄製の柱が支えている。劇場内の四つのアーチは，構造的には屋根の鉄骨トラスからつられていて意味を持たないが，音の反響板として，エアダクトとして使われ，またその表面につけられたレリーフは室内空間を積極的に性格づけている。この後，彼はアドラーとの協同で，ウェインラトビル（1890〜3），ギャランティビル（1894〜5），（1888〜93年の間にライトはサリヴァンの下で働き終生師匠として尊敬を払った），1895年以後彼一人でベイヤードビル（1897〜8）カーソン・ピリー・スコットデパート（1899〜1904）と一連の高層の商業建築を造っている。彼の大規模な建築の最後のものとなったカーソン・ピリー・スコットデパートは，彼が「真の装飾」と呼ぶ植物的なモチーフを持つパターンが，2階までのファサードを飾り，それを見切ってその上部はプレーンな表面の石と大きなガラス窓という極端な対比のあるファサードで，彼の「形態は機能に従う」という合理的な考え方と「有機的装飾の必要性」という考え方とが明確に形態化された作品である。この作品を最後に彼の仕事は小規模になり，個人的な悩みとも重なって以後暗い半生となる。ナショナル・ファーマーズバンク（1907〜8），ピープルズ・セイビングバンク（1911），マー

チャンツ・ナショナルバンク (1911)，ファーマーズ・エンド・マーチャンツ・ユニオンバンク (1919)，そして最後の作品であるクラウス・ミュージックストア (1922) を造る。これらは一様に2-3階建の立方体で，それに円や正方形，植物的モチーフのある装飾がとり付いている古典的で静的な建物である。彼はこうした建築だけでなく，「自叙伝」(1922～3)や「幼稚園談義（キンダーガーデン・チャッツ）」(1901～2)といった本も書いているが，1924年に人びとに完全に無視されたまま孤独に死んだ。

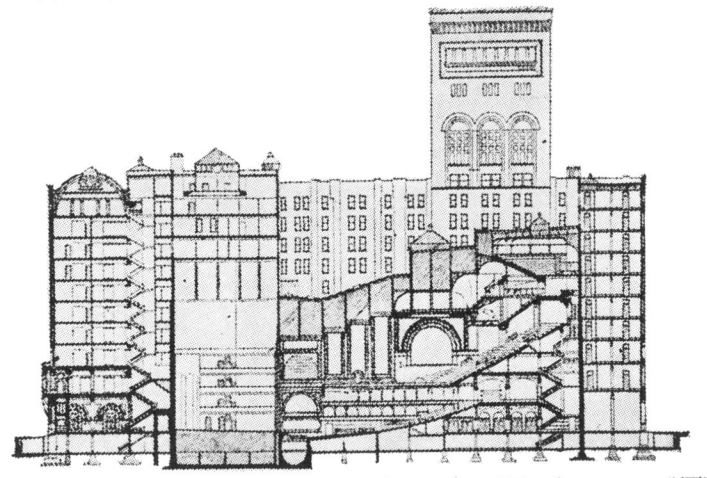

シカゴ・オーディトリアムビル (1887～9) 断面図
内部

CIAM（congrès internationaux d'architecture moderne）

　第一次大戦をはさんだ時期のヨーロッパでは多様な考え方が展開され，終りを告げていく。その中で1927年のヴェルクブントが主催したシュトゥットガルトのジードルンクに集まった建築家たちは，スイス人のマンドロ夫人の後援を受けて，1928年にラ・サラで会議を開き，現代建築国際会議を結成する。このときの宣言は，その目的を次のように述べている。「アカデミーがつくりあげた様式から建築を引き離し，合理化と標準化によって効果的な生産を可能にしよう」と。そして第2回会議（フランクフルト・アム・マイン）ではローコストハウジングを手がけていたエルンスト・マイが中心となり"最小限住宅"のレポートをつくり，第3回会議ではヴィクトル・ブルジョアが中心となり住宅団地の土地構成に関する話し合いがされ，"合理的建築要領"というレポートがつくられ，会議の目的に沿った努力がなされていた。しかし1933年第4回大会では，ドイツ語圏諸国の現実的アプローチをする人びとに変わって，コルビュジエが中心となりより概念的な考え方で会議を進めレポートとして"アテネ憲章"（→p.22）がつくられた。この会議を一つの接点として以後1956年の崩壊に至るまで，コルビュジエ－セルト－ギーディオンの指導的な位置とアテネ憲章——機能的都市というテーマは大きく変化しない。以後めぼしい会議としては，第二次大戦直後1947年に開かれた第6回「ヨーロッパの復興」，第8回「都市の核」（1951），最後の第10回（1956）があげられるだろう。戦後のこれらの活動を通じて言えることは，一方で会議の報告書やコルビュジエのマルセイユやシャンディガールでのプロジェクトの実現，またルシオ・コスタ，O.ニーマイヤーによるブラジリアの実現などによって CIAM の存在が世界的に影響を持つようになると同時に，他方ではアテネ憲章以来の図式的な一般化による矛盾がしだいに明らかになる。また組織的にも最初から持っていた制度的な傾向に加えて，メンバーの非常な増加によって硬化がおこり，これらの破綻が第10回会議でのスミッソン夫妻を中心とする，若手メンバーによるチームXへの改組という形であらわれる。このようにCIAM は28年間の活動に区切りをつける。CIAM に対しての歴史的な評価は，その主人公たちがいなくなった現在まさに始められようとしている。その主要なものは第1回，第2回のローコストハウジングや最小限住宅に関する研究（コルビュジエたちの後の活動のはなやかさにかくれてしまっている）の再評価，およびアテネ憲章に対する評価に集約されるだろう。

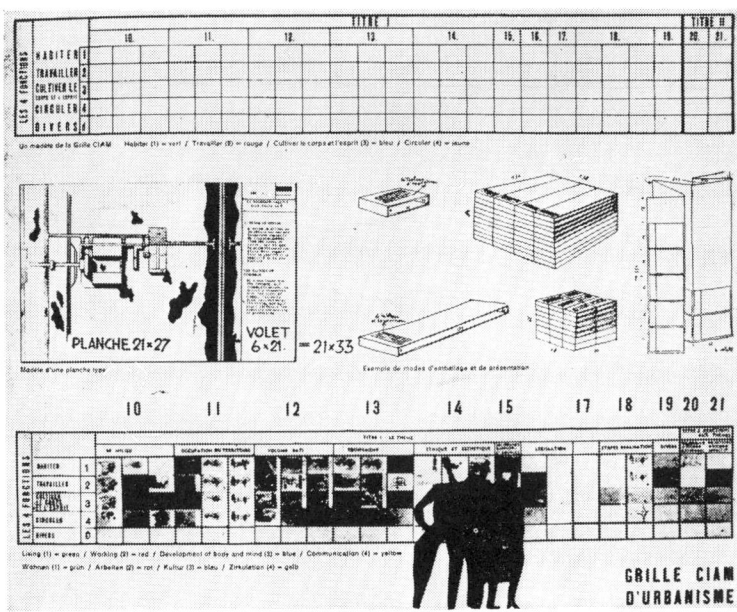

コルビュジエによるアーバニズム，CIAM グリッド
ラ・サラのジャヌレ，ギーディオン，コルビュジエ(右から)

シェルター (shelter)

アメリカの大都市の目抜きの場所にshelterの標識がある。水爆戦用の防空壕である。あらゆる物質を溶融し蒸発させてしまう水爆に対しても、人は隠れ場所を作りだそうとしているわけである。

このような隠れ場所の意識が、建築に対する始源的な本能的な要求であることを否定することはできない。住居以外に建築が存在しなかった原始時代に、建築は文字どおり動物としての人間の隠れ場所であった。猛獣、荒々しい自然、何よりも恐怖に満ちた暗黒の外界から物理的に実体を守ってくれるものが洞穴なり岩陰なりの空間であった。そして文明が発達し、人間社会の争いが激しくなれば、それは他の人間・社会・組織に対する隠れ家でもあった。厚い城壁に囲まれたヨーロッパの都市や日本の環濠集落などは、それを一つの地域的な型に表現したものである。

こうした建築に対するシェルター願望は、その建築が個人的で人間の生活の基本的な部分に近いほど強くなる。社会的な場での飲食関係の空間や、その社会からのがれ帰る住居、そのうちでもより高いプライバシーの部分、寝室、便所、そしてコーナー(居間の長椅子、書斎の本棚の脇等)。

文明病としての広場恐怖症と閉所恐怖症がそれぞれ本能的な隠れ家の要求と、対人接触の要求という人間の空間に対する二面の本能を示しているとおり、文明の発達に伴って、隠れ家意識も原始時代のアニミズム的な単純さから複雑化している。

それが単に他から絶縁しうるだけでは現在のシェルターになりえず、自らの意志による他との接触の可能と同時に絶縁しうる自由性を要求されているのである。

社会の巨大な組織化と画一化により個人的な場を失い、個々の人間の疎外感が強まっていく現代において、空間的な個人の場である隠れ家はますます求められてゆくだろう。ただ、それが六本木の地下スナックや、銀座のクラブといった夜の隠れ場ではなく、良い空間としての個人の場が建築的に、または都市的に求められることが望ましい。

家具の分野での個の空間を作り出す球形やプール状の安楽椅子、そして最近のジャイアンツファニチュアなどは建築化することによって隠れ家的な場所をつくり出している。居住的な空間から都市的な空間に至るまで、あらためて人間の場としての隠れ家的要素が拡大していくとき、少なくとも一つの疎外感を人間は取り去ることができるだろう。

防空壕であったシェルターが本来的なシェルターに　ブリストルさんの洞穴の家,三浦半島

シカゴ派 (the Chicago School)

アメリカの歴史がヨーロッパ移民により創られたことと同様，19世紀から20世紀にかけてのアメリカ建築の主流はヨーロッパの伝統様式の模倣，ゴシック，ロマネスクのリバイバルした形を装っていた。ヨーロッパの近代建築が，ウィリアム・モリスらの運動（→p.20 アーツアンドクラフツ参照）に見られるように，多分に思想的背景を持っていたのに対し，若い都市シカゴではたいへん現実的に，近代建築が生み出されていた。シカゴは1861年に始まった南北戦争により，アメリカ中西部の農産物集散地から一大商工業都市に形成されていく。西に穀倉地帯，北にウィスコンシンとミネソタという酪農地帯，イリノイ南部の石炭，ミネソタ北部の鉄鉱，ミシガン湖の水資源といった立地条件がフルに動き始める。こうした産業の発展と資源開発がシカゴの都市化を進め，1871年の大火で約 2/3 を灰にしたにもかかわらず，交通網の拡大と相まって最もアメリカらしい大都会の様相を示すことになる。

火災後住宅難，地価の高騰，さらにエレベーター，鉄骨による耐火技術の進歩が建築の高層化に結びつく。建築技術の発展は，シカゴ派の一面を物語る。湖に近いこともあって軟弱地盤に抗するため1883年杭を壁下に三列に打つ基礎構法はガーリックビル，イリノイ中央駅に，ケーソン構法はアドラーとサリヴァンのシカゴ株式取引所に，1899年には全面的なケーソン構法が取り入れられ，1885年ホーム・インシュアランスビルはウィリアム・ジェニー（1832～1907）により鋼鉄が部分的に構造材に，1889年のシカゴ商工会議所は完全な鉄骨構造をうち出す。一方ジョン・ルート（1850～91）がモントークビル（1882）に装飾を排除し，シカゴ窓といわれる連続した張出し窓などの大胆な表現が，シカゴの建築を一新し，サリヴァン，F.L.ライトといった巨人につながっていく。

経済興隆が芸術アカデミー，1882年に設立されたデューイ，ミードらが集まったシカゴ大学に代表されるように，シカゴをアメリカン・デモクラシーの中心都市に変化させていくが，貧困労働者の拡大といった社会矛盾を含んでいた。1880年代に Western Association of Architect を結成し機関紙を1883年に創刊するが，目立った論議を生みださず，むしろ建築家は現実的であったため，運動としては力が小さく，1893年のコロンブス記念シカゴ博覧会がボザール派の古典主義に終わった時点で，サリヴァンが亜流文明と呼んだニューヨークなど東部の都市の巨大症的建築群に主流は移り，ただF.L.ライトだけが独自の道を歩んでいく。

マンハッタンビル／ウィリアム・ル・バロン・ジェニー, 1890

自動車

　自動車の驚くべき普及度と自動車のもたらすさまざまな障害は，自動車が利点と欠点を持っていることによっている。利点は，高性能の交通機関を私有できることと，いつでも，どこの場所にでもゆける自由度の高いことである。この自動車の利点は実用的有効さと同時におもちゃ的，レクリエーションの道具的性格を持っている。

　自動車の普及は都心に見られるように機能を集中化する一方，住居のようなものはいよいよ分散させてしまう。それは大都市の過密問題とスプロール化というかたちで現われている。

　交通問題は，①交通混乱，②交通事故，③日常圏の分断，④都市の景観破壊，⑤道路の広場としての機能喪失，⑥騒音・排気ガスが考えられる。これは自動車が空間的に他のものと共存できないことによっている。そこで都市内に三次元の構築された自動車施設，道路と駐車場が必要となる。

　自動車の性格は，走行が分断されずに連続的であるとき最も発揮される。道路の問題は，道路の自動車専用化，道路の明確な段階づけ，交差点の問題，人車分離の問題として現われてくる。都市の中で自動車専用の道の要求は必然的に三次元の立体道路として現われる。それは都市環境に大きな影響を与え，都市の一要素として都市をわかりやすく構造づける道具とも，逆に都市の混乱を助長するものともなりうる。

　道路の明確な段階づけは，都市の構造を系統的に把握するうえにも，またドライバーのわかりやすさと安全性という意味においても必要である。交差点は，その交差する道のオーダーや交通量によって，平面交差，不完全立体交差，完全立体交差が選択される。人車の分離の問題は，都心や住宅地において必要でいろいろな解決策がある。駐車場の問題は車1台当り非常に大きなスペースを必要とすることによっている。大都市において駐車場も必然的に立体化される。それには自動車をいかに持ち上げるかということや，周囲の環境をいかにマイナスにしないようにするかという問題を含ませて，いろいろな方法があげられている。このように自動車はわれわれの環境を大きく変化させ，以前とは違ったスケールとスピードとを持った，新しい環境を形成しつつある。R.ヴェンチューリはラスベガスにハイウェイ沿いの大きなポップな広告板群に，これまでの建築に代わる新しい自動車時代の都市環境を見いだしている。

　環境の変化とともに自動車は人の生活そのものを大きく変化させている。歩行範囲をもととした人と人とのコンタクトは，自動車によって地域的拡大

というよりは，非地域化となって現われつつある。この傾向は生活の非定住化,トレーラーハウス,トレーラーキャンプなど新しい生活様式を生み，移動という概念を大きく変えつつある。

また， C.アレキサンダーは「ヒューマンコンタクトを育てるまち」で,「自動車で10分以内で行けること」という条件を持ちだして，自動車による新しい地域化の必要を示している。

自動車がもたらした都市の断絶

シドニー・オペラハウス

シドニー・オペラハウスの競技設計は1957年に行なわれ，デンマークの建築家ヨーン・ウッツオンの案が当選した。そのイマジナリーな考え方と形態の新鮮さは，他の建築家たちに衝撃を与えた。審査評は，「基壇の採用による機能的な解決と配置計画の単純明快さ」「一連のシェルヴォールトに塔屋を含めてしまうという構造的表現の統一性」「美しい帆のようなシェルヴォールトの港という場所や背景との関係のなかでのすばらしさ」の三点をあげている。

特徴的なシェルヴォールト群とともに，このオペラハウスをすぐれたものにしているのは基壇である。彼は"基壇と台地"という小論で，メキシコのピラミッドを引用しながら「シドニーのオペラハウスでは……基壇をナイフで切ったように，第一と第二の機能を完全に分離させようとした。基壇の上では観客は完成された芸術作品を味わい，基壇の下ではそこでのあらゆる準備がなされている」(中真己訳)と説明している。そしてこの基壇によって初めてシェルが生かされているのだ。

この建築が衝撃的であったのは，これがそれまでの合理主義建築の系譜から，見事に抜け出しているところである。コルビュジエがロンシャンで変身し，H.シャロウンがコンサートホールで開花したように，建築が忘れられていた，その自己表現を取りもどしている。

ギーディオンはコルビュジエや A. アアルトに続く1950年代に活躍した世代を第3世代と名づけ，その代表的建築家としてウッツオンをあげ，変化する条件と自動車交通の問題のプランニングへの積極的導入，現状の環境の取扱いへの注意，レベルの建築的起用と強調，形態的表現と彫刻的傾向の高まり，機能の表現の正確さを特性として示している。そして基壇，機能的なものを越えたシェルヴォールトの自己主張，環境との調和に，この特性が鋭く表われているとしている。

シドニー・オペラハウスの実施は当初の予想に違わず非常な困難をかかえていた。1969年に至ってやっとシェルヴォールトをかけ終わってその全容を見せた。これはシェルの壮大さと，それが下にいくほど曲率が増すという構造的には不合理なものだったことによっている。しかしすぐれた構造家である O.アルプによって一つ一つ克服されていった。まず基壇を折板の大スパン架構で造ることでよりすぐれたものとした。

シェルについては，初めに彼のスケッチはパラボラシェルとして数学的に定義されたが，シェルの構造上の不合

理さによってリブ案，鉄骨シェル案など多難の道を歩んだ。最終的にはすべて同一の球体から切りとられた球面を三角断面のプレキャストによるコンクリートチューブでおおうというものになった。これによってプレキャストの組積造のアーチ構造となった。この組積造という点や，形体的な表現，設計と建造の大事業から，このオペラハウスは古典的建築の最期の花と呼ばれている。だが，オペラハウスにしてはあまりにも莫大な費用のかかる大事業でありすぎたことから，さまざまな内外の問題をかかえてしまっている。特にウッツオンがオペラハウスから手を引かされたことは，建築家のあり方について考えさせられる多くの問題を含んでいる。

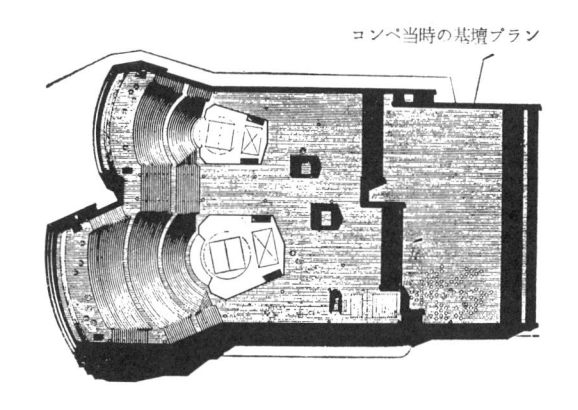

コンペ当時の基壇プラン

工事中

借景

　西欧と日本の自然環境への受けとめ方の違いは、庭園形態によく投影されている。自然を模倣し同化しようとする風景式庭園に対して、西欧のはある点や軸を使った幾何学式庭園だと言える。そこには景色をも創りだすという自然に対する支配的精神が見られる。

　日本の庭園は自然の模倣から始まった。それは自然の威力に対するあこがれが再現への熱意にまで高揚したものだった。しかし、単なる模倣にとどまらず、写実的なものから、自然の象徴的意味を写す写意的なものへ昇華していった。そこには高度で洗練された作意が見られる。借景の庭園が現われたのはおそらく室町初期で禅宗の精神と大きく係わっている。実際、借景は水墨画や生花と同じ内容を持っている。

　「借景」という言葉は、明治・大正期に造園史が体系化されていく過程で初めて用いられたもので、それ以前は関西の庭師の間で「生けどり」と称されてきた。借りてくるのではなく景色を生けどる手法である。だから、単に庭から景色が良くても借景とは言わない。景色をとらえるための庭師のなんらかの工夫、技巧がなければならない。その技法および調和の内容は、絵画的（特に水墨画）で絵画の余白が無と遠近感という空間を表わすのに対して、借景は空間そのものを近景、中景、遠景のものを設定し、構図のなかに固定化し絵画的にしてしまう。その構図はダイナミックであるが、視点は固定されている。視点の固定化と風景の絵画化という意味で、ルネサンスの庭園との共通点が見られるが、絵画化されたものが自然そのものの象徴化である点、大いに違っている。

　借景にはいくつかの共通の技法がある。それは生けどられる対象となる景色を、より完全に象徴化するため、選定、限定がなされ、景色を庭との関係で最も調和した状態のなかに、固定化する。「見切り」は不必要な部分を隠し、必要な部分を選びだして景色をよくする装置である。また前庭と遠景をつなぐもの、景色を生けどるための、絵画的に定着させるための道具には、木・森・空・灯籠・柱・窓などがある。これによって空間的に限定された庭は無限の世界のなかに置かれたものとなる。それは一種の心理的トリックである。

　現代建築にも無意識に借景と同じ手法が使われていることがある。たとえば A. アアルトの Muuratsalo の夏の家の壁は景色を枠づけている。

　環境における視覚的なものの重要性が再び叫ばれている現在、静的であるとはいえ、借景に見られるすぐれた視覚操作の考え方は見直す必要がある。

かつての美しい田園風景の
かわりに工場や建売住宅が
借景としてはいってくる。
慈光院書院

住宅産業

　産業は常に市場を要求している。アメリカの産業が第一次・第二次の二つの大戦と冷たい戦争によって飛躍的に増大し，戦後はいわゆる民需・平和産業への切換えと市場開拓によって発展を続けているのは著名であるが，日本でも終戦直後の石炭と鉄鋼への傾斜生産，それに続く技術革新と大規模設備投資による急速復興，そして1950年代の耐久消費財ブーム，1960年代の自動車ブーム等，産業の発達に伴う民間需要の促進は目を見張らせるものがあった。そして自動車ブームが頭打ちをいわれ始めた60年代末の2－3年，自動車産業にとって代わるものと急速に組織化され始めたものが住宅産業である。

　耐久消費財としての家庭電気製品や自動車の普及やレジャーブームが住宅復興の遅さの代替品として考えられ，代わりに2DKや課長マンション等の質的にレベルの低い住居概念を押しつけられていた日本人の住宅に対する要求が爆発したのであろうか。決してそうではない。

　開発しうる市場を片っ端から食い広げ，食い散らした産業が，残る最大の市場として昭和60年までに20兆と予想されている住宅需要に目を付け乗り込もうという魂胆。

　もっともこの動きは決して突然のものでなく，一部では数年前より地道な胎動を続けてきた。最も先駆的であったのは家電と建材の両メーカーであった。前者は住宅用耐久消費財から住宅そのものへと，後者は軽量鉄骨・合成木材・ボード類の生産からともにプレファブ住宅という分野で進出を始めていた。1955年くらいからのことである。こうしたメーカー側の動きより遅く製品供給企業として大手商社・生命保険・建設・造船とあらゆる分野の産業が建売，土地分譲，マンション・アパート建設等に，ときにはメーカーと結合し，ときには金融機関，ときには自動車産業と結び，乗り出してきている。

　また潜在的な需要の発掘をめざしての情報部分を受け持つ動きも盛んである。いわゆる住宅ジャーナリズムであり，大手出版社・建築専門誌・新聞社・TV局等が情報の組織化，整理，販売を目的としてスタートし始めた。かつての家庭電化製品のブームを再び巻き起こそうとするすさまじい動きである。

　現実に住宅の量的にも質的にも全く満足できない状況のなかで，こうした産業の動きはある程度歓迎すべきものなのかもしれない。けれど住宅供給は土地問題とともに本来政府その他公共団体の仕事であるにもかかわらず，常に自立建設を主体としてきた長年の政策と，その穴にくい込んでくる産業に

よって一般の庶民が犠牲になっているということにならないか。住まいへの要求をテレビでごまかし、道路未整備をよそに車を売りまくり、その巨大な広告資本力によって一方的に製品を押しつけてきた産業が、再び住宅という人間の基本的な要求に対して同じ操作をくり返し、同時に大衆が同じ素直な受取り方をしてしまう。そんな明日の産業であるとしたら恐ろしいことだ。

1970年晴海のグッドリビングショウ　メーカー出品は花ざかり

週末住居

別荘という概念は基本的には週末住居の概念と同一ではない。別荘とは都会に,しかるべき本宅があり,夏や冬には1か月または1シーズン,そこで過ごしうる余裕を持った人びとの,——言うなれば戦前までの上流階級の持つ避暑または避寒地の住居をいう。ここで別荘は都会の本宅と同次元にあり,生活は連続的でありうる。

これに対して週末住居は文字通り週末,土・日曜日の住居である。階層としては自由業,または小資本経営者であり,彼らは都会の生活から文字通りのがれてここに来る。モーレツな企業内競争や人間関係,公害からのがれ,再び明日に備える。都会の住まいとは対立的な関係にあり,場合によってはこちらが本当の人間としての住居であり,都会は仕事のための仮の場であると意識する方向さえ起こりつつある。

都会ではアパートに住み,自分の家というのは別荘だけという階層がふえていること,いわゆる別荘地ではない都市近郊の静かな土地に,こうした住まいを造るケースの多いことも,こうした傾向を裏づけている。

いわゆる分譲別荘地が数多く開発され,そこに別荘を持つことが一つのステイタス・シンボルとなり日本人のレジャー性向が云々されてはいるが,古い型の別荘と週末住居がこの点で違うことがよく意識されていないのが現状であり,問題点である。

それはまず都会からの逃避の場や古いロマンチシズム,甘やかされた保護の場であってはならない。人間の生きることの本来的な欲求を高め,都市で疎外され,ゆがめられる部分と対比させる場でなくてはならない。文明の与えてくれた日常性を拒否して,本来的な生き方の根源に触れようという意識が必要である。

週末住居が停滞した住居設計の分野の中で,停滞を打ち破る新しい提案や意外な空間性を見せ,それが都市住居に逆投影する場合が多いのは,週末の生活に内在するこうした意識に答えているからである。

都市の生活とその住居はますます画一化され,均質化されるだろう。そして社会と文明の巨大な歯車は,とめどもなく人間のあり方を規制してくるだろう。

都市住居が,いや応なしに均質化されアパート化されていく現状の中で,週末住居までも現在進行しているような分譲別荘地の別荘群のように,都市の住まいの連続であり,はかない幻影のようなシンボルとしての花やかさ,それと裏腹の貧困さしか持ちえないとしたら,われわれの住居生活はますます貧しくなる。

およそ日常的でなく，そして始源的な空間，山荘　もうびぃでぃっく／宮脇檀

ジョイント

　ジョイントとは物と物とを接合することであるから，常にその接合するエレメント（構成要素）と対応して考えるべきで，エレメントの機能・素材・大きさによって，ジョイントも変化する。ジョイントとエレメントという概念は，常にその結合状態で全体を予測している。この各段階における全体をパターンと呼び，パターンはエレメントの単なる集積した段階，それらを結ぶジョイントの発生，結合したパターンがさらに高次のジョイントで次のパターンを形成し，必然的にオーダーが発生する。この認識は建築のディテールから都市計画まで考えられるが，エレメントとジョイントで全体を認識するか，全体のパターンを先に想定するかは，常に重複する場合が多い。

　プレファブによる建築の合理化を進めるとき，まず建築全体を想定したうえで床・天井・壁というビルディング・エレメント論が生まれ，今度はそのエレメントの精度が増すにつれてジョイントの精度も高める必要が生ずる。パクストンの水晶宮のジョイントもその例。ワックスマンのジョイントは複雑であるが，くさびをハンマーで打ち込むだけで，同一のジョイントとエレメントで初めの想定から離れた全体像をも構成することができる。

　湿式工法の場合ジョイント部分が隠されて，エレメントも不明確であったのが，乾式工法ではジョイント部分が明確になるにつれ，エレメントも明確になったとも考えられる。

　都市を考える場合，都市もさまざまなエレメントの集積であるが，エレメントが予測しがたいことが多いため，ジョイントを想定していくことが考えられる。集落が発生し共同体になると食料倉庫・井戸等の施設がジョイントと考えられ，集落がさらに大きくなって施設と住戸が1単位となり，いくつかに分散し，分散した単位が機能・大きさ・施設の違いで単位相互間にオーダーが発生，そのオーダーの変化する部分に高次のジョイントが考えられる。つまり交通網・給排水等の供給網・通信網のオーダーのヒエラルキーの変わる部分にジョイントが出現する。交通網の接点には港・空港・駅・バス停が，都市施設（病院・保育所・学校・遊び場・駐車場等）が日常の人間の行動圏によってオーダーが定まるごとく。

　都市のジョイントを CIAM は広場を，スミッソンやフリードマンはジョイントになるべき公共的な構造，インフラストラクチュアを想定し，都市の成長に秩序づけを考えている。ただ人間関係相互間の目に見えぬジョイントを発掘していくことが，都市を変える一番の問題であろう。

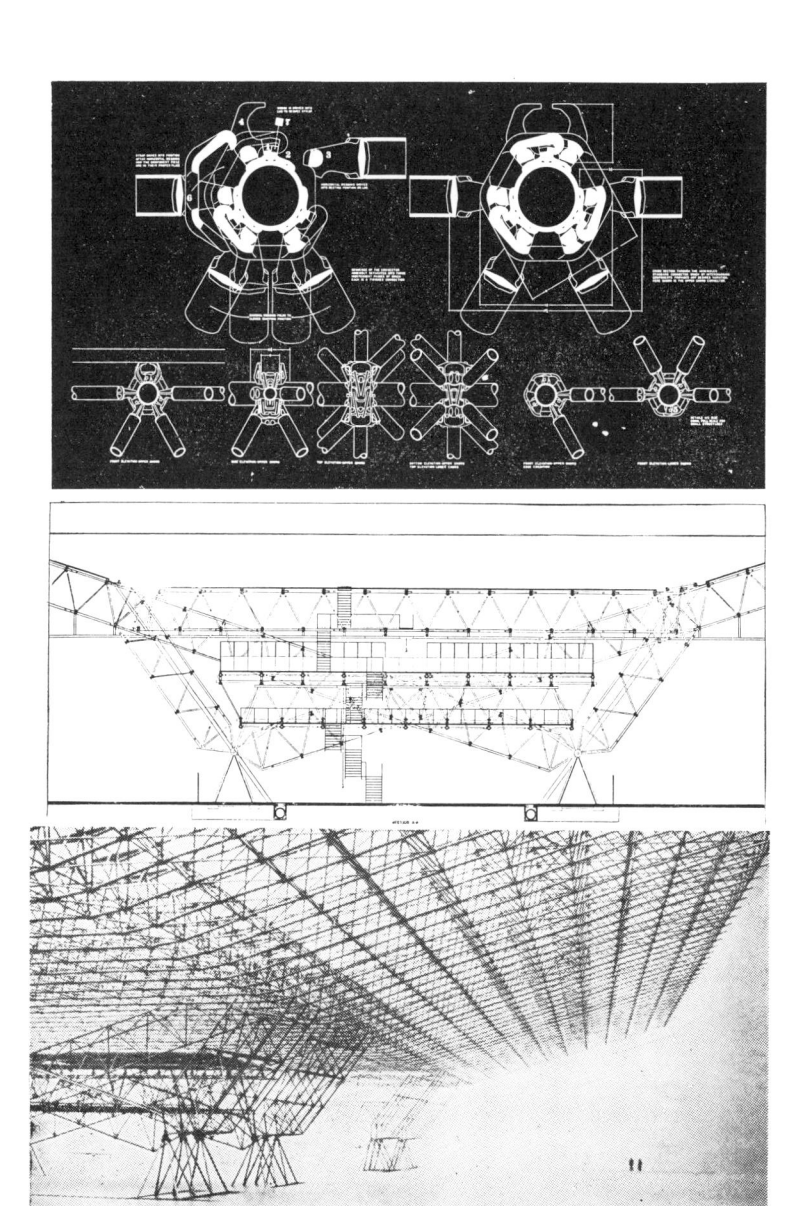

ワックスマンのスペースフレームとそのジョイント

城下町

　日本の主要都市の多くは城下町の上に発達し，現在の都市のパターンをその発展的過程としてとらえることができる。商業地区が古い城下町時代の商店街から発生し，駅やその他の出現により移行している過程はその一つの例である。

　主として山城であった中世の城郭に対し，近世にはいって城は水陸交通の便利でかつ住民の居住地として可能な地域に平城や平山城として築かれ，同時に計画的な城下町の造成が行なわれ始める。

　城下町の構成（縄張り）は当然のことながら城が中心であり，その周辺に家臣団の屋敷と居住地がめぐらされ，その周囲または一部を内部に組み込んで，町人・百姓たちの居住地が配置された。この地域制はきわめて厳格であり，身分格差による完全な居住分離があった。

　道路は防御のために屈曲や三差路，折れ曲りの道が多く，寺社は緊急時のとりでとしての考慮から寺町としてまとめられていることが多い。そして主要な街道が城の前面を走り，大手から伸びた道との交点が札の辻として告示などが行なわれる場であり，付近に城内出入りの大商人・大問屋の店があるというパターンが多い。

　武士の屋敷は階層により地域的にまとめられ，格式に従って敷地坪・建築形式が定められており，中心に近いほど重臣であり規模が大きく，周辺の町人居住地境界付近は足軽屋敷と身分差を明確に空間的に表現している。

　大工町・呉服町・馬喰町等の町名に見られるように，町人居住地はそれぞれの職業別に分離され，街路に面した町家部分と裏店的な長屋住居とに大別される。それぞれ権力者の厳重な禁令により武士同様，家の造り・位置・大きさについて制限を受けていた。

　こうした城下町がそのまま日本の主要都市の母胎となる理由は，一にその地の利の有利さであり，二に江戸が人口100万を越す当時世界最大の都市であったように，すでに都市として定着していた町を基盤としない限り，明治以後の発展は望みえなかった事実がある。

　そして城下町には平城京や平安京のような格子割り的な型は存在せず，秩序の感覚とそれを地形と内容により具体化していくシステムがあり，それが社会そのものの変貌より強く，街全体を支配している。城下町が都市のデザインを考える現在のわれわれにとって，なんらかの形で評価されるとするならば，単純核という形式ではありながら，一つの秩序体系を作りあげているこのシステムの評価であろう。

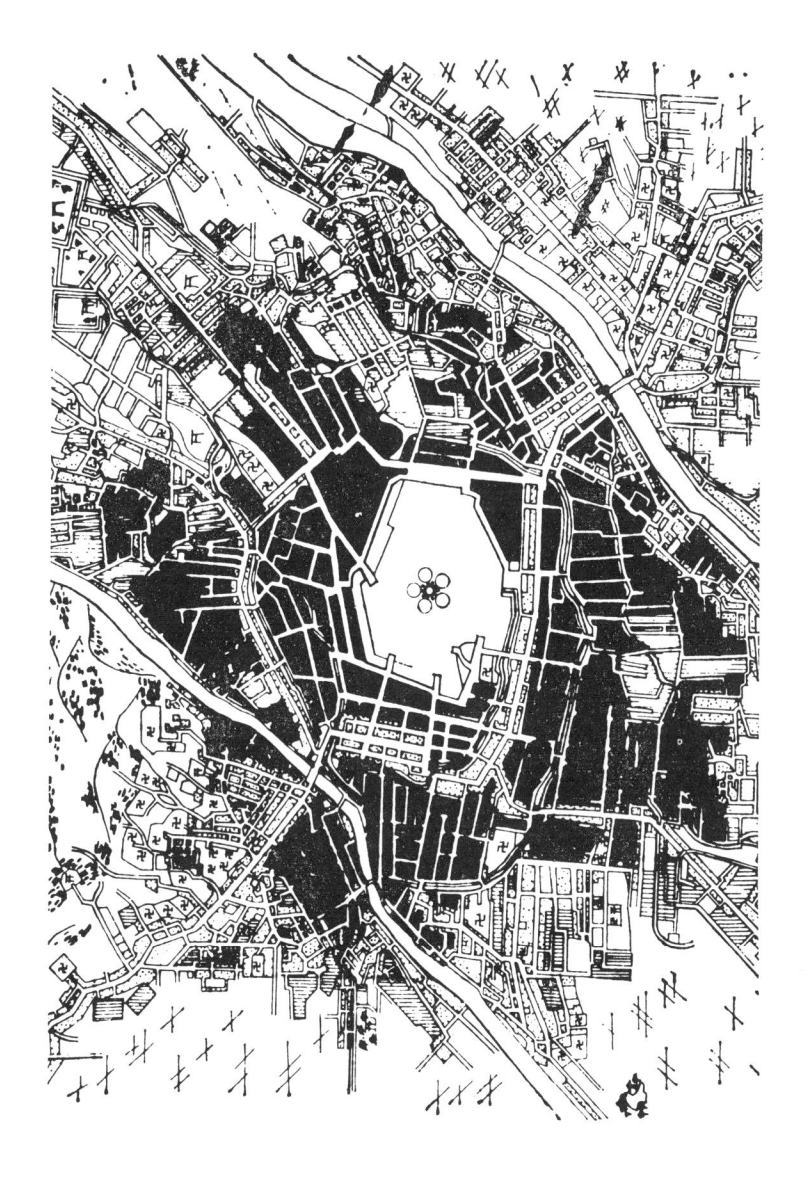

金沢古図　城とそれを囲む武家屋敷，周辺の町人街

食寝分離

　ダイニング・キッチンなる概念は現象的に明らかに住宅公団アパートにその源を発しているが、この概念はそれ以前の公営住宅標準平面によること、さらにそれは戦時中、昭和17年、住宅営団による"住宅設計基準"における——寝室とは別に食事室を設けること（食寝分離の主張）——に起源を求めることができる。

　営団の標準住居研究の主要メンバーであった西山夘三は、これより前、昭和16年に住み方調査の結果、極限的な矮小住宅においても、食寝の分離は住まいの現実的要求として実行されており、これが崩壊することは人間らしい住生活の崩壊を意味すると主張している。

　彼は公的部分である食堂と私的部分としての寝室を明確に分離し、前者をだんらんとの結合によって居間に向かわせ、後者を個室化により適正就寝を確保することによって、日本的粗悪住居を追放すべきであると説いた。

　戦時中このようにして確立していた分離論は、戦後は公営住宅や住宅公団が発足したとき、当然引き継がれていった。

　そして、主婦労働の重視、個室の確保、動線の短縮、合理的構造等、戦後間もない時期に近代機能主義住居論として提起され、1954年、池辺陽の"すまい"に集約された住居理論のなかでもこの食寝分離論は最も強いものであったと言ってよい。

　確かに極限的な住宅事情からスタートせざるを得なかった日本の現代住居にとって、食寝分離はきわめて現実的な生活性の強さを持っており、同時に西欧型のリビングや寝室確保への方向性を持つ有効性を持っていた。そしてそれが発展しつつ、その後のL＋nBに住居を固着化させる一つの要因になっていようとも、少なくとも平板に見られやすい居住面の日本における最初の意識的機能づけとして高く評価されなければならない。

　少なくともその後無数に現われる観念的な住居理論に比し、きびしい現実凝視と人間的な生活性観察の立場に立脚した強さを持っており、これに相対しうる住居理論を生んではいない。

　住居設計の行詰まりが唱えられ、そのまま住宅産業論や量産化の方向になだれ込んでしまおうとしているとき、確かに行詰まりをひらいた基本的な概念には間違いないのだが、この論に匹敵しうる説得力を持った住居の理論は生まれえないのだろうか。同じ西山夘三がその後1960年"住宅の将来像"を描いているが、残念ながら彼のこの発展的な論ぐらいしか見当たらぬのが現実なのだ。

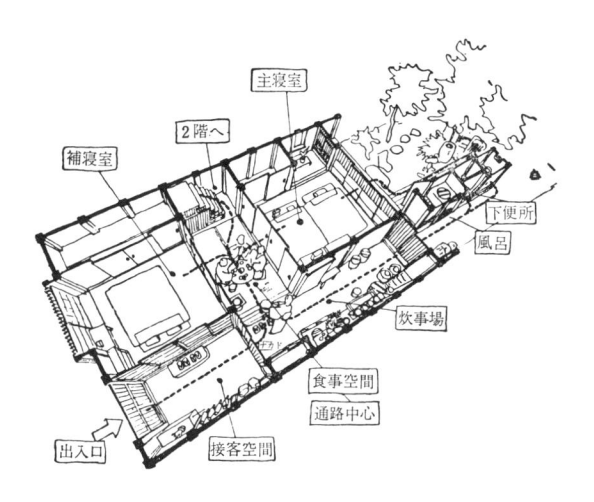

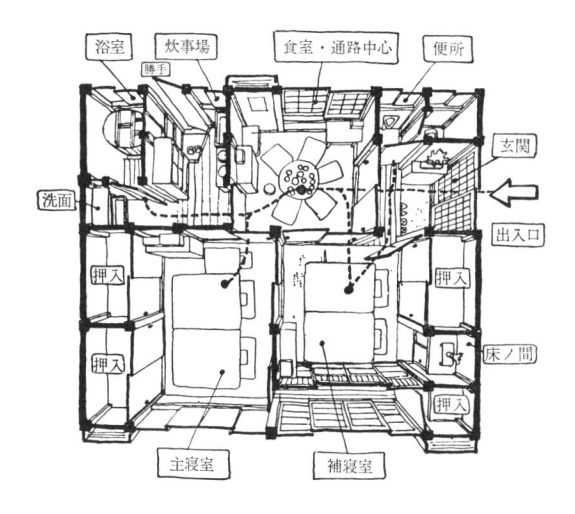

西山夘三による住まい方調査記録より

真 行 草（しん・ぎょう・そう）

　日本の空間概念がそれ以外のさまざまな伝統的概念と同様，行為やその場のための一つの格を設定し，その格に応じた装置のセッティングを行なってきた事実は，われわれ日本人の生活のけじめとして長く生き続けている。空間的に言えば真の空間は第一に格式を重んじる。ここで行なわれる行為はすべて格に従い重々しく，儀礼的で，与えられた型に従いその型通りの作法の内で格の表現を試みる。草は全く逆に無に破れた様を示す。型にはまらぬ八方破れの内にどことない気品を感じさせる。これは真よりむずかしいと言えばむずかしい。行は両者の中間である。

　歴史的な建築で言えば紫宸殿は全く真の型で構成されている。「天子は南面す」の言葉どおり建物は南面し，「左近の桜，右近の橘」，正面の階（きざはし），一糸乱れぬ左右対称の構え。これに対して日常生活の場である清涼殿は行である。たとえ日常生活の場とは言え，天子である以上草にまでくだけることはない。

　桂離宮はこれに比べれば明らかに行と草である。けれども桂全体の内で書院の部分は真であり，特に玄関式台前のアプローチは，真の敷石として名高い。他の草庵風の茶室，松琴亭への山家風のアプローチなどと比較してみるとよい。

　こうした場に応じた空間の設定の概念は，"室礼"——しつらえるの語源——にも見いだすことができる。その部屋に来る客，行為に応じて室の装飾，飾り物等をセッティングするこの作法は，何よりもこの格にふさわしくないミスをするのを恥とした。

　空間をその空間で行なわれる行為に応じた型にしつらえるという，こうした空間の礼の概念を端的に示しているのがこの"真 行 草"の概念であり，"室礼"の概念である。

　空間がその機能に応じた構えを見せるのは，機能主義の当然の結果であるが，空間がすべて均質化していくミース的空間の一般化の内で，空間と機能の誤差を埋めるのは，こうした空間の格づけに伴う装置のセッティングであり，その際行為そのものの内容に同調したセッティングの重要さを，この真・行・草が示している。

　そして空間に，真・行・草と限らずそれぞれ格があり，その格がどのように行為に感応して造り出されるかという思考の方法があり，もしくはあったという事実は空間をつくる者にとって無視することはできないし，物理的機能以外の何物かが存在することを知るだけで行き詰まったと称する機能主義の一つの打開策になりうるかもしれない。

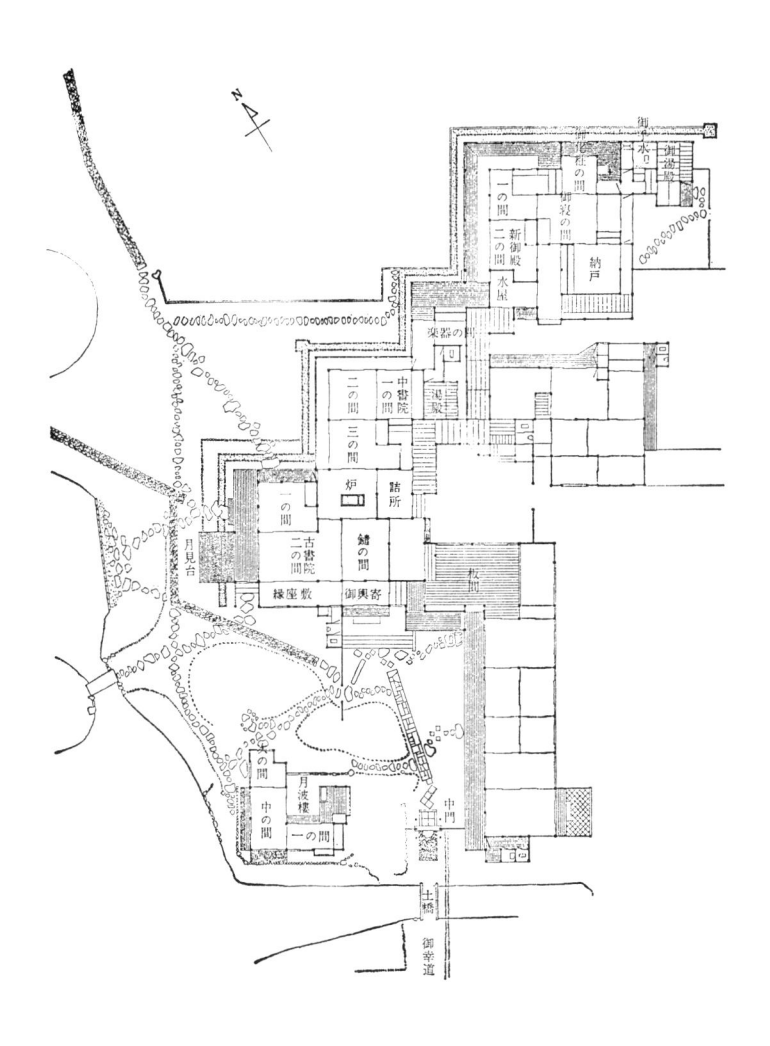

真と行と草の空間が交錯する　桂離宮平面図

新建材

　新という以上旧がある。一般的な概念としては建築構成材の基本である石・土・木・金属・コンクリート・鉄等，人類が長い歴史の内に開発してきた材料に対比して，技術的成果として比較的新しく生産され始めた材料を新建材という。

　鉄やコンクリート，ガラスといった現代建築の基本的材料も，それらが工業化され始めた時期には新建材であったし，現在では高分子化学系のプラスチックを中心とした製品群がそう呼ばれる。

　新しい材料は常にその前期に多用されていた材料の代用品として登場し，材の見かけ，表現等を前期の材に似せることから始めるのが一般的である。"擬木"としてのコンクリート製品や石造に似せたR.C構造，皮革風に表面処理されるビニール・レザー（いまやレザーと日本でいう場合ビニールを意味し革の場合は本革といわねばならない），木に似せたプリント合板や布目模様のビニール鋼板等々。

　そうした内容が素材主義的ピューリタンである建築家たちにとって，新建材という呼称に常に否定的で半ばあざけりのニュアンスで呼ばせる一つの原因となっている。

　新建材は基本的に，従来材の欠点の除去と他の材料の同質材を作るという目的で生産され，特に従来材が手工業的段階における建築生産を前提としていたのに対し，人件費の高騰，熟練工の不足，品薄，といった現実的条件の反映として施工性の高く，安価なというレベルで多く生産されている。また商業資本の要請が強く，コマーシャルな訴えだけが主題となる結果，製品としての完全な試用期間が少なく，建築材としての完全さを欠くものが多い。

　火災に際しての有毒ガスの発生，廃棄しても腐らず，焼却も不能，という典型的なプラスチック系が，イミテーションとして建築家たちに毛ぎらいされる理由もこの辺にあるといってよいだろう。

　現実に旧来の材料が手にはいらないとか，それを加工する職人がいないという発想からそれに代わる材料を新しく作り出す限り，新建材は基本的な建築構成材になりえない。

　防水材やシール材，デコラやプラスチックタイル等の表面処理材，軽量コンクリートやシポレックス，P.C部材等はルーティンのものとして使用されているのは，それらが従来材では持ちえなかった素材自身の特性を持っているからなのである。鉄やコンクリートが現代の材料として駆使されるに至った道をたどらない限り，"新建材"はいつまでも"新建材"でしかないだろう。

ビニールと空気によるファッショナブルな生活空間像

新古典主義（neoclassicism）

　1920年代にヨーロッパで定着した近代建築はミース，グロピウス，ブロイヤー，セルトらがアメリカに移住すると，そこで再び花を咲かせる。

　ミースのイリノイ工科大学敷地計画および建物の設計，ハリソンの国連ビル，SOMのレヴァハウス，グロピウスのハーバード大学大学院などが1950年前半までに造られるのであるが，戦後の不安定期が完全になくなる50年代後半以後，アメリカの建築はより豊かになり，しかも方向転換が生じてくる。バウハウスの創立者であるグロピウスは，目だった活躍をしなくなる一方，ミースはイリノイ工科大学に続いてレイクショア・ドライヴアパート(1957)，シーグラムビル (1958) といった，彼が初期から持っていた，シンケルあるいは新古典主義の影響を再び表面化する。それには1949年にグラスハウスを造りその建物と新古典派との関係を図解し，シーグラムビルでミースの共同設計者にもなるP.ジョンソンの影響も大きい。ジョンソン自身「近代の終焉」を宣言すると同時に，彼自身のゲストハウスやポートチェスターのシナゴーグ，シェルドン美術館，リンカーンセンター，イエール・クライン科学センター(1966)，ボストンパブリック図書館増築案(1967)といった作品でエレガンスの再生を目ざす。またボザールの教育を受けたルイス・カーンはエール・アートギャラリー (1953) 以後トレントン・バスハウス(1956)，リチャーズ研究所(1957～61)，ダッカ計画，ヴェニスの議事堂案(1968)，フィラデルフィア計画 (1951～62)などの作品をつくる。その他現象的に古典主義的なオーナメントをもつ作品としては，E.ストーンのインドにあるアメリカ大使館 (1957～9) やブリュッセル博アメリカ館(1958)，M.ヤマサキのウェイン州立大記念講堂(1957)，レイノルズ・メタル社 (1961)，あるいは P.ルドルフのウェルズレー女子大学 (1955～9)，中世の町のスタイルを持った E.サーリネンのエール・サムエル・モースカレッジ (1963) などもあげることができる。

　こうした傾向のなかでも，特に大きな影響力を持っているのはカーンである。古典主義の建築の持つスケール，プロポーション，立体構成といった，建築の基本的なポイントの重要性を示し，決して形態的な類似ではない。これはミースやコルビュジエ，ペレーなどの反古典主義とされている近代建築のパイオニアと呼ばれる人びとが同様に持っている姿勢でもある。現在，機能主義，古典主義といった言葉のギーディオン的，ペヴスナー的な意味は再検討されつつある。

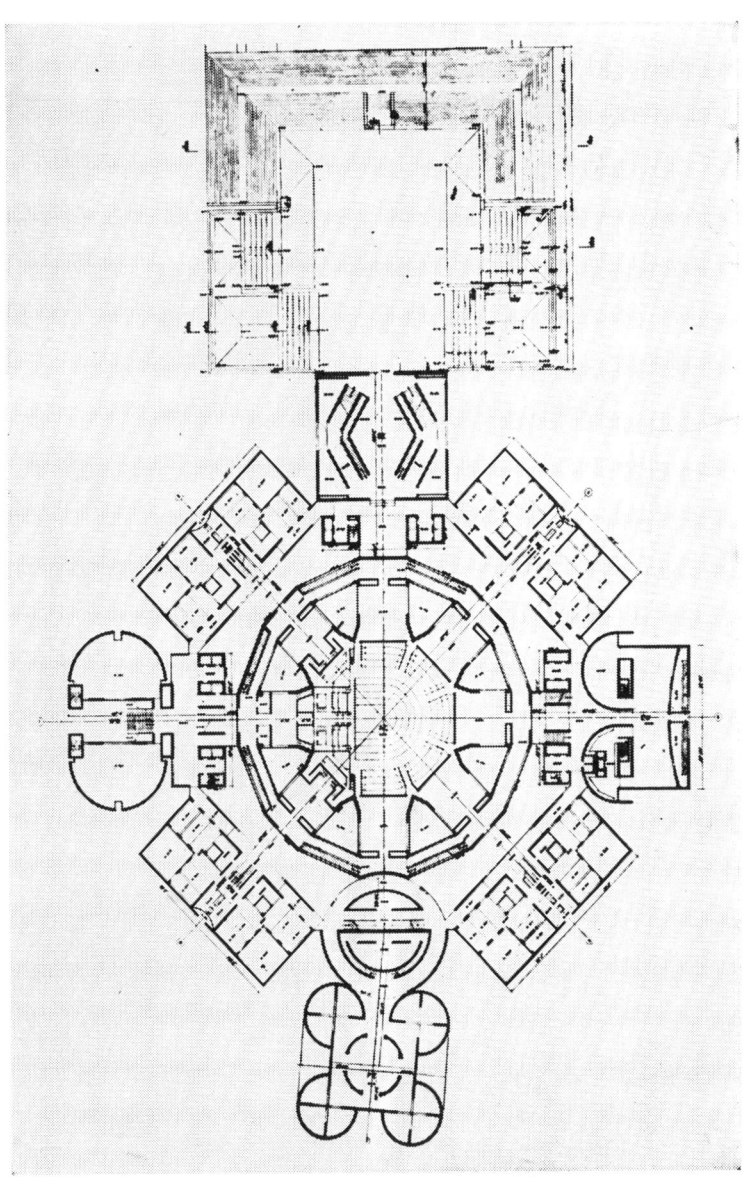

パキスタン，ダッカの会議場平面図／ルイス・カーン

新都市 (new town)

　新都市という言葉は,ナチス政権下で用いられ始めたらしい。ヒトラーは政権を取ると大ベルリン計画をたてるが,軍事的な観点からむしろ産業と人口を分散させる計画をたて,アウトバーンに都市を結びつけ,国土の再編成を計る。この計画の背景になったものが,1939年刊行された G. フェーデルの Die Neue Stadt（新都市）である。新都市の単位を人口2万とし,日常生活圏という概念を導入し,近隣住区の考え方を進め,1938年にヘルマン・ゲーリングを実現している。ここにはエルンスト・マイ等のドイツのジードルンクの研究成果が受け継がれているし,さらにさかのぼると,ハワードのガーデンシティ（→p.156）から始まるイギリスの田園都市計画に結びつく。

　ロンドンの住環境の劣悪さ,人口の急増問題から,ガーデンシティの提案の5年後の1903年にロンドンの北50kmにレッチワースの建設が開始されている。レッチワースの計画者アンウィンは,ハワード提案を進めて1エーカー (0.4 ha) 当り最大12戸制限（過密を避けるため),クル・ド・サック方式,日照条件にする配置法等を確立し,「都市設計の実際」という著作にまとめ,これがその後のプランニングの主流を占め,1920年のウェルウィン,1930年のワイゼンショウの田園都市はこうした技法の典型を示す。結局は計画に高額のコストを要することから,田園都市の出発点であった一般労働者を対象にすることはできなかったが,影響はドイツのみならず各地に飛んで,アメリカでは1928年ニューヨーク郊外ニュージャージーにクラレンス・スタインとヘンリー・ライトにより計画されたラドバーンでは自動車と歩行者を完全に分離する方法を生み,この成功は,政府による1935年からのグリーンベルト・タウンと呼ばれるアメリカ版田園都市を実現させたのみならず,その後のアメリカの都市計画の基本となる。またソ連でも住居地域と工業地域との間にグリーンベルトを設定する計画が出され,1930年ミチューリンによりスターリングラードに適用される。

　一方1920年代にはいるとコルビュジエなどから大都市再編成,高密度高層住居案が提案されるが,実際上は P. A. クロンビーとフォルシャウの作成した大ロンドン計画によって,1949年のスティヴネジを初め,八つの衛星都市が建設される。5千人から1万人の小学校区を近隣住区単位とし,ショッピングセンター,パブ,集会場の施設を中心にもって構成される。ハワードの提案以来一貫して都市の人口分散を計り,新都市が自足するように考えられ

た。しかし現実には大都市の吸引力が強く，住宅地になってしまった。そこで1958年グラスゴー市域内のカンバーノルド・ニュータウンでは，近隣住区単位構成を排し，単一の中心センターを人工台地によって人と車を分離させて，中に都市施設をコンパクトに内蔵させることにより，できうる限り都市のアクティビティを増加させようとしている。

ローハンプトン団地 (1952~5)

スケール (scale)

　建築のデザイン，空間性を決定する要素には美学的なもの，物理的機能，心理的機能などをあげることができ，寸法 (scale) はこれらのすべてにオーバーラップする重要な要素である。このスケールの基本になっているのが人間的尺度 (human scale) である。

　計るという行為，スケールという作業はあるものと他のものを比較するという作業であり，その比較する一方を一定にしておくことによって，他の量的な判断をするのが最も計りやすい方法である。この場合，一定であるべきものに既知のものであり，比較的近似した人間を使うことは，どの民族の原始時代にも共通のことである。10進法が指の数から，1フィートが足の長さから，1間が手を広げた長さから等々拾いあげればきりがない。

　そうした個人の人体寸法や持ち上げられる重量，移動しうる速度，疲労しない距離，可視な距離，不安感を覚えない距離と仰角，さらには心理的な要素まで，こうした条件を満たす場合それを人間的スケール (human scale) であると評価する。こうした評価基準は古典的とはいわれながら，やはり一つの基準であることに変わりはない。

　こうした個人のスケールを基盤とするスケールに対して，群としての人間や機能を作る人間，組織としての人間といった新しいスケールが問題になって久しい。

　具体例としては群集流におけるスケールとか，自動車の時速 100km における路型，ネットの分布，建物スケールや都市のスケールといった概念である。ときには個人的スケールのマイナーストラクチュアに対し，メージャーストラクチュアと呼ばれ，より高次元のものとして，インフラストラクチュアと呼ばれる都市の秩序体系も，これらのスケールの論理的な整合を行なおうとするものである。

　一人の人間が片手で積む疲労と効率とバランスがれんがという一つの単位を自然に決定した。機械が導入され起重機が使用されプレキャスト化によって部屋単位のブロックが可能になった。これは生産の体制における人間の新しいスケールであるが，歩く人と車に乗った人，一人と多数，都市全体と部分等，両者が混在し合う場とその混在のしかたが複雑化するにつれ，一方の個人のスケールを守りながら，他方全体としてのスケールに合致させる新しいシステムが求められている。こうしたシステムだけがすべてを救うわけではないのだが，一つの解決法であるには違いない。今オーバースケールといった従来の感覚を破る概念の現われているときにも。

群としての人，それに対応する建造物

スターリング (James Stirling)

　1963年に発表されたレスター大学工学部実験棟は，衝撃をもって若い建築家を魅了してしまった。1926年スコットランドのグラスゴーに生まれ，1955年に J.ゴーワンと仕事を組み，1964年にゴーワンと離れることになるが，レスター大学をもって J.ゴーワンとともに注目されることになる。批評家は，レスターのセットバックはサンテリア，実験棟の階段はベルツィヒの水道塔の，そして全体を通じて水平に走る基壇や鉛直ダクトはF.L.ライトの作品によると指摘した。しかしそれ以前の作品にはそうした影響よりはむしろ1953～55年ごろの住宅作品のプランニングにはコルビュジエの影響が感じられ，彼自身コルビュジエのジャウル邸を述べることにより，自分もまた，ファンクショナル・トラディションを重視していると表明している。しかし彼を単なる伝統継承者と見るのは皮相的である。れんがを多用するのは安価であることによると述べているし，1950年ホナン設計コンペ案の鉄骨の露出した扱いは，れんが住宅のプラン，形態とも明らかに違い，素材および機能に対する明確な認識を感じさせる。レスター大学においても実験棟のガラス屋根を45°傾けたことは，南の直射日光を避けるためであろうし，ガラス自体にもグラスファイバーをサンドイッチして，南面にはアルミシートを挿入し，主構造を現場コンクリート（床は可能な限りプレキャストコンクリート）を使用することによりキャンティレバーや柱断面の変化（西塔の6階からは3角断面の柱2本に分かれる）に対応し，異なった機能空間を直接的に表現している。こうした認識は，1953年のシェフィールド大学コンペ案，1958年のチャーチル大学コンペ案に，すでに異質な空間を直接そのまま表現していることからもうかがえる。

　レスターに続いた歴史博物館は管理が1人でもできる点，ゼミナール室と教授室・図書館を密接に結びつけていることが当選理由であって，トーマン・ロングビルでは鋼構造自体がモチーフになっている。ガラスとれんがの使用，垂直コアの独立，空調ダクトの露出，ランプ，セットバックする面，そして45°に角を切り落とす手法は，レスター大学をもって，インターナショナルスタイルの夢から目をさまさせたが，同時に流行源として現象的になってしまった。

　同じ時期，同じイギリスで，注目を浴びた一世代若いアーキグラムと比して，J.スターリングは現実主義的である。

　まさに環境主義者としての価値を見いださねばならぬのだが。

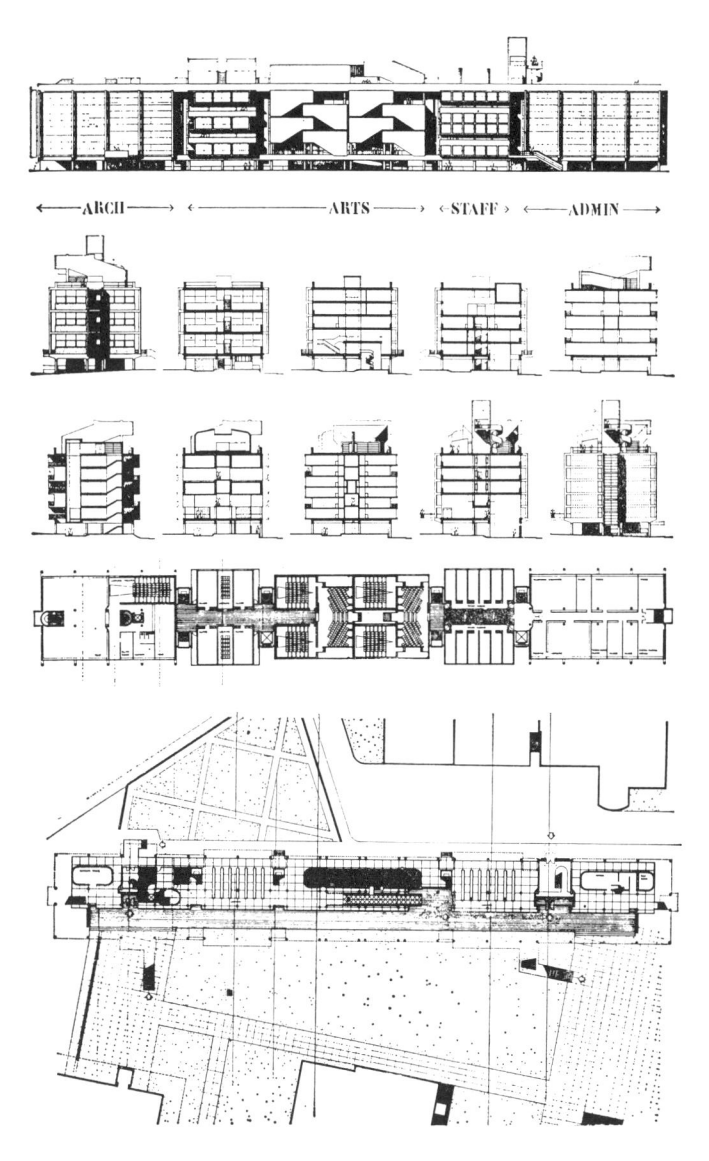

シェフィールド大学設計競技応募案 (1953)

ストリート・ファニチュア (street furniture)

「都市の街路には，車を運ぶ以外のいろいろの役割があり，歩道は，ただ人の歩く道として使用されるほかにも多くの役割がある。……都市の主要な公共の場である街路とか歩道というものは，都市の最も肝要な器官である。都市のイメージを思い浮かべろと言われたときに，まず何が頭に浮かぶだろうか？ 街路である」（ジェーン・ジェコブス：アメリカ大都市の死と生，黒川紀章訳）のように街路は都市の顔であり，サーキュレーションだけでなく，多種多様の都市の生活の営みの場所として重要である。 J.ジェコブスは同じ本のなかで街路の用途として，安全性，接触，子供の同化作用をあげて，街路のもつ意味の重要性を指摘するとともに，現状の都市計画に痛烈な批判を加えている。子供の遊び，立話，日向ぼっこ，散歩など，街路での生活は多様である。単に公共の場ばかりでなく，プライベートな場としてさえ使われている。そんな街路の役割を受けとめ，補助とするものがストリート・ファニチュアである。それは「一般家庭生活にとっての家具の関係を，都市にとっての道具類の関係に置きかえた視点から，この言葉が発想された」（栄久庵憲治）と一般的にとらえられている。そして自立した機能をもって街路に置かれる。たとえば電話ボックス，ベンチ，ゴミ箱等。それらは道を歩いていて，ごく日常的に目につくものであるが，非常に無秩序に混乱している。それに対して，形態の洗練化，多種のストリート・ファニチュアの統一化，モデュール化やそれらの組合せが問題とされる。しかしこの単純機能的な考え方は，都市を便利にするとか，統一による都市の美化促進にとどまってしまう。

ヴァン・アイクは，街路の出入口にコンクリートポールを立てることで自動車の通行を禁じ，子供の遊び場を確保したし，シエナのカンポの広場の石のポールは広場のなかで重要な意味を持っている。家の中の家具が椅子とか机というふうに，単に機能を満足されるものではとらえられなくなってきているように，ストリート・ファニチュアも単に機能の充足という面だけではとらえられない。同じベンチでも置かれた環境によって効果的に使われたり使われなかったりする。ストリート・ファニチュアは街路をつくる一要素として，他のあらゆる要素との相互関係でとらえられなければならない。

それは街路での多様生活に対応していくもの以上に生活を活性化するものとして働きかけ，その形態と適正な配置は視覚的に街のわかりやすさを与えてくれるものでなければならない。

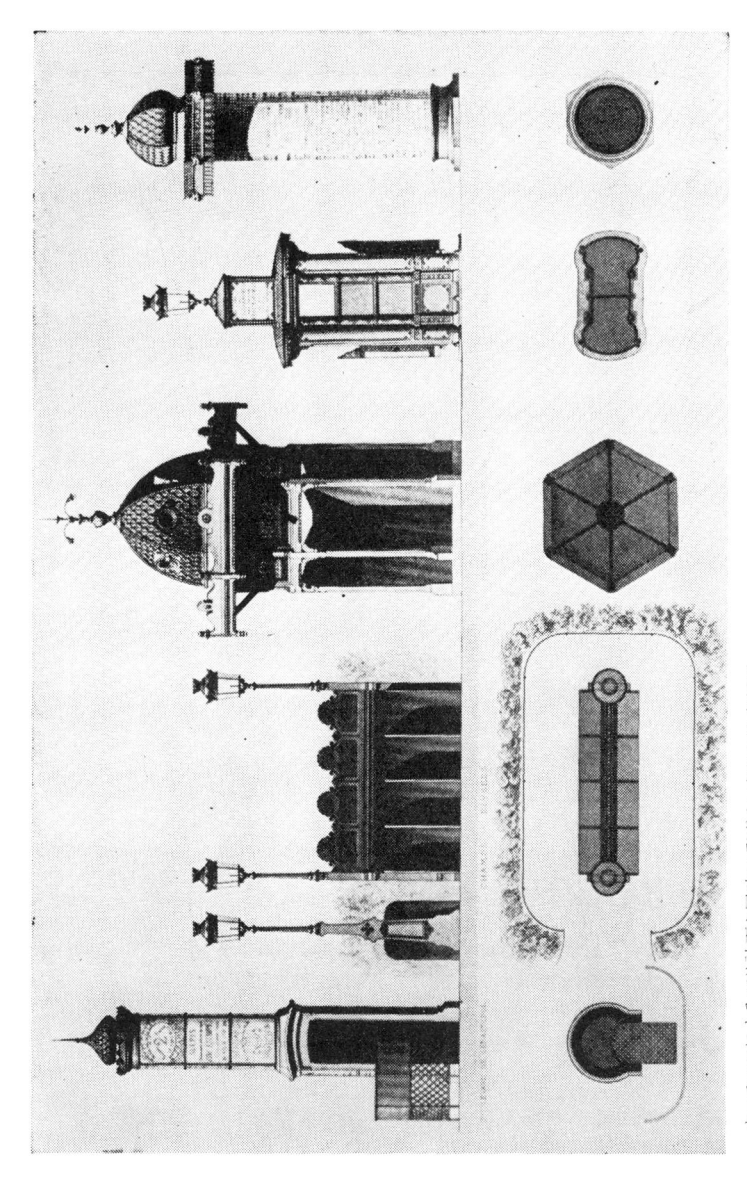

オースマンによるパリ計画と同時期にデザインされた公衆便所

施工会社設計部

　施工会社が設計部を持ち自ら設計していくことを日本の正統な建築家の唯一の団体であると信ずる日本建築家協会は強く非難する。19世紀初めヨーロッパに確立しているフリーアーキテクトのみ施主と施工者に対して客観的な総合的判断が可能であり，設計・施工一貫方式では業者の不正をチェックしえないというのが基本の態度である。

　この姿勢には，底流として日本で根強い一貫方式の強さと，その力の増大化，その圧力におののく弱い建築家の抵抗という受身の姿がある。それゆえに日本建築家協会は1965年「建築設計監理業務法案」を作成し，法的規制によって施工業者の設計・監理部内からの締出しまではかっている。

　日本建築家協会をここまで動かしている背景には，日本の施工会社設計部の急激な力の充実の圧力があり，これを指摘した1961年2月の村松貞次郎の発言は，事実を表面化した結果になった。以後村松の持論であり今日に至るまで継続する彼の発言は次のとおり。

　「設計業務が単なる18世紀的な型や空間の創造といった面から，企画や製品開発，新しい施工技術の開発が社会の絶対的要請であり，それに対応できるのは古い建築家像ではなく新しい組織と資本・技術蓄積を持つ大手施工会社以外にないという。建築家はあまりに作家的であり，町医者的であり，新しい社会の要請に答ええない」と。

　事実63年の国立劇場コンペ，69年の最高裁コンペではそれぞれ大手施工会社設計部が上位を独占し，これをおそれての70年の箱根観光センター・コンペの施工会社排除案も，結果として施工会社の圧力に屈する妥協を見なくてはならなくなり，しかも入選の上位は施工会社のしめる結果に終わってしまった。

　施工会社設計部が彼らのいうとおり設計と施工が一体化し，技術的な成果があげやすく新しい要請に対応できる可能性を持つというのはまさしく事実である。

　建築家協会の内容すら，建築家と建築設計業者との矛盾を包含していることを建築家たちが気付いており，その立場を明確にしない限り，建築家たちはますます敗退することを実感としている。こうした時代の流れの中で，受注量や資本力の大きさが社会的位置を決定する立場がある限り，正統な建築家は敗退と呼ばれる方向に進まざるを得ない。

　プロフェッションとしての建築家とビジネスとしての設計業の分離を考えられうるならば施工会社設計部はビジネスとしての設計のトップをゆくことになるだろう。

鹿島建設本社ビル

第1期カリフォルニアの住宅

　近代建築の提唱者であるミースやグロピウスがアメリカにのがれ，この新天地を機械と工業による建築のメッカに選んだ。

　特にセントメリー以来の古い伝統をほこる東海岸と違ってカリフォルニアを中心とする西海岸には，その伝統的な下地としての自由さ，開拓者精神，豊かな自然と恵まれた気候を基盤として，現代建築は着実に開花していった。特に住宅では引揚者住宅を主軸とする住宅需要とからみあって，新しい試みがつぎつぎと行なわれた。

　ロスアンジェルスで発行されるArts and Architecture誌はこうした現代建築の西部定着に対してきわめて大きく貢献していた。その影響下に定まった広範な住宅パターンを第1期カリフォルニアと呼ぶことができる。Arts and Architecture誌はその編集ブレーンにグロピウス，ノイトラ，ベケット，ブロイヤー，ルドルフ，ワックスマン，エルウッド，セイドラー，ケペシュ，カウフマン，ソリアーノといったメンバーを集め，強力に現代建築の定着を試みていたが特に住宅デザインの開発を目ざして1945年より自らスポンサーとなりケーススタディ・ハウスの設計を著名な建築家に依頼した。

　当初ノイトラ，イームズらによる暗中模索の後1950年♯15のソリアーノ，コーニング，エルウッドらにより軽量鉄骨による標準住宅の試みが続き，これがミースらによる現代建築の実現と相まって，西部を拠点としてアメリカ全土に，現代住宅の一つのパターンを作り出していく。軽量鉄骨の軽快な架構，全面にフィックスされたガラスと工業製品の壁・天井，開放的なプラン。アメリカ工業主義とモダンライフの結合として強い影響力を与えていく。アメリカ現代住宅のデザインに大きく影響を与えたものに，このケーススタディ・ハウスと1950年のForum誌のコンペの二つがあげられる。

　もちろん一般的な住宅に対する嗜好は，東部はイギリスまたは初期植民地調の，西部ではスペイン系のといった懐古的な好みは圧倒的であり，その全体に与えた影響力をそれほど高く評価するのは危険であるが。

　一つのハイソサエティのステイタス・シンボルとしてビバリーヒルの新開地などに，プレイボーイ・アーキテクチュアと呼ばれる一つのパターンを生んだことは事実であった。

　そのあまりにもアメリカンソフィスケーテッドの，文字どおりのいやらしさはあっても，住宅という保守性の強い建築型に一つの流行現象を生むまでの影響を与えたことは否定できない。そしてその後，これらに対して人間臭

さとアメリカ的伝統を真っ向からぶっつけた第2期カリフォルニアともいうべき動きへの母胎としても興味ある存在である。

軽い鉄骨柱・全面ガラスのモダニズム　ハント邸／C.エルウッド，1957

大架構

　大架構はすべての大きな建造物をさして言うのではない。たとえば，世界で最も高い，M.ヤマサキの「世界貿易センター」は，単一のフロアの積重ねでしかない。広い単一の内部空間が必要とされたとき，シェルターとして新しい架構の方法への挑戦として表われる。そしてゴシック建築（→p.86）のように構造的な架構の方法そのものによって，またその諸要素を表現として強調することによって，内部空間とポジティブな外部の形態もつくってしまう。そのとき問題となるのはスケールの問題である。つまり大架構のスケールの中に，いかにヒューマンスケールを見いだしていくかである。テクスチュア，エレメントの扱い，装飾が，それを解く鍵になるものだ。もう一つの問題は圧倒的な外部のボリュームを環境のなかにどう位置させるかである。

　大きな内部空間は，一般的にいってたくさんの人が集まることを目的とするときに必要とされる。歴史的に教会建築は大架構を必要とする主流であった。パンテオンの大ドームはその最初のものである。産業革命後は議会場・鉄道駅・空港ターミナル・工場・美術館・コンサートホール・図書館・博覧会パビリオンなど，新しい機能の出現が大架構を必要とした。それが新しい構造技術の発見と進歩に結びついて，新しい形態の大架構建造物を出現させた。一口にいって，鉄骨構造の著しい発展と，コンクリート構造の出現である。1889年のパリの博覧会の機械館の112.2mスパンのスリーヒンジの鉄骨アーチは，今でもこの構造の全くの最頂点のものである。1924年に完成したパリのオルリー空港の格納庫は，コンクリートアーチの可能性を示した。両者とも，新時代へのマイルストーンとなった。

　現代においても公共建築に大架構は多く用いられている。しかしそれ以上に特徴的なことは，たとえばケープケネディのロケット組立工場とか，ジャンボジェットの工場のような機械やもののためのシェルターとして最先端の技術が発揮されていることである。このことは人間と大架構によって得られた大空間との関係をいろいろな意味で再考せねばならぬ問題を含んでいる。

　ドームやアーチや単純なトラスは歴史的に受け継がれてきた大架構に対する構造技術である（このうちドームは現代でも効率のよい大架構の方法として蘇生している）。現代大架構に使われる構造は，立体構造と呼ばれている三次元的な立体トラス，折板構造，シェル構造，サスペンション構造である。（その他空気構造の発達は最近目ざましいが，これについてはその項（→p.60）参照のこと。）

クリスタルパレスの内部空間／ジョセフ・パクストン, 1851

大パリ計画 (1853〜68)

　産業革命がフランスでそろそろ始まろうとしていた1852年，ナポレオンⅢ世は王政を復古する。パリの人口は1800年ごろ50万人，1850年100万人を越え，1872年182万人に達し，鉄道が敷かれるという時代だった。

　ナポレオンⅢ世はパリを皇帝の都にふさわしい華やかで記念碑的な都市にしようと，1853年にオースマンをセーヌ県知事に任命し，以後18年間もっぱら都市改造事業を行なわせる。オースマン計画の目標は彼自身が議会に説明したように，記念碑的な都市にし，それを脅かす暴動，市街戦の鎮圧が容易にできること，不潔な路地をつぶして市の健康を改善すること，市街地の周辺にある鉄道停車場への行き来を容易にすることなどであった。こうした目的の実現のためにオースマンが実行したのは，既存の3/7に及ぶ家屋を取り壊し，30m以上の幅で並木を植えたブールバールを市中に貫通させることだった。

　セーヌ川を横切る全長 4km のストラスブール，セバストポール，サン・ミッシェルの大通りと右岸のリボリ通りに対し，左岸にサン・ジェルマン通りが作られ，またマドレーヌに向かう古い大通りに対して対称に北西に向かう大通りと，北西のエトワール広場に対する南東のナシオン広場の建設，そして周辺地区にも，同様な長い直線道路が配置された。これはシクストゥスⅤ世のローマ改造(→p.254)と同様，軸線をもとにしたバロック都市の手法が用いられ，記念碑などが中心に建てられた多くのばらまかれた広場と，軸の突当りに位置する記念的な主要施設の建築，およびそれを結びつけるファサードのそろった建物の建ち並ぶ直線道路という構成を持っている。しかし，それまでの散策的なバロック都市とは異なり，工業化の時代につくられたこのブールバールは，直線部分が，突当りの建物が霞んで見えないほど長いという古い考えと新しい時代が混合されたものであった。しかも，その実現はナポレオンⅢ世の強権に支えられた莫大な金額を必要とした。広い道によって狭められた地域に，激増する人口がつめ込まれたスラムができ，それは以前にも増してひどいものであった。こうした状況のもとで1871年普仏戦争直後パリ・コミューンが成立する。

　それでもパリはヨーロッパ諸国の君主たちの羨望の的となりベルリン，ニュールンベルク，デュッセルドルフ，ウィーンの都市改造に大きな影響を与える。保守勢力の強権にバックアップされたパリの大改造は，近世都市計画事業の代表として残り，現在のパリにもその様相を窺うことができる。

オースマンによる計画道路 （黒線部）

タウンスケープ（town scape）

　一般的には，町の景観といった意味であるが，以下では1961年に出版された同名のゴードン・カレンの本について述べよう。

　序文のなかで，彼はこの本で意図したことを

　「都市とは単に住人の集まり以上のものでありうる。視覚的な観点から見ても集まって住むことによって"楽しさ"をより大きなものにできる。

　また建築は一個で建築芸術になりうるかもしれないが，建物のグループはそれ以上のことを可能とするのだ。それは"相互関係の芸術"といったもので，単に建物だけでなく木・水・交通・広告・自然などすべてのものが要素であろう。

　もちろん，私の方法は都市のリサーチ，たとえば人口統計学，社会学，工学技術，交通などを切り捨ててしまっているし，それは都市や環境を述べるためには必要なものである。

　だから私の目的は，都市や環境の形についてのすべてを述べることではなく，他の科学的アプローチの許容範囲内での巧妙な関係づけの技術を述べることである」
と彼の思想および方法を明快に述べている。

　本文は彼のスタディの進んだままに書かれているようである。まず具体的な場所を「観察し視点の変化による景観の変化」「場所のタイプわけ」——たとえば，囲われている，レベルの違い，視覚が閉ざされている，うがたれている，室内にあるランドスケープ，外部につくられたインテリア，「空間が人に体験させるボキャブラリー」——ノスタルジア，親近感，彫刻的，「機能的伝統」——フェンス，てすり，階段，レタリング，道路のペーブメント等を導き出す。

　つぎにそれを整理して一般化し，全体を構成する要素である部分的なセットに抽象化し「広場の味わいのすべて」「床—大地」「壁」「景観のなかの文字・看板」「樹木」「レベルの変化」「こことあそこ」などをあげている。

　そして最後にこれらのスタディを通じて明確にされた概念をつかって町のスタディと提案をしている。

　ケヴィン・リンチの「都市のイメージ」とほぼ同じ時期に出たこの本は，それまでの都市に関するスタディが抽象から具体へという傾向があったのに対し，具体的なものの観察から一般化するスタディであったという点で共通な姿勢を持っていた。彼のスタディの進め方は明快で説得性に富んでおり，都市に関する重要なアプローチの一つが示されたと言えるのではないだろうか。

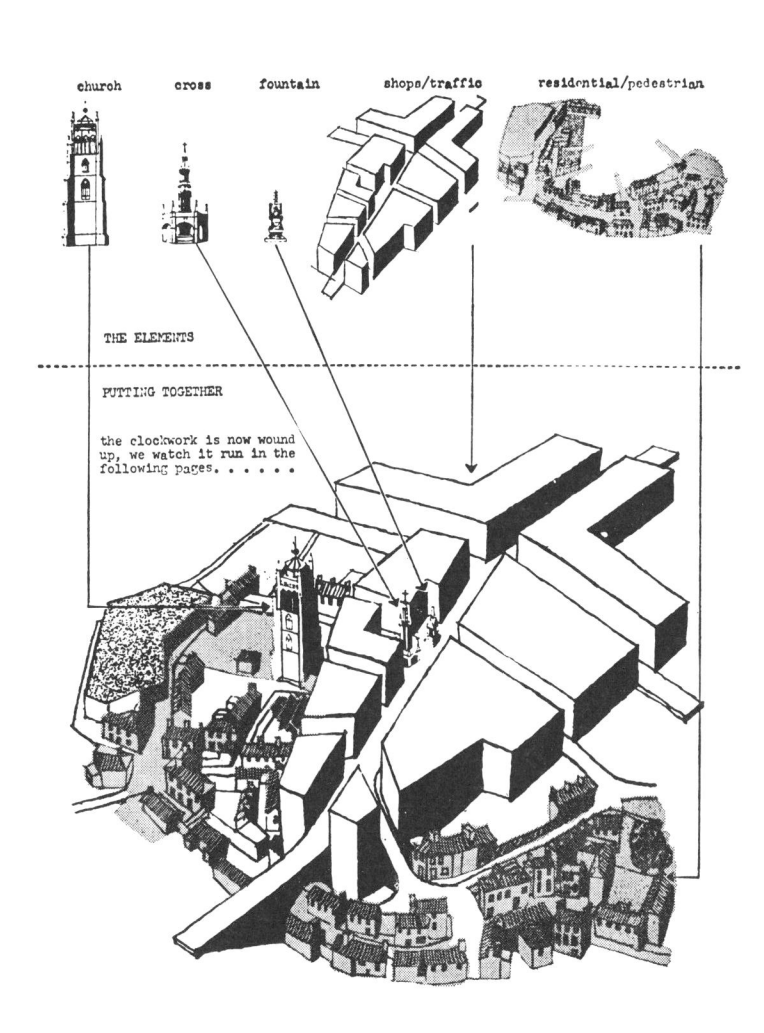

church　　cross　　fountain　　shops/traffic　　residential/pedestrian

THE ELEMENTS

PUTTING TOGETHER

the clockwork is now wound
up, we watch it run in the
following pages. . . . .

ゴードン・カレン「タウンスケープ」より

丹下健三

1949年，丹下健三は「広島平和公園コンペ」に1位となる。これを「国際建築」誌上で見たグロピウスによりCIAM第8回大会に招聘される。Tangeの名は一躍国際化する。この時期、「わたくしはローマで神々の尺度によって建てられた建築の前で感動した（中略）。グロピウスは近代建築は人間の尺度によって建てなければならないことをこんこんと語った（中略）。しかしそのとき、わたしは広島の陳列館で人間の尺度を越えた尺度を採用していたのである。」（新建築1954-1）さらにコルビュジエのピロティやローマの広場を囲むコロネードは、社会的人間の尺度であると語り、丸の内や銀座の街並は人間的ではあるが、倭小で、息苦しく、あまりに非社交的であるとしている。ここに技術に裏打ちされた古典的な美意識が告白される。戦前、彼がデビューした「大東亜建設記念営造計画(1942)」「在盤谷日本文化会館(1943)」のコンペ1等案はいずれも軸線に対称に配置することによって、モニュメンタルな性格が強調され、このモニュメンタルな性格が大東亜共栄圏建設の施策に呼応した。この「軸への崇拝」とも言うべき平面計画は、「広島計画」から「東京計画」まで一貫して継続されている。広島本館ビルに始まるコア・システムの採用、開放的プラン、柱梁のフレームの独立による透質な空間によりさらに高められる。こうしたR.Cラーメンによる軸組は東京都庁舎、丹下自邸、そして香川県庁舎に至る。伝統論争（→p.160）は、日本の伝統的空間をラーメン構造で新しい性格を丹下がこうして生みだしたところに始まるが、草月会館(1958)、立教大学図書館(1960)等々のように壁が前面に打ち出されてくる時点で終わるのである。

この転機は、一方では広島児童図書館(1951)、愛媛県民館以来のシェルによる大架構技術の追求、一方では、静岡新聞アパート計画(1955)に始まるコアの独立による建築の都市化へと視点が移っていく。大架構技術への追求は戸塚カントリークラブ(1962)のシェル、国立屋内競技場(1964)の吊り構造、東京カテドラル(1964)のH.Pシェル、大阪万博のスペースフレーム(1970)へと進み、一方独立コアによるメジャーストラクチュアの発想とピロティの都市への導入は、近代経済学と結びついて建築の都市化へと進む。「社会的生産力の概念が理解するところでは、都市は近代生産力をつくりだす巨大な工場であります。都市および国土の装備は、近代生産力の基盤であり、これを循環の他の側面でとらえるならば、都市は近代的人間生命力を再生するための装備であります。」（建築

雑誌1948-7)と1948年に書かれたこの文章は、東京計画の背後にあるロストウ理論につながる。東京計画で発表された概念は、山梨文化会館のピロティとコアによる都市、建築の統一への試み、スコピエ計画のシティゲート、シティウォールに進む。「美しきもののみ機能的である」という言葉は、彼を巨匠にしてしまった。この言葉ほど、丹下健三を物語るものはない。

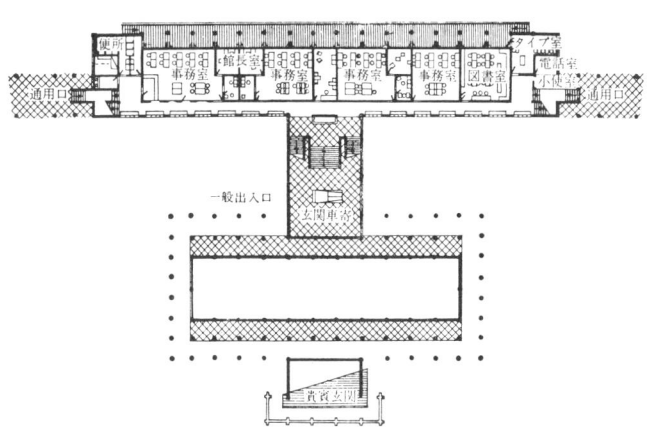

コルビュジエ的プランと神社造りスタイルの在盤谷日本文化会館競技設計当選案（1943）

団地

　集団住居地の略称とも言うべきなのだろうが，概念的には日本住宅公団や地方公共団体・公社等によって集団的に建設された中高層アパートによるコミュニティを言う。特に住宅公団では当初よりそれ自体が地域社会として完結できるシステムを目ざしており，それが団地の概念を決定している。

　住宅公団が第二次鳩山内閣下の1955年，大都市周辺に勤労者住宅の大量建設をおもなる目的として成立したときから，コミュニティとしての集団住宅地の意図は持たれ，1956年初の稲毛団地とその前身の公営志賀団地の設計経験から発した初期のコミュニティ理論と，その後の団地設計の基本は1957年光ヶ丘団地に確立される。

　年度内2万戸建設達成のため，1千戸の集合住居が陸の孤島というべき一地域に集中的に建設されねばならぬ事態が発生し，地域社会としてマーケット・店舗・集会所・診療所・市役所出張所・郵便局・小学校などが同時に建設された。このパターンが周囲の状況により異なるとはいえ，その後団地の定型となり，概念として定着する。

　この1957年ごろよりジャーナリズムや一般の論調の中でアパートに住む新しい社会グループが「団地」や「団地族」と呼ばれたこともこれを物語る。

　とにかく木造平家建密集で公共的施設の欠如していた住環境のうちで，初めて高層化，集中居住，そして与えられた公共施設とまったく裏返しの寄せ集めの居住者の生活が始まり，当然のことながら古い習慣的な生活性をまず観念からスタートせねばならず，新しい物的環境と種々の摩擦を生む。

　画一的な住居の連続と初期の近隣連帯の不在，ドア一枚で確保される白い壁のなかの孤独感は団地病さえ生み出した。そして62年に17万戸を数え，その後10万戸近い団地が計画されるとこれらの初期的な消化は終わり，日本の地域社会や住環境概念に溶け込み，団地生活は一つの型として成立する。各種の批判はありながら空白であった日本に，全く新しい住環境を定着させ，着実な進展を見せているこの一つの地域社会は，明日の日本の住環境を考えるとき，原点として評価すべきだろう。

　一方，政策的産物として宿命的な限界——建設地の遠隔化，住戸ユニットの倭小さ，標準住戸のバリエーションの少なさ，地域としての閉鎖性や，計画の持つ古典的なまでのスタティックな構成など，それが原点であるだけにきびしく批判し，検討を続けなければならない。これが人間の住む場所であってよいのかという問いは団地に対してのみならず問い続けるべき課題なのだから。

標準住居棟の技法的配置で地域は作られようとした　草加市松原団地

地下街

　地下空間は過去のいくつかのヴィジョナリーな都市の提案に見られるし，アノニマスなものにも見られる。そして現在，世界中の大都市共通の現象になっている。現在，都市は交通問題，特に自動車の過度の集中化，施設の急増とそれに伴うスペースの絶対量の不足，市民へのサービスの充実など共通の問題をかかえこんでいる。そのときの再開発の一手法として，地下空間の開発，地下街がある。これが中・小都市におけるアーケードのように急激に開発が広まったのは，商業的要素と強く結びつきやすいことと，現状の街の活動に与える障害が最小であること，公共機関が主体となるとき，公共スペース（広場・道路など）を利用することで私有権などの問題を避けられることなどによっている。それは必ずしもヴィジョナリーなものとは言えない。

　地下街を発生させる最大の起因となっているのは地下鉄である。メザニン・レベルのショッピング・プロムナード，乗換えのためのコンコースなど地下鉄同士や他の交通機関のステーション，地上の施設，地域と結びつきながら広がっていく。モントリオールの地下歩行網は空間的にも多様で，地上と異なった独自のネットワークを形成している。もう一つの地下街のスタイルは（ターミナル）駅で乗換えのサーキュレーションをさばく空間と地下駅前商店街とが広場，駅ビルと結びつきながら地下空間をつくっている。また日本では大きなビルにある地下商店街が結びつけられてネットワークをつくることがある。それから地下パーキングもネットワークに組み込まれる。

　このように地下空間のネットワークの拡大と多層化は歩行者のための空間の確保なのだが，地上が自動車によって占領され，人が地下に押しこめられているとも言える。しかし都市の立体化，複合化に伴って，都市全体が建築化，インテリア化されつつあるとき，地下街的空間は都市生活に大きな影響を持つ，新しい都市空間として認識されなければならない。

　この新しい都市空間は，均質で空間が把握しにくく，方向性を失わせやすい。地上と地下のネットワークはイメージのなかで関係づけにくい。そのため空間に特性をもたせ，地上との強い関係づけが必要であろう。しかし R. ヴェンチューリは地下空間をもっと異なった独自の空間とみなし，空間を限定づけることなく輪郭があいまいな無限の空間とし，サインとシンボルの操作によってつくられる新しい環境であるべきだとしている。またアーキグラムの近作モンテカルロも地下空間の特性を積極的に打ちだしたものである。

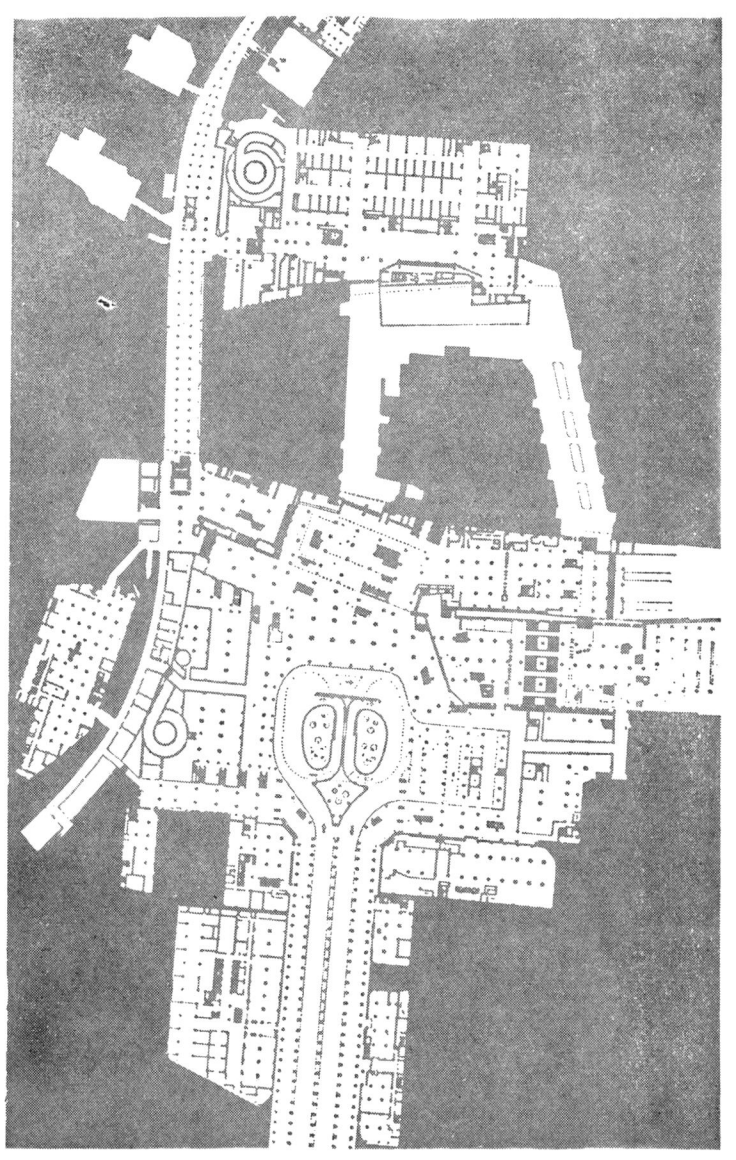

既存ビルの地下をつなぐことによって生まれた迷宮　新宿駅周辺地下平面

チーム X (Team X)

　20世紀の新しい建築を切り開いたと自他ともに許すCIAMも，1956年には10回大会を開くことになった。その下準備のために集まった若い世代の人びとは，それまでのCIAMメンバーの図式的で大まかな一般化という傾向を拒否し，個別性，はっきりとした責任の所在を主張，ドゥブロヴニクの本会議で明確に旧世代（かつてのパイオニアたち）と対立する。この大会の終了までにCIAMは崩壊した。その新しい世代はチームX（10回大会をきっかけとしてできたグループという意味）と名のり，そのメンバーはスミッソン夫妻，バケマ，キャンディリス，ウッズ，ヴァン・アイク，ヴェルカー，アースキンなどである。

　この後上記のメンバー以外の人びとも加えながら，何回か会議を開いた。

　1959年　オッテルロー

　　特別参加者　ルイス・カーン，丹下健三，BBPRなど。

　イタリアのBBPRを中心とする芸術作品的傾向を持つメンバーの反対意見があったが，一つの方向性を打ち出した。それは「建築とはそれが確かなもの，疑わしいものすべてを含めたあるがままの設定条件の厳しい相互作用であり建築はそれ自体協和音を持たない。過去とのきずなは，中に住もうとする人たちのそれと同じ要因をなし，運動や変化のなかにあって初めて形態が連続して出てくる」（黒川紀章）というものだった。

　1962年　パリ郊外ロヨモン

　　特別参加者　アレキサンダー，スターリング，ベベルカなど。

　この大会は，インフラストラクチュアに対する重要な意見がたたかわされた。一つは個々の建築の集まりのなかに基本的な骨組を挿入してやる方法で，キャンディリスらのトゥールーズ計画，J.バケマのカースル・アイデアなどがこの考え方のプロジェクトであり，もう一つはむしろ個々の建築，つまり都市の構成単位を積み重ねていくことによって，全体を予期される全体像へ導いていこうとする方法である。そしてヴァン・アイクの「子供の家」はこの考え方によっている。

　また，この大会でC.アレキサンダーはインドの農村の解析を行ない，その手段にコンピューターを本格的に用いる方法を示した。

　1966年　イタリアのウルビノ

　　特別参加者　J.スターリング，H.ホライン，B.リチャーズ，スティフター，リュウなど

　この大会の特色の一つは技術主義に対する批判であり，現実の社会状況に対する危機感で自動車をどのようにコントロールするかが一つの焦点となっ

た。また会議のあり方もスミッソンの意見で方法論について同じレベルで話し合える者だけによる会議へと閉鎖的になった。

スミッソンの統括によると，
1) 知性的でコントロールされた空間は巨大な技術時代を肯定することを前提としている。
2) 技術や機械のもつバイオレンスを武器として有効に使える時代は前技術的段階，20世紀初頭からCIAM前後までである。技術が一部の人のものでなく，全部の人に及んでいる現在は制御された静かな空間（露出を拒否する空間）が武器となるべきである。
3) チームXが継承しているものはCIAMの遺産でなく，1920年代の近代建築の英雄的時代である（AD. 1965-12 The Heroic Period of M.A. by Smithons）。

このようにチームXの考え方は一つの立場をとっているが，コンピューターを代表とする現代技術，アーキグラムが訴えている現代文明のオートマティズム（たとえば車をコントロールしきることが可能か）など，多くの問題とどのように対決していくのかが，これからのチームXのかかえている問題なのだと言える。

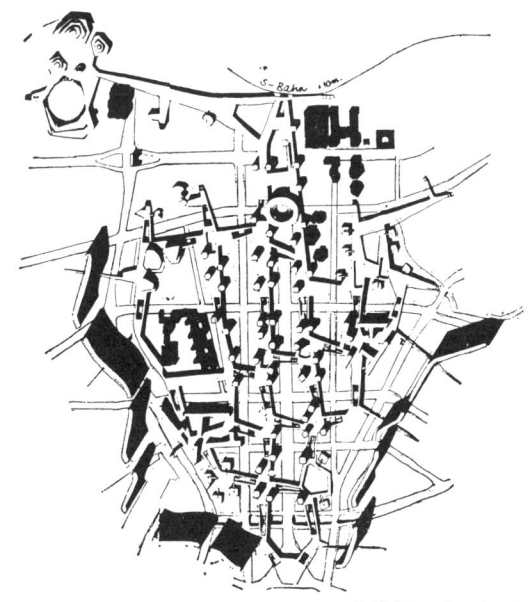

A.& P. スミッソンのベルリン計画

帝国ホテル旧館

　帝国ホテルの設計でライトはホテルの機能だけでなく，市民が外部から利用できる交歓の場を同時に考えた。

　南北に走る2列，3層の宿泊棟に囲まれて，中央西側に玄関ロビーと大食堂，そして東側に舞踏場，オーディトリアム，最上階に孔雀の間と呼ばれた宴会場を重ね合わせ，中央公共棟と宿泊施設を直角にプロムナードで結びつけるという構成を行なう。こうした構成は帝国ホテル直前に設計したミッドウェイ・ガーデンから引き継がれているが，それ以前の草原住宅あるいはユニティ教会とは，外部との環境構成を全く異にする。つまり草原住宅に見られる，内部の機能要求が外部へと広がっていく構成と違い，外部を完結して内部空間と違った扱いをしている点である。これは市街地の中心に建つという環境へのライトの配慮かもしれぬ。ライトにとってもう一つの問題は地震国日本，それもヘドロ層の上という構造上の問題であった。そこで表上層に杭を打ちこみ，ヘドロ層の上に建物全体が浮かぶ「海に浮かぶ船」という柔構造を採用し，南北宿泊棟は 40ft に，中央公共部分はロビー，食堂，外部からの利用施設の部分，と三つに分け，構造的分割をし，空間と反映させている。さらに重要な点は帝国ホテルにキャンティレバー構造が芽ばえている点である（中央の鉄筋コンクリートに無筋のコンクリートの壁体の支持が必要であったが）。帝国ホテルはライトの作品譜では過渡期に属し，初期の草原住宅，ユニティ教会，1930年以降の落水荘，ジョンソン・ワックス社屋とを結ぶ時期で，後年のキャンティレバー構造発展への芽ばえのころでもあった。当時日本建築界もまた，異なった意味で過渡期であった。ライトが設計を依頼された1915年は，野田俊彦の「建築非芸術論」が発表され，落成の1923年には創宇社，3年前には分離派が結成され，合理主義が唱えられる一方では，ドイツ表現主義の影響を受け，大方はネオ・クラシックな表現に終始していた時期で，帝国ホテルの柔構造を構造学者は無視し，あるものは形態を模倣するといったころであった。もちろんその後，超国家主義にはいった日本のなかで，ライトを理解することはほとんどなかった。

　1967年，帝国ホテルはその破損と柔構造が逆に災いして地盤沈下のあおりをうけ，取り壊された。保存問題は東京海上火災問題とからんで論議をかもした。しかしライトを理解するにはあまりに遅すぎた建築界と，ライトの意図した一方の機能，市民交歓の場としての帝国ホテルの利用がなされなかった点にこの建築の不幸さがある。

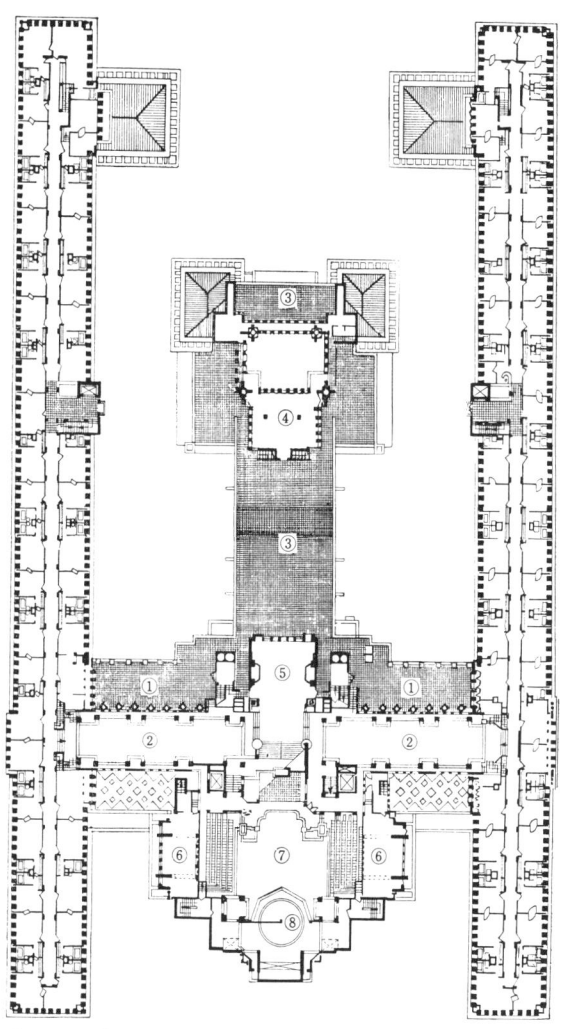

①パーゴラ　②プロムナード上部　③ルーフ・ガーデン　④図書館　⑤ホワイエ
⑥夕食室　⑦オーディトリアム上部　⑧ステージ上部

帝国ホテル旧館3階平面

テクニカル・アプローチ

　前川国男が表明した三段階論の論旨が提示された当時は、朝鮮動乱からビル・ブームが始まった時点で、前川事務所もまた日本無尽の連作を始めていたころであった。終戦後の紀伊国屋書店あるいは慶応病院等の作品はむしろ戦前の作品系列に属し、この時期に、前川事務所は新しい一歩を踏み出したのである。しかしビル・ブームのなかで相変わらず関東大震災以来の耐震壁構造から構造は発展を示さず、構法もコンクリートでさえ十分な品質のものが生産されていない状況であった。その時期にもかかわらず欧米から紹介されるものは、師コルビュジエのロンシャンの教会であり、モニュメンタルな作品が現われ、その影響のなかで日本の建築界もNAUが崩壊し、デザイン上の混乱期でもあった。（戦争直後の1948年前川事務所誌「PLAN」は表紙にバウハウスを飾り、インターナショナルスタイルを唱えていたことのギャップもある。）

　第一次大戦後の欧米に比較して前川は「まず技術から」と言いきる。ちょうどNAUの分裂後のLV研究会等の調査主義と呼応して、後年前川自身が「テクニカルなアプローチというものをまず身につけなければだめだぞ、ということはね、言いましたけれども、私は技術で全部が解決するなんていった覚えはひとつもない。」と発言するほどに三段階論はテクニカルアプローチとして流布される。

　この時期を的確に語るものは日本無尽（日本相互銀行）本店（1952）である。全鉄骨、全溶接、カーテンウォール、アルミサッシュ、プレキャストコンクリートの日本で最初の技術、大スパン事務室と可動間仕切というボキャブラリーを導入し、またその後の作品歴の構造上からでも、岡山県庁議事堂の截断球殻シェル、国際文化会館の円筒シェル、晴海高層アパートの大架構方式と新技術の取入れに腐心している。

　しかし戦前、前川事務所にいた丹下健三の「美しきもののみ機能的」という論文で、建築界は前川の言う第3期にはいる。これが前川事務所の若手、MIDO同人との伝統論争のきっかけになる。そして東京文化会館がテクニカル・アプローチの総決算となる。前川国男は戦前帝室博物館コンペをもって過去様式に抵抗し、終戦直後プレファブ・プレモスを、そして日本相互の連作から東京文化会館、さらに丸の内東京海上火災ビル問題と、あたかも第三段階論そのままあてはまる。しかし日本相互本店の技術も十年足らずに一般化され、テクニカル・アプローチもその理念をのり越えて、施工会社設計部の生産向上、合理化にとって代わられた感がないわけでもない。

木製組立家屋「プレモス」／前川国男，1946　　　　日本相互銀行本店／前川国男，1952

　近代建築の大きな潮流が20世紀の半ばの今日まで辿ってきたあとを顧みると，ヨーロッパ・アメリカにおいてはおよそ3つの段階があったようにもおもわれる。

　第1の段階は1895〜1915年頃であって19世紀の折衷主義的様式建築に対する反抗の時代である。第2の段階は1915〜1935年頃であって，グロピウスやコルビュジエが登場して，『機械化(メカニゼーション)』ということを中心として技術が重要視され，造型的には禁欲的とさえいえるほど潔癖に，と同時に技術のうみだす可能性に対してはやや楽観的に信頼していた時代である。第3の段階は1935年頃から今日にいたるもので，前段階によって，技術を自己のものとした上にたって，この技術を駆使して，近代建築に人間的な暖かみ，芸術的感銘，新しい意味で記念的(モニュメンタル)な感覚をうみだそうと努力している時代である。

　では，われわれの日本ではどうだろうか？　日本における近代建築の第1段階は分離派のひとびとの活動によって始まり，そしてそれが中心でもあった。やはり折衷主義建築に対する反抗の闘いであった。

　第2段階はその性質上技術が中心問題であるだけに単にデザイナーの努力だけでは，どうにもならぬものを含んでいる。今日にいたるまで日本の建築を支える技術的基礎は残念ながら，われわれの近代建築をその第2段階から第3段階へと押しあげるだけの向上をすることはできなかった。建築生産の『機械化(メカニゼーション)』の問題は建築家にとって観念的にはありえても現実的にはかすかなものだった。したがって近代建築の第3段階はアメリカやヨーロッパのような意味では現われようがなかった。そしてそのままだらしなく停滞してしまった。

　私は日頃おもっているところを結論的にいってしまおうとおもう。——われわれは何よりもまず，この第2段階の克服，つまり技術的問題を通してのデザインに努力しなければならない。これをしない限り，いつまで経っても日本の近代建築は誤魔化しをつづけるだけで，「ほんもの」になるときがこないであろう。　　　　　　　（抄録）

前川国男（建築雑誌774号）

デザイン・サーヴェイ (design-survey)

都市の構成が計測可能な人口配分や動線処理等だけで計画され，心理的な部分——計測不能と考えられていた部分——が叙情的で文学的な描写だけで満たされている傾向に対して，都市が「街」として人間に働きかけている部分の計測を行ない，客観的な事実として計画線上に載せようという試みの一部。

古くはカミロ・ジッテや，最近のゴードン・カレン，ケヴィン・リンチ，フィリップ・シール，ゴールドスミス等々の海外の研究に並行して日本では伊藤ていじらの「日本の都市空間」やオレゴン大学の金沢を嚆矢とし，芸大の外泊・白毫寺，法政大の倉敷・馬籠・五個荘・萩・金比羅・稗田，明治大の女木島・伊根・管島，東工大の金沢・高山・奈良の環濠集落，武蔵美大の宿根木・大内等々，最近とみに目だった活動ぶりを示している。

それぞれの姿勢は，あるいは外部空間における人間の反応の基本原則を分析するもの（ゴールドスミス，フィリップ・シール），地域における反応の記号化，図式表示による分析（ケヴィン・リンチ），古い街の景観的分析による解析（ゴードン・カレン），民俗学的興味と考現学的分析（オレゴン大学・金沢）等々さまざまなアプローチがあり，日本の各大学のそれも，それぞれ立脚する立場を異にしている。芸大の住居の構成，明治大の祭というメンタルな分野とのオーバーラップ，東工大の日本的空間概念の構造分析，法政大の都市構成の手法の土着的方向性の分析等。

民家の研究が，個々の建物の復原的な，または考証的な深さに陥り，昭和初期の白茅会その他の民家研究が趣味的でありすぎていたのに対し，新しく起こったこうした動きは基本的に都市の構成の実態を分析的に実証し，それを明日の都市建築創造への一つの手掛りとしようとしている点で大きく変わる。

都市という文明や伝統の多様さを包含した複合体が，単純な物理的な数値や，観念的な概念の置換えや展開で構成されうるはずがないのはわかり切っていながら，基盤となるべき明確な立脚点の存在しえなかったこの分野に，デザイン・サーヴェイの果たす役割は大きい。

都市のデザインが量的操作から生態学的なトータルな方向に動こうとしているとき，インプットされる作用因子の豊富化のためにもこうした作業は必要であり，同時にそれが可能になって初めて都市と設計が本格化したということができるであろう。建築以外の地理社会学，経済学，集団心理学の助けとともに。

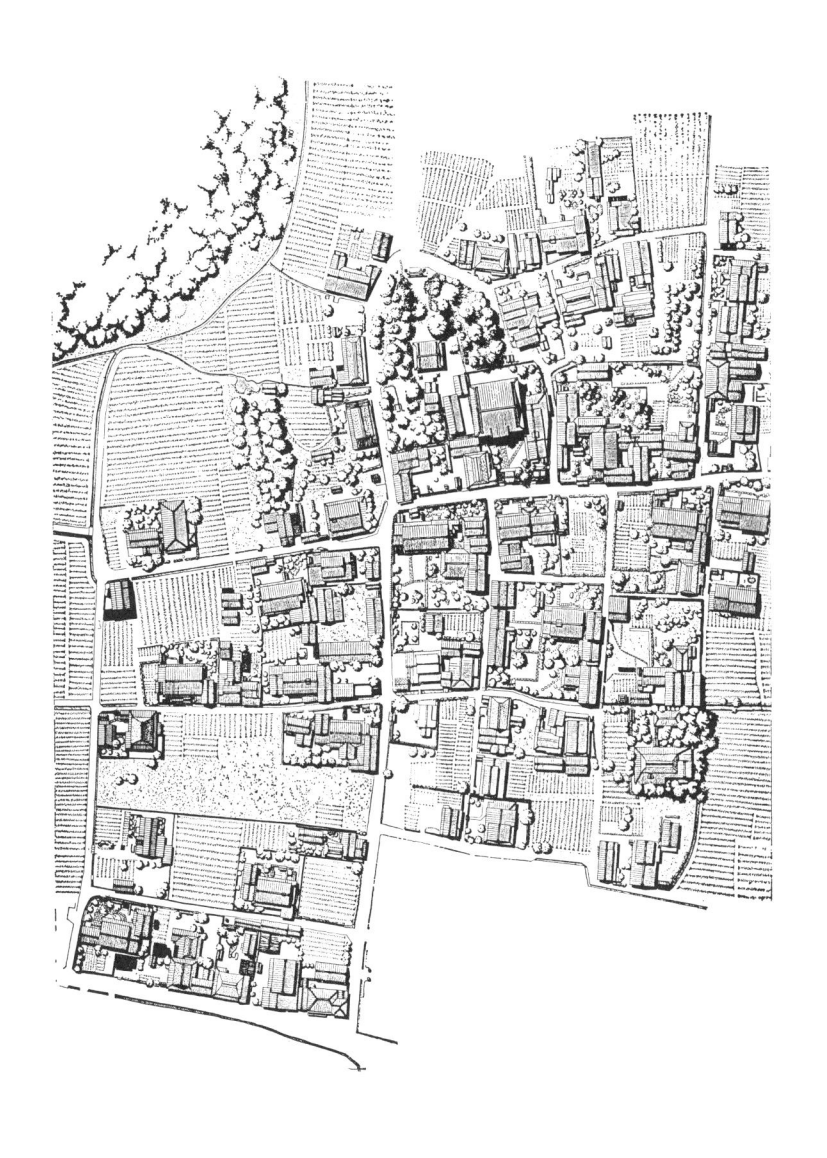

五個荘，全体屋根伏図／法政大・宮脇ゼミナール，1968

デ・スティール (de stijl)

　オランダの近代建築はベルラーヘを始祖として,現在に至る一つの大きな流れを形成している。そのベルラーヘの理論的な考えを受け継いだのが,1917年に画家ファン・ドゥースブルクを中心としてP.モンドリアン,V.フッサール,建築家J.J.P.アウト,詩人A.コックが集まって結成された芸術家グループ,デ・スティールで1917年10月から同名称の機関紙を発刊している。後にファント・ホッフ,リートフェルト,ヴァン・エーステレン,G.ファントンヘルロー,リシツキー,アルプらも参加する。

　このグループの中心となる考えはドゥースブルクとモンドリアンが提唱した新造形主義 (neoplasticism) と呼ばれるもので建築的にはベルラーヘの「1) 空間をつくり出すことが第一である。2) 形をつくるものとしての壁の重要性 3) システマティックなプロポーション」という三つの重要な主張を受け継ぎ,またキュービズムからも直接的な影響を受けて,直角と明確な壁による三次元的な構成と,そこにつくり出された空間を積極的に限定する要素としての色彩の導入で,赤,青,黄,といった原色や白,黒,グレーで壁を一面塗りつぶすという手法を発見している。こうした考え方はリートフェルトのシュレーダー邸 (1924) やアウトのカフェ・ド・ユニ (1924〜5),ドゥースブルクのカフェ・オーベット (1926〜7)などの作品で実際に試みられている。

　こうした考え方はベルラーヘの材料の使い方や形態,ユーゲントシュティールなどの影響を受けながらアムステルダムで活動していたM.ド・クラークと機関紙ウェンディンヘンの周辺の人びとのロマン主義的な表現派に対抗する合理主義的な思想を表明したものだった。

　建築家として参加していたJ.J.P.アウトやファント・ホッフ,J.ヴィルスはF.L.ライトやイタリア未来派からの影響を強く受けながら,ホッフのハイデの家 (1917),アウトの連続住宅,プルメレントの工場 (1919) などの作品がつくられている。こうした一連の作品は,バウハウスでも採り上げられ,インターナショナル・スタイルの形成にも影響を与えている。しかしアウトは1922年以後市の住宅計画に専念し,デ・スティールの運動からは離れ,またもう一人の重要なメンバーのモンドリアンも,1924年に脱退する。この1921〜4年の間にグループのメンバーの多くが変わり,そのため雑誌も,体裁をはじめ内容もドゥースブルクの個人的な変遷を忠実に反映し,ダダイスティックになり,ハンス・リヒターや

クルトシュビッターズの寄稿や彼自身の「芸術の終り」(1926)といったエッセイが発表されている。この, デ・スティールもドゥースブルクの死の翌年1938年1月のドゥースブルクの記念号をもって終りとなる。

フッサールによるデ・スティールの表紙

田園都市 (garden city)

田園都市という言葉はイギリス人エベネザー・ハワードが「明日」(1898) という本を改訂したときに「明日の田園都市」と書名を改め、一般化されたものである。以後この本の理論を実行に移したアンウィンやアメリカの不動産業者、その他多くの社会学者や歴史家などによって使われ、非常に広い意味を持つようになった。

ハワードの考え方には二つの部分がある。一つは彼にとっての現状の把握で、産業革命以後に都市の工業化が進み、1890年代には農村と都市の差異が明確なものとなり、人が農村から都市へ移ってしまうことが大きな社会問題として採り上げられた。ハワードはこの現象を考えるときに何が人びとを都市に引きよせるのか、その非常に多くの複合化した原因を認識するためには長い期間の調査が必要だし、分析の方法も一つでありえないとし、それらを総体的に「魅力」という言葉でとらえようという仮説を出した。

そして次に「人口の都市への流入を食いとめ、その流れを土地に押し戻すこと」の解決策について書いている。このときに彼は「魅力」の内容を分析し（図）都市—農村という都市の魅力と農村の魅力を兼ね備えた人口が3万人ぐらいの一つの都市を提案した。そのダイアグラムは図のとおりである。

アベニューとブールバールによる同心円、放射状の道路パターンと鉄道が含まれているというものである。これは彼の提案の一部であり、そのより重要な部分はこの都市と社会全体の文脈のなかに成立させていくための、公共団体としてのあり方の提案、つまり田園都市というのは今まで述べたフィジカルなパターンの提案だけでなく、一つの住民全体の出資によって住民全体の経済的生活の保障をしていこうという提案であるし、プールも図書館も必要だといったトータルな提案であることが重要だ。

ギーディオンは次のように書いている。

「ハワードが意図していたのは、小さなつまらないことの成就ではなかった。彼は産業革命に基づく害悪の除去、つまりスラムや過密体の工業地域の除去といったようなことを切望していたわけではなかった。（中略）

田園都市の思想は19世紀後半の数多くの住宅問題に対する一つの解決策として提案されたものであった。この計画の骨子は公共団体が土地を統制して（すなわち、自身がその地主となって）地価の騰貴によって得られるすべての利益はどんな種類の投機をも思い止まらせるために、公共に返還されるべきであるということだった。」（太田実訳）

「田園都市」は，そのフィジカルなダイアグラムだけでなく管理方法，法制，資金の捻出，行政といった面でイギリスの住宅問題全般に対する現在の基礎となっている。彼の提案はイギリス社会の場合には有効であった。しかしイギリス以外の，つまりその社会的文脈の異なるところではフィジカルなパターンとしての問題だけ理解されがちで，またイギリスにおいても，またそれ以外の社会においても都市と農村というカテゴリーがもはや存在しなくなっている。全体が都市であると見ること，都市の部分としてのバラエティとしてとらえる方が現在では理解しやすい。

現在の問題として住宅と仕事場が分離している。人が土地のついた自分の家を持ちたいという欲求を持っているというふうにとらえ直して，C.アレキサンダーは次のように述べている。

「機械文明に追従する郊外は，町家の至便と田舎家の愉快を一つの包装紙に包みこむというおとぎばなしにささえられて，アメリカから世界のすみずみまで伝播していった。だが擬似都市も擬似郊外もともに，あてもなく両者間の往復を繰り返す通勤者の不満を呼びおこす以外の何ものでもないように思われる。郊外が田園生活を満喫させながら，しかも手近に都市生活の逸楽をも約束するなどということは誤りであることが立証されたのである。

にもかかわらず，現時点では郊外環境はなお存続し，拡張されていくように思われる。自分の家を構えたいという人びとの欲望は強い。19世紀後半にE.ハワードによって提案された田園都市理論に見られる二つの世界の最良の点をともに選択したいという望みが，20世紀半ばを過ぎた今日でも残っているように思われる。」(岡田新一訳)

ウェルウィンの説明図

三つの磁石

都 市 — **農 村**

(都市側)
- 自然からの締出し
- 社会的機会
- 娯楽の場所
- 高い賃金
- 雇用機会
- 失業者の大軍
- 霧と乾いたスラム
- 豪華な空気の宮殿
- 過密な労働
- 仕事場から遠い住居
- 輝く街路
- 時間わからぬ排水鎖滞
- 公共施設
- 長時間労働
- 侵入者
- 仕事のない人
- 社交のたのしさ

(農村側)
- 自然の美しさ
- あいている仕事
- 森と材木
- 低い賃金
- 排水…
- 公共…
- 旦那の遊山
- 娯楽…

人 民
彼らはどこへ行くか

都市・農村

- 自然の美しさ
- 社会的機会
- たやすく行ける野と公園
- 低い家賃 高い賃金
- 低い地方税
- 企業のための低価格
- 多くの苦労働がない
- 資本の流れ
- 清純な空気と水 よい排水
- 明るい家庭 無煙 スラムがない

自 由 — **協 同**

(中央の扇形図)
- 農学校
- 貸菜園
- 道路
- 牧場
- 果樹園
- 農耕地
- 農耕地
- 大散歩道
- 水晶宮
- 中央公園
- 中央市場
- 停車場
- 幹線鉄道
- 農耕地

0 1/2 1 マイル

(下の扇形図)
- 病院
- 博物館・美術館
- 花壇
- 停車場
- コロンバス街
- 市役所
- 中央公園
- 音楽堂
- 大散歩道
- 幹線鉄道
- 大農場

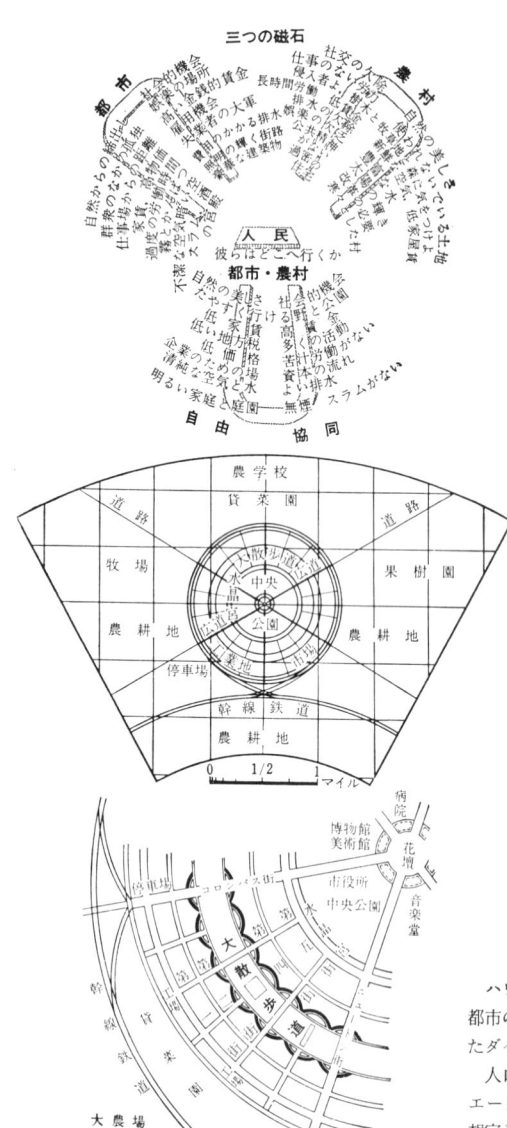

ハワードが彼の著書の中で田園都市の考えを説明するために用いたダイアグラムである。

人口32,000人，町の面積1,000エーカー，農地5,000エーカーを想定して，その構成をこの図で説明している。

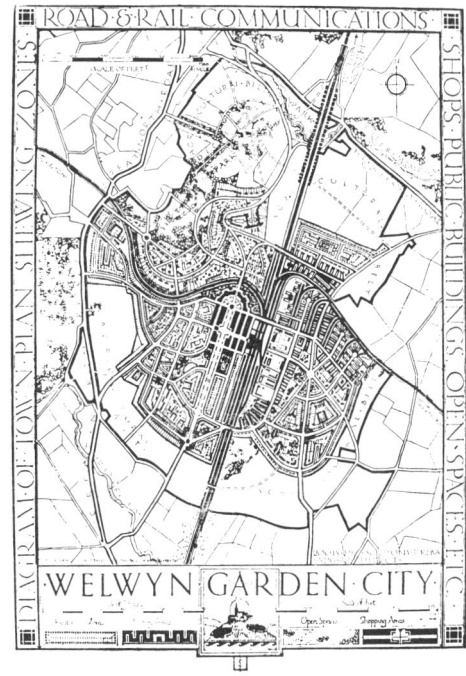

ウェルウィンの田園都市(上)
とプラン(下)

伝統論争

　第二次大戦後の日本において1953年から1956年までのこの論争ほど建築界を広く，その根底から動かした論争はなかった。基本的には創造の姿勢であり，末端では表現のネタに至るまで。

　伝統の問題が建築創造の基盤として論じられたのは，これが始めてではなく，明治43年の学会，国民様式論争や昭和8年のタウト来日による「日本建築再検」，第二次大戦に突入後の国粋様式の要請等，折りにふれ，時流につれ論じられてきた課題である。

　戦後の1950年ころより朝鮮特需による日本資本主義の復活，中産階級の小市民性の成立，米ソの対立の激化とそれぞれの立場からの民族意識の高揚等の状況を背景に，新日本調ともいうべきモダニズムと伝統手法の結合が一つの流行となっていた。これに対し1953年レーヴァイの「建築の伝統と近代主義」や西山夘三らのいわゆるソシアリストによって，小市民的なモダニズムによる伝統回復に抵抗する動きが初期の伝統論として端を発する。

　彼らの論がソシアリストにありがちな姿勢の論のゆえにこれは一般的な造形理論になりえず，やはり作家丹下健三が，みずからのデザインの基盤として日本の伝統を創造的に継承していくと発言するまで，共通の言語にはならなかった。

　モダニストとして伝統的様式と近代建築との近似性に一つの安住点を見いだしていた建築家たちはこのころより川添登・岡本太郎らの理論的なバックアップにより白井晟一の「縄文的なるものへ」という形体的なサジェッションを武器に一斉に動き始める。いわゆる伝統論から民衆論への移行であり，表現としてスレンダーなものから力強く，たくましいものへ，弥生から縄文へであった。

　新日本調の細い柱割りの美学の時期に着工し，縄文的なるものの全盛時に完成し，外構部分でそうした表現を付け加えている丹下健三の東京都庁舎の例に見るように，この初期の伝統論から民衆論への移行の早さ，強さは日本の建築界の流行現象の早さと強さを物語るものであると同時に，伝統論争の大きかったことを物語っている。

　真に地域的なものが真にインターナショナルでありうるとするこの期の思想は，当時世界全体を揺るがせていた民族運動に共通するものであり，インターナショナルなモダニズムと対決するものであると感じられていた。

　その時期のすべての建築家たちが一様にその洗礼を受け，一様に高揚しながら，今その片鱗すら建築界に見いだすことはできない。

　これに続く60年以降の社会的，思想

的状況が，このような建築界全体の連帯的な意識や運動を奪い去ってしまった。60年安保があらゆる横の連帯感を失わせてしまい，個々に散った各様の動きに転換させてしまったように。

そして都市論や装置論・情報論・メタボリズム論と一見花やかに展開する論も伝統論以上に早く消滅していく。
——内的にはこれほどの充実感を与えることなく。——

伝統的表現の創造的継承の頂点　香川県庁舎／丹下健三，1958

東京計画—1960 と 麴町計画

1955年から1960年にかけて，日本の戦災復興都市計画は一応完了する。しかし気づいてみれば緑地は失われ，過密な木造住宅がスプロール現象を起こし，交通はマヒ，上下水道は不整備，これが日本の都市の現状であった。

1960年には安保闘争とは裏腹に，日本が高度成長政策のもとに国際市場にはいり込む。

この年，建築界も国際デザイン会議が行なわれ，この会議準備のため結成されたメタボリズム・グループ等から，菊竹の海上都市，黒川のヘリックス・シティ，MIDO の東京湾計画等の都市のプロジェクトが次々と提案される。こうしたなかで1961年，対照的な二つの都市への提案が示される。丹下研究室の「東京計画—1960」と大谷幸夫の「市街地再構成—麴町計画」である。一方は，一千万都市東京の都市圏を含む国土再編成的な提案であり，一方は麴町をモデルに選んだ市街地形成へのアプローチを示したものであり，そのスケール上，大変な開きがある。しかし，重要な点はこの二つのプロジェクトへ進むアプローチの相違点にある。

「東京計画—1960」は W. W. ロストウの「経済発展の諸段階」における高度大衆消費の時代に日本がはいったととらえ，都心に集結している生産的第三次機能をより活性化していくために，求心型の環状の交通システムを線型平行射状システムに改革し，その軸上に中枢管理機構を発展させていく。この都市軸を都心から東京湾上に計画し，その軸線上に新東京駅，国際空港を建設し，その両側にクラスター状に500万人の住む海上の住宅地を発展させて，この都市軸はその後提案された東海道メガロポリスと直角に交わることにより完成される。ここには超人間的なメジャーストラクチュアを与え，制御することにより，マイナーな人間的スケールのものをより自発的に変化させていくという，いわば上からのアプローチをしている。

それに対し，麴町計画は，その基本理論である「覚え書，Urbanics 試論」で述べているように，「都市とは単位の存在形式である」ととらえ，その単位を機能・空間・主体の三要素と制御・作業・動力の３部門に解析し，単位がより低次な単位である構成分子から発生し，環境をも変えうるとしている。単位が代謝を通してより高次に進むことにより都市が形成されるという認識は，東京計画に対して，下からのアプローチと言える。住居単位にそれまで低密度の解決策であったコートハウスを高密度に配置することにより，都市市街地の再構成をはかる。したがって，ここには東京計画の交通問題の

全体的な解決策はみられず、ピロティによる駐車場の集約化にまかされている。東京計画—1960は未来学のはしりとなり、その概念はスコピエ計画に具体化されているが、大谷の「自分の設計した建築も都市の一員であるのにどうして都市計画につながらないのかというような素朴な疑問、そして他のひとつは強権の支持によってできる都市計画は、わたしたちの生活にとって危険なものだ」という言葉と対比して考えさせられる。

東京計画—1960／丹下研究室(右)
麴町計画／大谷幸夫(下)

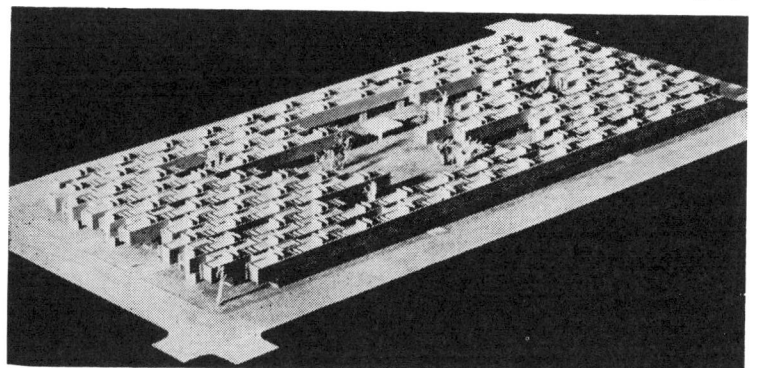

道路からの景観 (view from the road)

1964年に出版された本で，アメリカ人が毎日多くの時間を費やすハイウェイの美学をつくろうというK.リンチ，D.アップルヤード，J.マイヤーの協同研究をまとめたもの。

ハイウェイにおいて観察者はシークエンシャル（連続的）な動きをするという前提のもとに「注意を促すエレメント」「空間の感覚」「目的地へのアプローチ」「オリエンテーション（地域全体のなかでの位置確認のための要素）」「意味づけ」「リズムと連続感」「連続的な形態」といったデザイン要素をあげ，デザインの目標を連続感とリズム感を持ち，コントラストがありしかもうまく組み合わされた変化をする豊かで統一性あるシークエンスを観察者に与えること，ドライバーの環境に対するイメージを明確にし，強め，彼が道路というランドスケープの主要な性格と位置を把握できるようにすること，観察者が，ハイウェイとその周囲の利用状況・歴史・シンボルを理解し環境の意味をより深く把握できるようにすることだとする。つぎにハイウェイを分析し，コミュニケートし，デザインする道具としてドライバーの動き，視野の変化，通過する場の空間的性格，それにオリエンテーションという記号化する対象をあげ，それぞれに細かく記号を与える。そしてボストンのハイウェイをケーススタディとして美学的規準のみからスタディしている。まず既存のハイウェイを記号化し分析することによって欠点を抽出し，これとともにボストン地域全体の視覚構造的にみた欠点とポテンシャリティをサーヴェイする。こうしてハイウェイからの景観のイメージアビリティを豊かにすると同時に，ボストン全体の視覚構造を明確にするようなルートをデザインする方法を示している。

「都市のイメージ」においてもこのスタディにおいても，著者は都市デザインに一貫した方法論をもって臨んでいる。それは都市の内部にいる観察者となって，現実にある都市のフィジカルな環境を読みとることを出発点として，そこで人びとの持つ心象(イメージ)を操作の対象としてデザインし，それを再び，フィジカルなものに翻訳するという過程をとる。つまり，それは心象化されたフィジカルな環境を記号化し，その実体としての環境を言葉がそうであるような，一種のシンボルに置き換え，そのシンボルの操作がすなわち実体の操作であるという作業なのである。

これはアメリカ社会学のもたらした調査方法から多くの影響を受けたプラグマティックな方法論で，チームX（→p.146）の概念的な方法とは非常に対照的な，しかし重要な方法である。

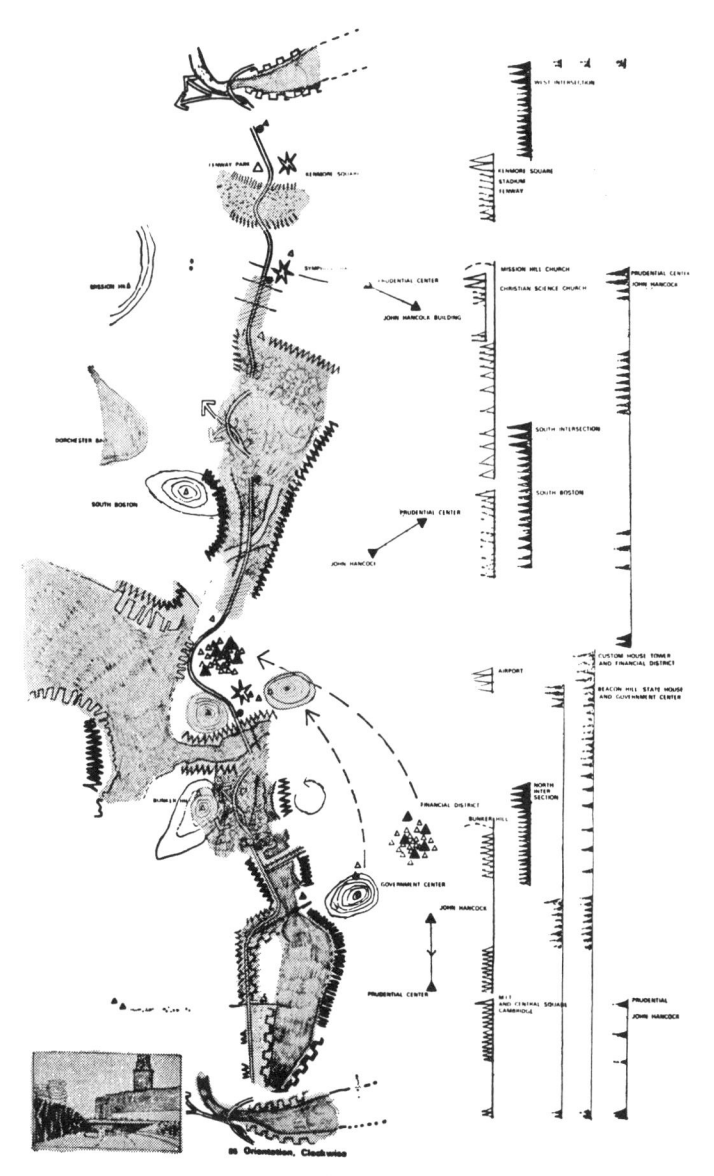

ボストン・ハイウェイの右回りのノーテーション

165

都市のイメージ (image ot the city)

　1960年にMITから一冊の本が出版された。その本は「都市的スケールを持つ視覚的形態と取り組むひとつの方法を示し，都市のデザインについての第一原則をいくつか提案することを目的」として，アメリカの対照的な都市ボストン，ジャージーシティ，ロスアンジェルスを調査し，その原則の検証を行なっている。

　その考え方は，人間の環境に対する認識方法が，物理的外界に対する総合的心象（イメージ）によって自分の内にもう一つのイメージの都市をつくりあげるという前提にたっていた。そして都市の価値の一つとしてだれでもが容易にイメージを形成できることをあげ，それをイメージアビリティと名づける。つまり，都市はイメージアビリティが高いほど，その風景が多くの人に親しまれ，記憶され，楽しまれることなのだ。イメージアビリティが高く，場が，その場らしさ，アイデンティティを持つだけでなく，都市のもう一つの価値として各場が全体として，イメージの単なる集積でなく，構造化されている必要性をあげておくのも重要だろう。

　実際の三つの都市の調査方法は，訓練された観察者によるエレメントの存在，見やすさ，イメージの強弱，関連性，断絶を調べるのと，おのおのの都市に住む人に面接し，自分の住んでいる町の説明，位置づけ，見取り図，架空の旅をしてもらうことだった。

　その結果，パス，エッジ，ディストリクト，ランドマーク，ノードという五つのパブリックなイメージを用いたおのおのの都市のイメージマップをつくり，都市の視覚的な構成の分析をしている。

　いろいろな都市計画の方法が示されてきたが，それはアテネ憲章(→p.22)，イギリスのニュータウン運動などによって示されているような都市の機能分化による効率化，人車の分離による安全性の確保，またコミュニティの単位としての小学校区や近隣住区，広場とそれに伴う都市のコアといった人間の社会生活に対する配慮などであって，これらは基本的には都市生活の混乱を産業革命以来の機械文明の生みだした技術によって是正し，しかも新しい都市生活を生みだそうという姿勢を持っていた。しかしこれらの考え方はそれぞれ差があるにしても，大なり小なり概念的で都市に住む市民のアクティビティ，視覚的な楽しさ，個別性といった実際の都市への現実的なかかわり方を含んでいない。そのために，これまでの考え方を整理し，豊富化しようという多様な試みが現在なされており，K.リンチの「都市のイメージ」もその一つである。

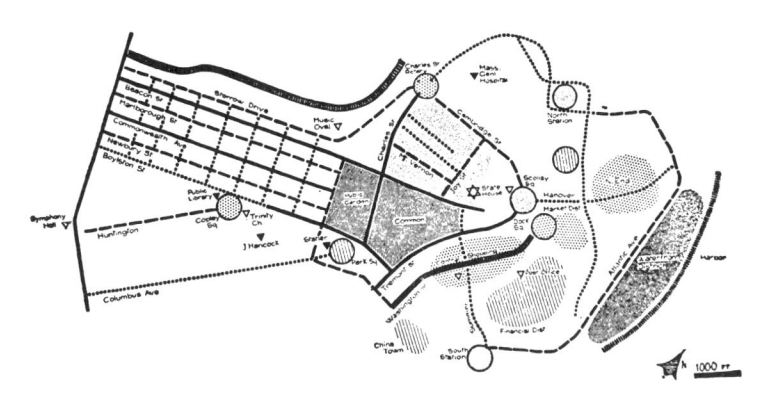

略地図からひき出されたボストンのイメージマップ

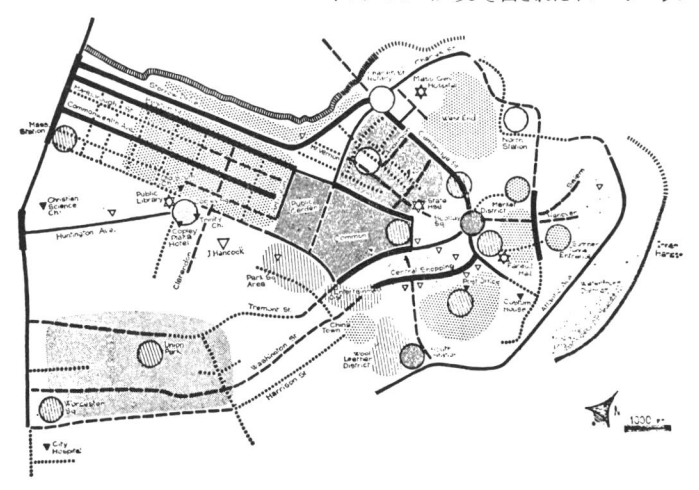

インタビューからひき出されたイメージマップ

都市のコア (the heart of the city)

1951年の第8回 CIAM では次のようなことが討議された。
1) どの都市も唯一のコアを設定する
2) コアは人工的なもの，すなわち人間の創造物であること
3) コアは交通に対し安全であること
4) 車が交差しないで周辺に到達し，そこに駐車できること
5) 無制限な商業広場は計画的に統制すること
6) 変動的な要素でコアに活力を与える役をなさしめること
7) コアの計画にあたって建築家は現代の表現方法を使用し，できうれば画家や彫刻家と協力すること

これに対しスミッソン夫妻は「アテネ憲章によるプランニングの技術は機能の分析という方法だった。これは都市の機械的無秩序を明確に指摘することはできたが，あまりにダイアグラム的な考え方のため実際的でなかった。アテネ憲章によってつくられた都市計画は活気ある人間社会を含めない。都市に対しては純粋な分析的考え方では不可能なことは明らかだ。人間関係に関する問題は"四つの機能"という網ではとりこぼしてしまう」(建築文化1967-1)と述べ，都市にコアを導入しようという提案以前の，都市を四つの機能分けによってとらえようとすることに対して疑問を投げかけている。ギリシア，ローマのアゴラやフォルムをはじめとして，19世紀のパリやロンドンに至る長い広場の歴史を心に浮かべながら都市のコアの再建を CIAM の人びとが叫んだのは抽象的な言葉ではあったが，都市の中で人びとが買物，娯楽，教育，といったことを通じてお互いのコンタクトを深めていくための社会的な活動の可能な場所をつくらなければならないという主張であった。

しかし，都市の中での活気ある生活は CIAM の考え方からは出現しなかったようだ。都市のコアになりうるようにある場所を想定し，そこに人びとのアクティビティを誘発させる手段はわれわれには乏しい。しかも既存の都市では自動車交通，地価，あるいは人種問題によって古いコアが荒廃し，都市全体のスプロール現象も起こっている。またイギリスや日本のニュータウンでは，全体の人口規模や他の周辺都市との関係とワンセンターか多くのセンターかという問題をかかえている。以上から都市のコアあるいは都市について考えるときに一方で都市の構造の明確な把握とその提示が必要であるのと同時に，人びとのアクティビティの分布の把握およびそれを誘発しうる視覚的な豊かさやわかりやすさ，およびそれを裏付ける物質的な安全性への考慮が重要ではないだろうか。

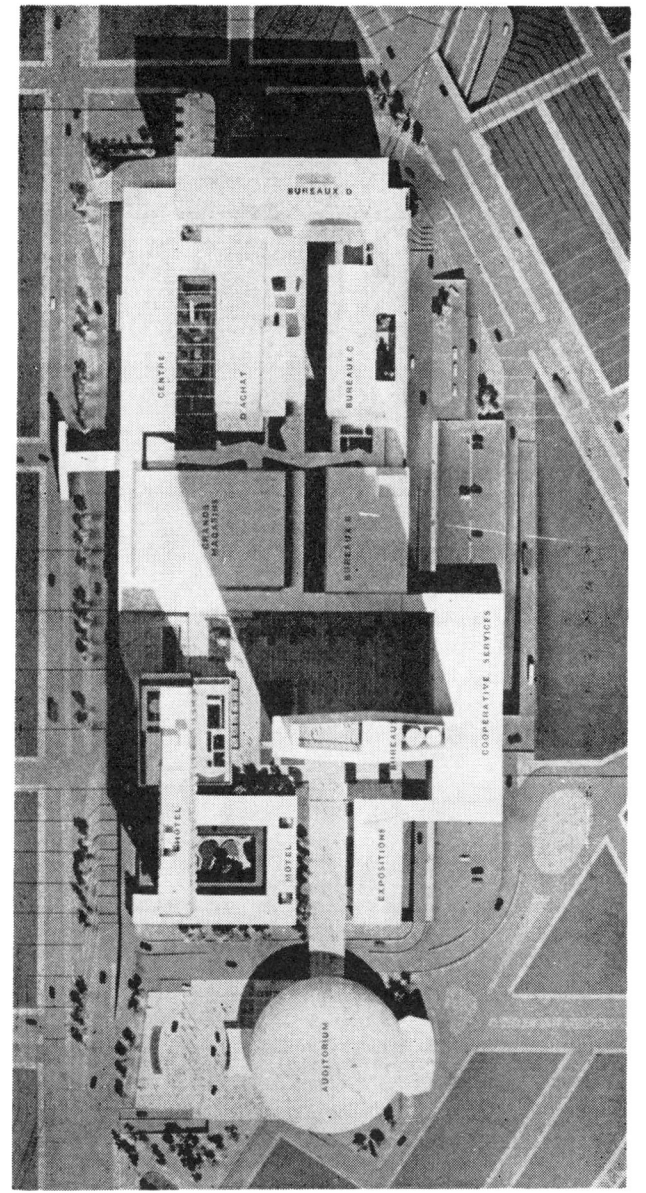

ボストン・バックベイセンター

都市はツリーではない（a city is not a tree）

　これはアレキサンダーが1965年に書いた小論である。彼はそこで都市での人びとの活動は，各種の都市プロジェクト（人工の都市）に示されているような建築家にとって都合のよい施設のヒエラルキーな構成とは一致しないと主張する。施設のヒエラルキー構成と人びとの活動のあり方との不一致をツリーとセミラチスという二つのパターンで示し，たとえばニュータウンの施設はツリーであるが，そこに住む人びとの活動のあり方である圏域をとってみるとセミラチスであるという批判をしている。これはわれわれにもたらされたCIAMや英国ニュータウン運動における方法に対する重要な批判である。
「形の形成に関するノート」を参照しながら彼の考えを要約する。人びとの活動は変化の激しいダイナミックなわれわれの時代には複雑なつながりや重なりを持ちながら営まれている。しかもわれわれの思考方法は，分析し分類し，それを同類項をくくりながら再構成してみるというツリー型である。今まで建築の分野でなされていた一つのあやまちは，新しい都市を考える際に町（タウン），近隣住区（ネイバーフッド），広場といった言葉を，それまで，その言葉の持っていた内容を人口とか広さという一面的な規定だけでとり出し配置し，人びとが寝に帰るだけの町や，だれも寄りつかない広場をつくってしまったことにある。まずツリー型の思考をするときの，その基本的な言葉の内包的意味の再検討の必要性を彼は強調する。また重なり合いに関しては，その重なり合いを分解しツリーの複合化されたものがセミラチスという考え方をとる。ある建築物（あるいは都市）をそれに関係ある事象の集合として考え列挙し，それぞれ関係のあるものごとに分類し複数のツリーをつくり（一つ一つがサブセット），そのツリーを解き，それを再び再構成するという考え方である。こうした彼の方法はインドの村落，あるいは「コミュニティとプライバシー」での集合住宅の分析以来一貫したものであるが，以後「システムをつくるシステム」で全体を形成する一定の関係づけであるルールと，そのルールによって組み合わせられる要素という生成的なシステムを示し，アルファベット―単語―文章―小説・詩というシステムのアナロジーを掲げている。この方法はパターンランゲージという形で，彼とその同調者が設立した環境構造センターで，実際のプロジェクトに用いられている。なかでも1969年のペルー低所得者住区コンペ案では，そこで行なわれるペルー人の生活をその中にはいって一緒に生活することにより観察すると同時に，施工や

材料も計画のなかに取り入れ，64個のサブシステムつまりパターンをつくり出し，それによってプロジェクトがつくられている。現在 C. アレキサンダーはこのパターンランゲージを量的，質的にも向上させると同時に，一般性のある，彼自身のボキャブラリーとしてではない，建築および都市の基本的要求を明示する道具にしようという努力をしている。彼の方法がオーソドックスな着実な発展をすればわれわれの共通な基盤となりうるであろう。

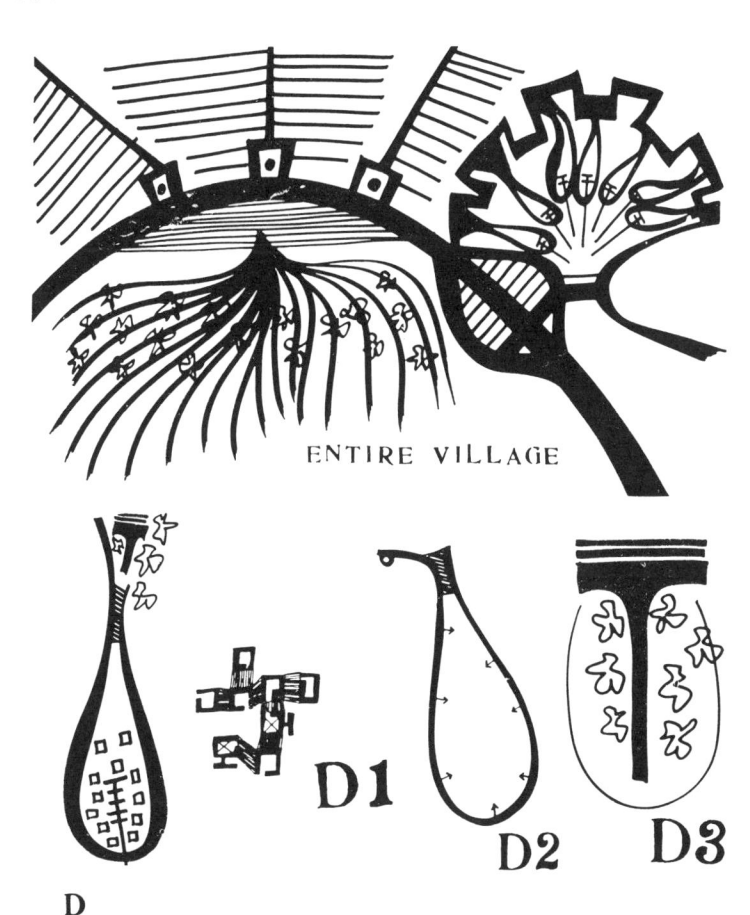

ENTIRE VILLAGE

D   D1   D2   D3

インド村落の分析・構成ダイアグラム

NAU

　NAUは，日本建築文化連盟（1946年結成），日本民主建築会（1946），住宅文化協会（1946）等，戦後まもなく結成された諸団体が合流する形をとる。日建文は元来ドイツ工作連盟を模してはいたが，その実，大政翼賛会まがいの日本工作文化連盟（1936）の若手の集まった組織で，それに対して民建や住文協は創宇社，新興建築家連盟，MAVOが団結した建築科学研究会（1932），それに続く青年建築家クラブ（1933）の生残りの集まりであった。したがって，「人民の建築文化の創造」（NAU綱領1）「伝統の正しい批判および摂取を基礎とする科学的建築理論を確立する」（NAU綱領3）というあいまいなスローガンのもとに，多種多様なイデオロギーが束ねられ戦後の民主主義の熱のなかで1947年6月，700人近くの建築家により，NAU（新日本建築家集団）は結成される。

　1か月前に戦後第1回の総選挙があり，同じ6月に片山三党連立内閣が成立している。人びとは自力で焼跡に住宅を建て始め，そのブームの頂点のころでもあった。建築家は，そのエネルギーを讃美はしたが明らかに立ち遅れていた。NAUの議題はそうした状況を反映して，西山夘三の戦前からの研究が軸となって「大住宅の否定」「婦人の解放」「家事労力の軽減」「居間・食事室の重視」等がのぼり，一方では浜口隆一の「ヒューマニズムの建築」，今和次郎の「住生活」が発刊されて論争を起こしたが，占領軍宿舎の全国建設で自活した事務所が多かった。

　第2回総会（1948年7月）は高山英華を，1947年の第3回総会では今和次郎を委員長に選出する。この時期共同設計体制をとって全造船会館，新日本文学会館，全銀連会館等の労働組合会館の設計をする（同時に近代主義者と社会主義者の論争も盛んになる）。

　1949年は中華人民共和国が成立し，アメリカの核独占が破られる。第4回大会は翌年1950年5月に開かれるが，翌月朝鮮戦争が始まり，レッドパージの嵐が吹き始め，逆にビル・ブームや住宅ラッシュで仕事が忙しくなるにつれてNAUは後退し，1951年6月の第5回大会は運動方針をめぐり，新幹事会を設け高山英華を委員長に選出するが，結論を見ぬまま52年には，東京の組織は崩懐し，NAUMは2号，NAUニュースは31号で終わる。大阪支部は続行され，NAUの部会は，農村研究会等の形で残り，その後のLV研究会，PODOKO，ソビエト建築会等の研究組織に分かれていく。NAUはその結成当初から内部にさまざまなイデオロギーをあいまいにかかえることにより，解体する種をもっていたのである。

社会と建築と建築家

naum 2

新日本建築家集団編集

1951年 NAU の機関誌 NAU M は 2 号をもって終わる

中廊下

　日本の伝統的住宅が縁という動線部分と、障子・襖で仕切られた無限定な開放的部分の組合せで構成されており、各部屋の独立性は精神的な、または別棟などにより全体を分離させること、または各部屋すべてを明け放すという逆用等によって獲得していたことは長い伝統の所産であった。

　こうしたプランニングの方法や空間構成は日本の近代化に伴って当然新しい変革を要求され始め、特に明治維新後の応接間としての洋室の付属と、その大正期での定着化と同時に中廊下式ともいう型を生み出してきた。

　洋間がおもにステイタス・シンボルであり、大正期にはいっても文化人の中流以上のシンボル的位置を占めていたのに対し、中廊下式住宅は一種の生活要求としての所産であった。新しく生まれ始めた中産階級の住宅が一方で小規模化の方向をたどりながら、一方で旧時代特権意識と新しい個人主義的な生活性の要求という背反した状況の中で、中廊下という動線部分を家の内に取り込むことで、各室相互のプライバシーをそれなりに確保し、平面計画上の機能分化を明確化しえたことは、日本の住居史上近代化の第一歩であった。日本の近代化が定着化し始めた大正12年の関東大震災以後、この形式の住居が大きく普及し始めたことが、この事実を物語っている。

　もちろん西山夘三氏の言うように、逆にこの中廊下により各部屋が寝室に転用される可能性を持ち、同居居住・間貸しに便利な住宅を造り出し、居住者の住生活を圧迫する手法として使われたことも否定できない。もともと住居の小規模化の内で生み出された手法であったからでもある。

　小規模な住宅という潜在的な日本の住宅事情とか、その現実投影性の強さがこの平面形式の普及化の基盤となっており、第二次大戦後の、いわゆるモダン・リビングの内にも定型として強く存在している。1956年の住宅金融公庫青図集の内で最も良く売れている平面が、全室畳敷きで中廊下である事実がこの事情をよく物語っている。

　もちろん性急な観念的な改革論者によるモダン・リビングが廊下の廃止を叫び、逆にこれによって居間のホール化を招き、廊下の存在が再び呼び起こされるという産物もあって、現在の小住宅設計は本当の意味での定着はしていない。アメリカを中心とする住宅の小規模化の方向の中で中廊下が動線だけでなく、収納部や多用途室と併用されながら再び登場しているのをみていると、小規模住宅の必然的な方式としての中廊下がもう一度評価し、確認される必要が感じられる。

坪数　二十三坪

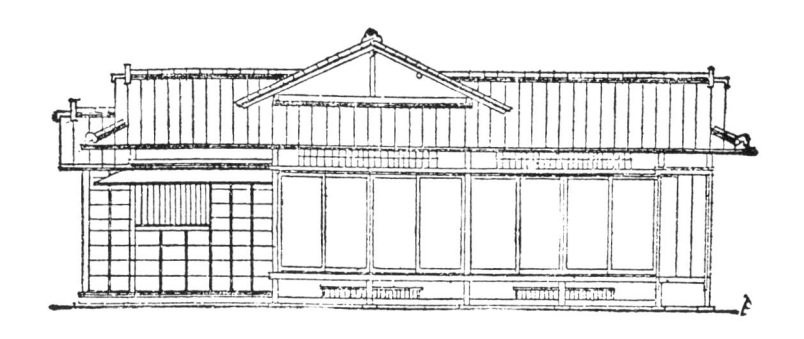

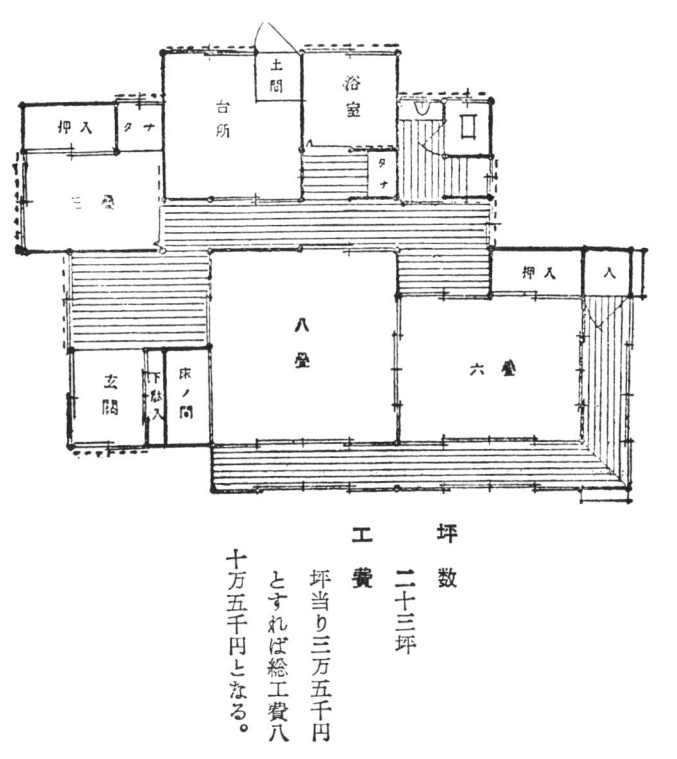

工費　坪当り三万五千円とすれば総工費八十万五千円となる。

昭和29年発行"30坪以内理想の小住宅および茶室"より

2DK

2とは寝室が二つのこと、DKとはダイニングキッチンのこと、つまり2DK＝ダイニングキッチン＋二つの寝室のある住居単位を示す住宅公団の分類用呼び名である。

同じ呼称で3DK、2Kなど、種々なタイプがある。最も建設戸数の多いのは、55-4N、2DKの13.0坪から14.18坪のユニットである。

住戸内部の平面は、食寝分離の項（→p.114）で示したとおり、極小ともいえる狭さと架構や工法の経済性の中で、食寝分離を可能にするためのダイニングキッチンと寝室専用室と居間兼寝室の三つの居住部分からなっており、2DKという公団内部の呼称が一般化している事実が示すように、社会的に承認された住宅平面または規模パターンの一つの型として定着してしまった。

初期の13坪の規模は政策的に与えられた課題であり、その前年であった公営住宅の12坪に1坪が付加されたものでしかなかったが、ここで13坪という広さが、2DKという概念の一般化と同時にあきらめをこめながらも承認され、定着化してきた事実を重視しなければならない。

確かに民間の賃貸アパートの6畳1間や4.5畳1間に比べれば庶民の夢であり、また年間2万戸の建設戸数公約と予算規模からいえば仕方のないことなのかもしれないが、これが国民住居であると主張しうる人間たちのための住まいでないことは、明らかな事実である。

もちろん公団自身1戸当りの予算増の努力を続けてきており、65年には全戸数の50％が3K以上の住戸になっているとおり、広さへの向上は見られるが、基本的には日本の住宅政策がまず戸数の不足を充実せねばならない公約上の数字にとられている限り、この問題は残るだろう。

公団自身が指摘しているとおり、同じ公営住宅で、アメリカやイギリスの1/2 という面積で、居住予定人員より少ない居住者の場合、なんとか住めるという現在の狭さは、日本経済の現象からくる住の低下の母胎となりかねない。

住宅産業が花やかにうたわれ、マンションが続々と建設されても、前者がアパートに愛想をつかし、プレファブ住宅に走り、後者が分譲公団型の狭さに止まってしまう最大の基盤は2DKという定型を打ちたててしまった公団型住居パターンの規模と型にある。

日本人の住意識が変革し耐久消費財が増加したからではなく、本来極小であるものを定型として今日まで押しつけてきた政策の結果が、爆発しえないでほかに飛び火しているのだ。

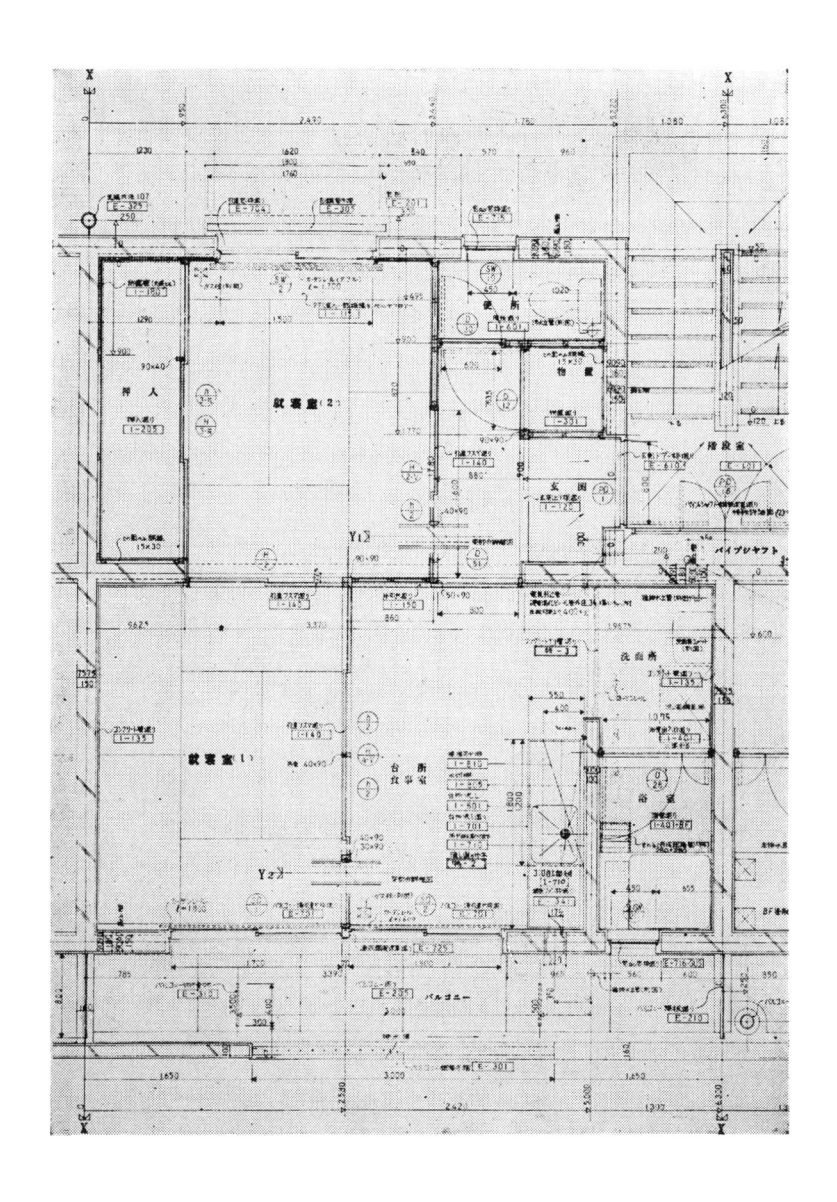

日本住宅公団2DK住戸施工図

日本の都市空間

都市の計画が一方でコルビュジエの亜流パターンであり，一方で区画整理でしかなかった戦前から戦後にかけての時期，アーバンデザインの理論の中に日本的な都市空間に関しての追求が行なわれる余地はなかった。

その意味で伊藤ていじ，磯崎新，川上秀光らによる「日本の都市空間」（建築文化1963-12）は，都市空間やその創造の日本の伝統的論理に関して触れた最初のものであるといってよい。ここでは都市の実態をフィジカルなパターンとして処理してきた従来的な方法から，人間のアクティビティを手がかりとして把握しようという立場に立ち，それを日本の都市形成のシステムの中に求めようと試みている。

方位・布石・天地人・真行草といった日本的な原理を実体概念を用いて説明する。千鳥掛・歪み・凹みといった技法によるアクティビティの現われ，座や演技，象徴となるとかサインになるとか，実体としての動きが行なう作用といった現象的な分析，ケース・スタディとして日本の都市におけるこれらの総合的な分析作業を行なっている。知覚された対象を逆に組み立てることによって都市空間を構成しようとする方法の展開である。

デザイン・サーヴェイがこうした分析の一方法として行なわれているように，アーバンデザインが数量操作からパターンや観念の展開の段階を経て生態学的な方向への歩を進め始めた最初のものといえる。

ここでは，日本的な都市の空間をシンボルの分布とアクティビティの母胎といった立場でとらえており，その限りにおいてはケベシュやカレンと同じなのだが，日本的という土着的な概念を基盤としているところに意味があった。伝統論争があれだけ盛んでありながら，結局建築の表現の問題としてしか収斂しなかったのに対して時代の変遷を感じさせる。

多くのデザイン・サーヴェイや，シンボル分布を指向する建築のデザイン，人間のアクティビティを中心とする都市の設計が，すべてとはいわぬまでもこうした研究を一つの母胎として生まれたともいえることは，システムや計測数量化だけがよいところであった都市のデザインの一つの進歩ということはできよう。しかしこの方法は危険度が大きい。主観的なイメージの世界こそ真の客観である，という認識は全く正しいのだが，逆にそれが悪用されるときの恐ろしさをわれわれは知っている。この立場の分析や研究がより系統的でシステマティックで生態学的な方法で続けられることが希望されるのは，ひとえにそれゆえなのである。

富士をいけどる江戸，駿河町通り

ニューブルータリズム (new brutalism)

　ある主張が喧伝されていく過程で，その原理が曲げられ，性格が変わっていく例は数多く経験される。第二次大戦後CIAMの巨匠たちが唱えた近代建築の教義はしだいしだいに定型化され，コルビュジエのユニテがLCCのローハンプトン団地のように，ミースのカーテンウォールがありふれたガラスのオフィスに変えられ，次の若い世代には耐えがたい状況を生み出していた。そこで彼らは「ブルータル」本来下手な大工仕事といった意味の形容詞に「ニュー（新）」という接頭語を冠することにより，ただファサードに気をとられている先輩たちへ逆説的な嘲笑をもって主張し始めたのである。したがって論理は表現上ブルータルである必要性よりも，20世紀初頭の近代建築の規範への復権が叫ばれたのであり，近代建築の流れを越えるものではなかった。基本的であることは決して奇をてらった独創性を意味するものではなく，実際的であった。主唱者スミッソン夫妻のハンスタットン中学校はミースのL.I.T.に範を求めているし，ニューブルータリズムがコルビュジエのジャウル邸を嚆矢とする説もある。

　つまりは建物が必要とする構造，素材，構成を見つけだし，それらを隠匿せずむしろ直接的に形づくることであった。したがって，P.ジョンソン，ミノル・ヤマサキ，丹下健三らに対抗したルドルフ，ルイス・カーンそしてミド同人までもが，ニューブルータリストに見えてくるのである。そして彼らの表現は打放しコンクリートとペンキ塗ほどの鉄骨の仕上げとディテールであり，ついには設備配管・電気配線までも攻撃的露出狂といえるほどに表現される。しかし構造の明確な表現，内部に相貫するデッキ，打放しコンクリート，れんが，スリットのガラスというボキャブラリーに裏打ちされると1950年代の建築表現の一種のムードに変身していく。ニューブルータリズムの論理的オルガナイザーであったレイナー・バンハムが，彼の著書「ニューブルータリズム」の副題に「倫理か，美学か」と疑問詞を付け加えなくてはならなくなる。

　スミッソン夫妻がエコノミストビルを建てたとき，そこにはあの攻撃的素直さといった表現すら見られず，むしろ，スターリングのレスター大学やアンドリウスのスカボロ大学に，ニューブルータリストの解決策が見いだせるし，かつてローハンプトンをつくったLCCのカンバーノルドの中心センターや，クイーンエリザベス・ホール等に現われたことは終末なのか，出発なのか，ニューブルータリズムの運動がはたして存在したのか判断しがたい。

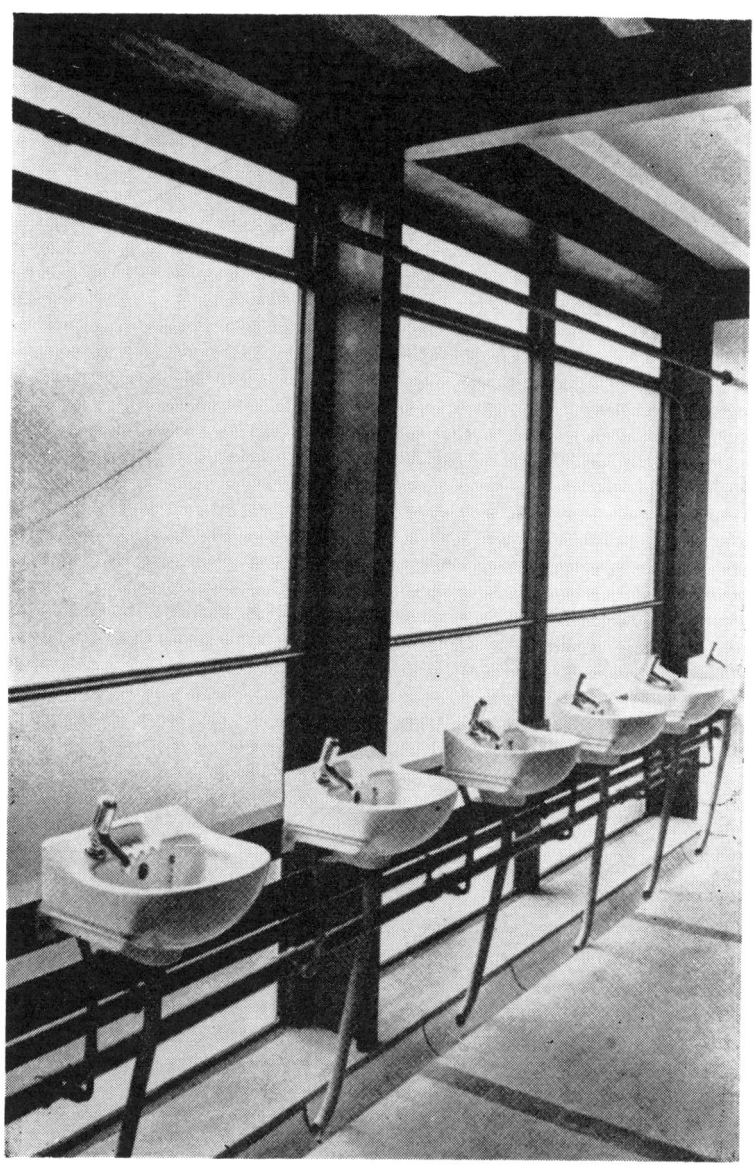

露出された構造，露出された設備　ハンスタットン中学校の水飲場

バウハウス (bauhaus)

　グロピウスが別々にあった工芸学校と美術学校をヴァン・デ・ヴェルデから受け継ぎ合併し，1919年に設立したのが「国立バウハウスワイマール」である。

　第一次大戦直後のドイツの表現主義的雰囲気のなかで戦前に始まったドイツ工作連盟を引き継いで合理主義をうちだしたグロピウスは，まず芸術とわざの統一，あるいは職人と芸術家という伝統的差別の排除を目ざし，技術的なものと芸術的なものを同等に教えるようなシステムを目ざした。機械は，あくまでも創造力あるデザイナーの意志に対して，補助的な役割を果たさなくてはならないという考えをもっており，機械による大量生産というシステムについては，その原型となる典型 (type form) をつくるための訓練が行なわれた。しかし，創立当時は技術は職人が教え，理論はJ. イッテン，G. マルクス，L. ファイニンガー，また少し後にクレー，カンジンスキー，モホリ＝ナギーといった人びとが担当していた。教育の内容は，石・木工・金属・ガラス・色彩・織物・陶器・壁画などの工作技術訓練と観察・表現法・造形などの形態教育とがあり，この3年間の工作・形態教育の前に6か月の予備教育があり，その後には「不可分の全体化の作業」として建築教育が行なわれた。

　このようなバウハウスも1924年保守政権の成立により閉校されてしまうのだが，1925年にはデッサウ市に招かれて市立の学校になり，グロピウスの手になる校舎が造られたのである。このときから卒業生，たとえばハンネス・マイヤー，ブロイヤーといった人びとが教授に加わり，教える方の工作・形態教育の分離が一元化された。またデザインに関しても，オランダのデ・スティールやロシアの構成主義の影響を直接，間接的に受ける。しかし1925年に出版された「国際建築」の中でグロピウスは表現主義・構成主義といった個別的な影響よりも科学的，合理的側面を強調している。そして1928年になって校長がハンネス・マイヤーに代わると，バウハウスは，より社会性を強調するようになった。これを左傾化として1930年にはマイヤーを市が免職にし，その後をミースが受け継いだが，1932年には廃止になり，ミースはベルリンで私立バウハウスを再建するが翌年にはナチが閉校に追いやった。そして多くのバウハウスに関係していた人びとはしだいにアメリカに渡り，バウハウス時代は終りを告げた。

　このようにバウハウスはたとえばフランスのボザールといったような過去からのつながりの上に立っている学校

と異なって，ラスキン，モリスのアーツ&クラフツの運動に根を持つ近代デザイン教育の場の実現として歴史的意味は甚大である。ミース，グロピウスあるいはジョージ・ケペシュ，モホリ＝ナギーを通して，K. リンチと現在のアメリカ建築の一つの流れを構成している。しかし他の表現主義，デ・スティール等のグループの運動のように一つの理念，一つの姿勢といったものをそこに見いだそうとしても多様な理念，多様な姿勢があったためにそれはできない。ここが一つの運動体・組織体としての興味深いところであるとともに疑問と教訓を引き出せる点ではないだろうか。

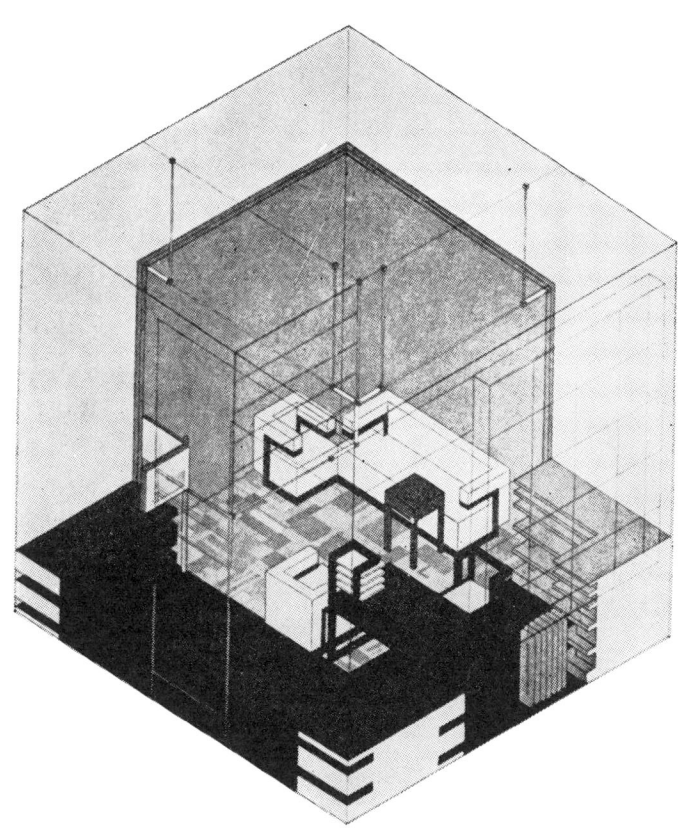

グロピウスによるワイマール校舎事務室計画

パースペクティブ・ビュー (perspective view)

　見る位置によって物の形が変わることへの理論づけは，ギリシア時代すでに考えられていた（ユークリッドの光学理論，ヴィトルヴィウスの「建築十書」等）。15世紀初頭透視図法がフィレンツェの画家たちにより発見され，建築家は空間を捉える手段としてこの法則を重視した。1435年アルベルティは「絵画論」のなかで，「形は見る場所によって違い，視線は目を頂点とした視角錐をつくる。絵はこの視角錐を底面に平行な任意の平面で切り取った断面である」（黒田正巳訳）と述べ，平行透視図法を説明している。

　バロックの時期にはいると，ミケランジェロがシスティナ大礼拝堂（1512年完成）でヴォールトの天井面に，旧約聖書の物語を天井が高くなるにつれて人物を小さくし，ついには無限に広がる青空を描いたように，だまし絵（トロンプ・ルイユ）の技法が取り入れられベルニーニ設計のスカラ・レギア（1670）では，両側面の壁・床・天井までを先すぼまりにしてより奥行を深くみせているし，パラーディオによるヴェネチアのテアトロ・オリンピコ（1584）では舞台の上に7本の床・天井とも先すぼまりの通路をどの客席からも見渡せるように配置して，屋内の舞台を広く，深く見せようてしている。

　このだまし絵の手法は都市計画上もつかわれ，サンマルコ広場やカンピドリオ広場等では，建物を平行からずらして配置して，より奥行を深く見せたり，逆に平行に見せるようにされている。

　透視図法は一つの視点からみた光景である。そこでこれを利用して軸線の両側に有力な建物を配し，軸上の消点の位置にモニュメントをおいて，**都市を，よりシンボライズさせる技法**がパリ計画を初め，ウィリアム・ペンのフィラデルフィア計画（1737～53），レ・ランファンのワシントン計画（1789）等々，P.ゲデスが社会学・経済学の分析を都市計画の中心に据えるまで，18-9世紀の都市計画の骨子となる。

　ゴードン・カレンが「Town Scape」で，再び都市景観の問題をとりあげ，K.リンチやP.シールは日常体験を手がかりにして都市の視覚構造を分析する作業を進めている。そこでは都市の形態をシンボルに移しとり，その濃度を問題にしている。もう一つの方向はR.ヴェンチューリが考えるような**複合化した形態そのものへの位置づけ**である。そこにはバロック期のトロンプ・ルイユに近似した視点を感じさせるし，空間は人間が存在して感知されうるという本元的な問題とともに，それが分析的な計画に挿入されたとき，都市は新たな展開を見せるであろう。

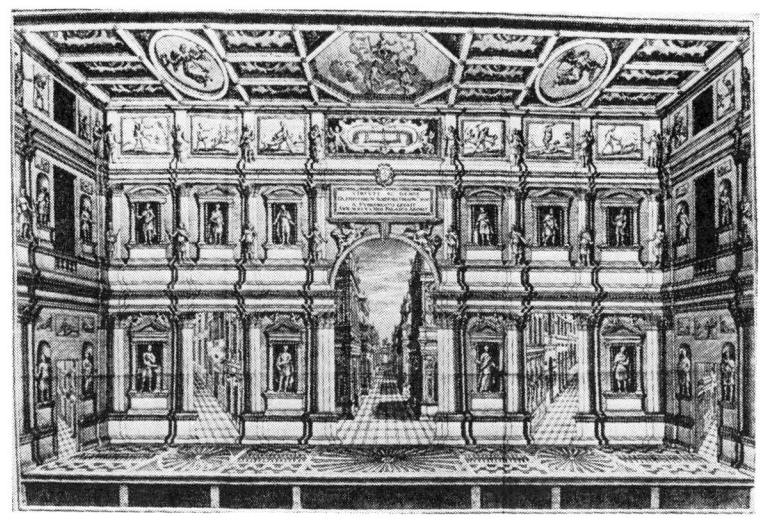

透視法の利用により奥行感を強調する　テアトロ・オリンピコ (1584)

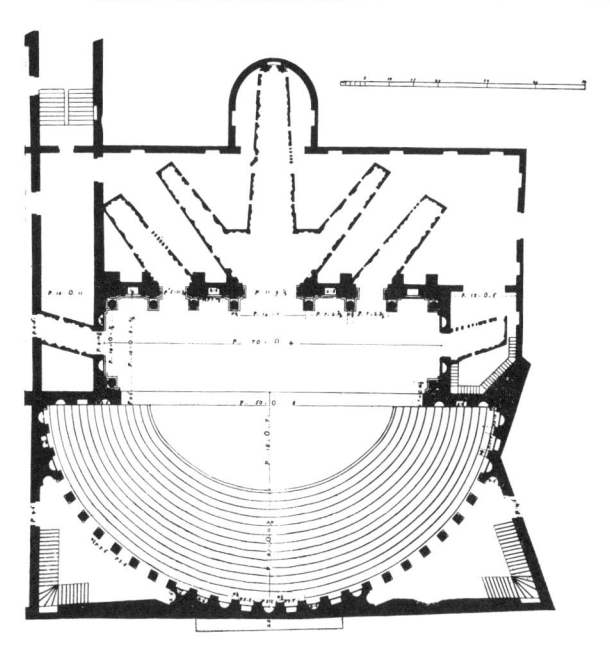

平面図

パルテノン（parthenon）

パルテノンは古代ギリシアの都市国家，アテネの守護神を祭った神殿で，アクロポリスの丘の上に彫刻家フェイディアスを総監督として造られた大理石造のドーリア式の神殿である。

この建物は，ローマ時代までは完美を誇ったが，のちにキリスト教寺院，ついでイスラム教寺院として使われ，1687年トルコとヴェネチアとの戦いのときに砲火によって破壊された。

この建築に対してコルビュジエは，「その完成の度合いは通常のものに比し，あまりに他を凌駕しているので，現時点ではパルテノンを見ても，ごく限られた感じ，予期された確証，機械的な感じしか得られない。しかしパルテノンの前に立ち止まるのは，それを見ることによって心の内の弦が共鳴するからだ」（栗田勇訳）と述べ，一方，F.L.ライトは「ギリシア人は臆面もなく石を侮辱した」という発言をしているが，これについて，B.ゼヴィは「最もすぐれた現代建築家がパルテノンの評価に関して対立しているとしても，それは一方がスケールのことしか考えていないのに対して，一方は内部建築の不在ばかり考えているからだ」（栗田勇訳）という説明を加えている。また山本学治は次のように述べている。

「ギリシアの神殿は石造建築の達成したひとつの極点だとされている。それが荷重を，支持という対立した力関係の均衡を石という素材の重さと耐圧性と硬さを借りて，それを用いて明白で単純な形式に表現したという意味では確かにそうである。けれどもそれは，石自体が不変に存在しうるあり方として，量塊的形態が持っている静的な安定を持っていないし，また，石自体の耐圧性能を最大限に発揮したヴォールト的形態の緊張した安定を持っていない。石造の，柱鄭と式の構造において，柱は石として安定したあり方であるが屋根の荷重と自重とをみずからの曲がりにくさで支えている鄭は，元来耐張性を，それゆえに曲げ性能を持っていない石としては不安定なあり方である。」（素材と造型の歴史）

パルテノンの特徴は，その彫刻的性質である。30.87m×69.51mの基壇と列柱，屋根（エンタブレチュア）によって構成され，その構成要素の一つ一つは彫刻家的な建築家によって形態的な美しさと全体的なまとまりが追求されているが，内部空間は単なる箱で人びとに使われることのない神域として閉ざされている。しかしこれはギリシア人が空間の意識を持っていなかったからではない。アクロポリスはパルテノンやエレクティオンなどによって，**静かで誇らしく美しい外部空間がつくり出されているのである。**

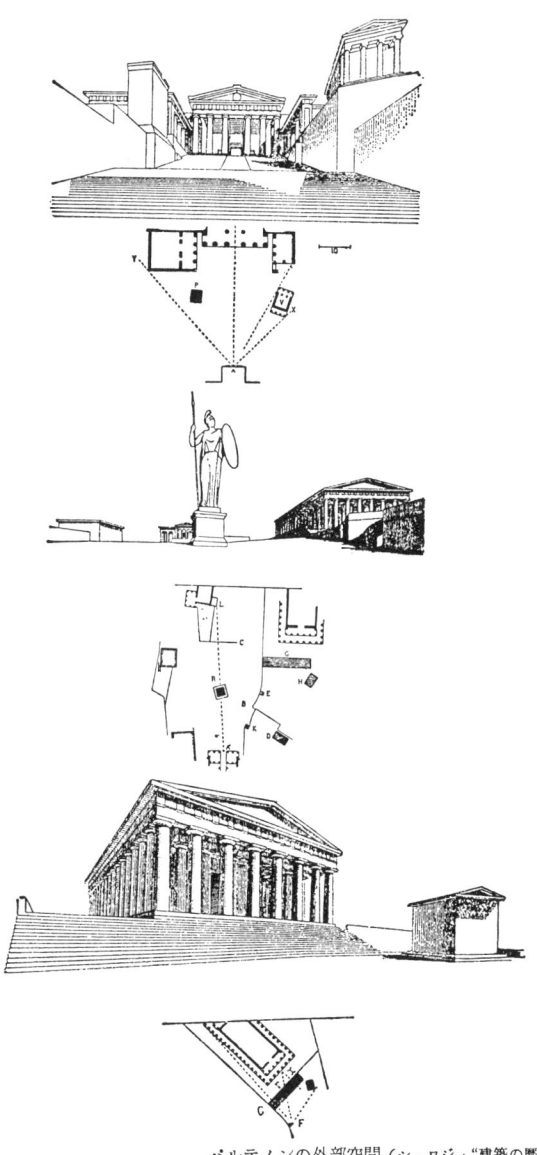

パルテノンの外部空間（ショワジィ"建築の歴史"より）

"はれ" と "け"

　近代に至るまでの日本人の歴史は，農耕を母体とした文化の上に築かれてきた。だから現代に至るまでの日本人の意識の底には，こうした農耕文化を基盤として発生した多くの習慣や物の考え方が存在してきた。このなかで，「はれ」と「け」の思想は基本的なものと言えるだろう。

　農耕は季節に大きく支配され，水田耕作を前提としていた。取入れ，田植えといった季節のリズムは，同時に村中あげての共同作業であり，こうした日は普通の日と異なった特別の日であった。この日が「はれ」であり，この日に着る衣服が晴れ着であり，餅やうどん，酒といった手のこんだ食物も「はれ」のための食物であった。日々の生活は普通の日である「け」と「はれ」によってリズムづけられ秩序だてられていた。このリズムは自然発生的なものから社会秩序化し，タブーとなり，この戒律を守ることによって秩序社会を遵守し体制化していった。こうした厳然としたけじめが，ともすればくずれやすい社会的秩序を守りぬいてきたし，それだけに両者の対比の大きさが生活に快い喜びを与えてくれるものとされた。

　この両者は，生活の空間に当然存在していた。そしてそれは農家にあっては座敷を「はれ」とし，他を「け」としている。

　こうした固定的なもの以外に，祭などのときだけ一時的につくられる「はれ」の空間もあった。村の鎮守様の境内や寺の本堂前の庭など，祭のときちょうちんが吊られ，紅白の幕が張られ，屋台が並び，笛・太鼓が鳴り響くことで「はれ」の場に転換する。芝居小屋なども本来はこうした一時的な催物の場としてつくられる「はれ」の場であった。

　この状況に応じて行為や空間を使い分ける手法は，現在でもわれわれの日常生活の多くの部分に残影を残し，日本的な習慣として理解されている。

　主産業としての農業の崩壊，都市生活者の増加といった社会的趨勢はこうした農耕時代のけじめを薄くし，忘れ去らせていく。これを古い良俗の崩壊となげく前に，都市時代に適応しうる新しい生活秩序の体系がつくり出されなくてはならない。農村の秩序を持ち込むにはあまりにも現代社会は巨大であり，新しい慣習が生まれるにはあまりにも新しい。

　しかし都市の生活や空間にも明らかに「はれ」的部分と「け」的部分があり，この生活空間の新しい認識，新しい「はれ」と「け」が意識されるとき，われわれの都市や建築はより豊かな生命を持ち始めるだろう。

"はれ"の銀座と"け"の銀座，歩行者天国

バロック

　ブルネルレスキに見られるルネサンス建築は，ギリシア・ローマの古典的様式をモチーフとし，それを自由に用いて，明るく優雅で，人間的な建築を作った。個性から出発したルネサンス建築も，古典＝人間的と理解され，古典的モチーフの単なる組合せとして伝播されアカデミックなものとなり，記念性と完璧な法則に仕立てられた。そのとき，この法則にミケランジェロは反逆的態度をとった。

　後期ルネサンス以後，16世紀末までをマナリズムと呼び，過去の法則を破った独創性と過去の特に後期ルネサンスのモチーフの意図的な使用という二つの意識的な態度が見られる。ミケランジェロは建築を彫塑的に見なし，様式の秩序づけではなく，人間の精神的表現としてダイナミックに発展させ，自由な表現としての建築の道を開いた。これはバロックの精神に直結するもので，彼はバロックの父と呼ばれている。彼の態度は「ラウレンチアナ図書館前室」によく表われ，またブラマンテの設計したサン・ピエトロと彼の変更したものの違いによってわかる。

　バロック建築はルネサンスの発展とそれに対する反動を含んでいる。ブルーノ・ゼヴィは「バロックは空間的な解放であり，規則からの，因習からの，初等幾何学からの，また静的状態からの解放である。それは，シンメトリーからの，そして内部空間と外部空間という対立概念からの解放であった」（栗田勇訳）と創造的な自由意志を強調している。たとえばボロミーニの聖カルロのように，因習的なプランから自由であり，建築をえぐり出された彫刻的なものとしている。うねった楕円の合成されたプランは，空間に揺れとゆがみを感じさせ，そのダイナミズムはゴシックの2方向性のそれとは異なっている。バロックの建築は動き回る人間の直接的体験として，あらゆる装飾や手法を使って造られている。また外部と内部の対立概念を解消させている。パラーディオのパラッツオ・キエリカティのコロネードは相関性を示しているし，ヴィラ・トリッシーノの建築は自然の中に腕を伸ばしている。それは，対称軸と変化とヴィスタ（透視画的効果）の手法を持った数多くの広場へと発展する。

　ミケランジェロの弟子ヴァサーリのヴィラ・ジュリアは軸線上のヴィスタを楽しむように設計されている。その発展は，ベルニーニ設計のバチカン宮殿の大階段スカラ・レジアやヴィセンツァのオリンピア劇場の舞台の劇的に誇張された立体的なヴィスタに見られる。

　ルネサンス建築が単一の秩序と均衡

で，全体から細部まで支配されているのに対して，バロックの均衡は，部分部分の自由奔放な主張から成立している。歴史家は，バロックの創造的意志の自由さ，空間のダイナミズムには賞讃をおくるものの，部分と部分，部分と全体の矛盾には眉をひそめる(たとえばラウレンチアナ図書館前室の階段は不均衡に大きすぎるなど)。これは近代建築理論によれば当然のことであるが，R. ヴェンチューリは著書のなかで建築が本来的に複合(コンプレキシティ)と対立(コントラディクション)を持っているものとして指摘し，バロック建築にその両義性を見ることで理解しようとしている。

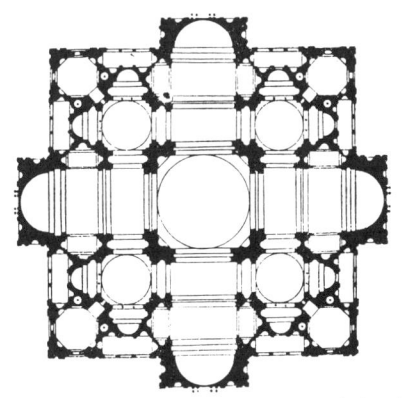

ブラマンテ案のサン・ピエトロ寺院の平面

現在のサン・ピエトロ寺院の平面

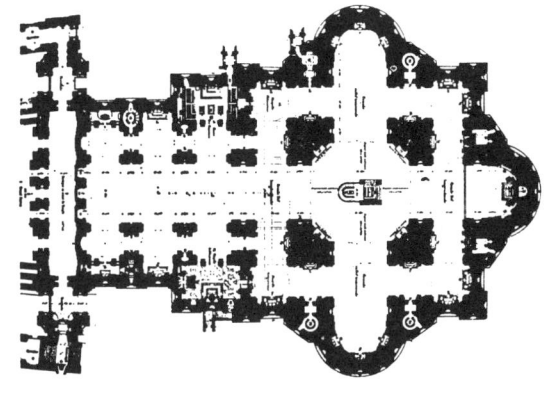

万国博覧会（EXPO）

16世紀から17世紀にかけての大航海時代を過ぎて，ほとんど大陸の輪郭は明らかにされ，一方18世紀以降工業文明をもって，新大陸にヨーロッパ諸国が進攻していく。探検の時代を終わらせ，万国博を開かせたのも工業技術の発展にあった。

1851年ロンドンで第一回万国博が開催される。このときのジョセフ・パクストンによって建設された水晶宮（クリスタル・パレス）が，プレファブで建てられたこと，鋳鉄であったことは，万国博が工業文明の祭典であるあかしであり，初期の万国博は鉄の歴史と一致もする。そのことは一方では，ヨーロッパ諸国の国威発揚とも当然結びつく。1867年パリ万国博は，第1回ロンドン開催に対抗して，ナポレオンⅢ世の手で行なわれた。このパリ博ではすでに同心の楕円を放射状の通路に区切り，産業別展示と各大陸を分け，万博が都市のモデルという概念が生じている。

工業技術の発展が発明ということならば，1886年パリ万国博のエッフェル塔とエジソンの映画をもって終わる。次の1893年シカゴ万国博では，都市計画が明確に打ちだされる。D. バーナムと，J. W. ルートによって建物の軒高の一致，木造，様式は古典主義，原則として無彩色，白じっくい仕上と決定され，「白い町」が計画される。この結果，シカゴ派はニューヨークの折衷主義にとって代わることになる。もう一つシカゴ博が町の発展すなわち，あからさまに商業資本と結びつく最初であった。

こうした結果，万国博の規模は増大し，1900年のパリ万博ではエスカレーター，1904年のセント・ルイス博では鉄道と船が広大な敷地のなかを走り，1928年万国博覧会条約が締結される。万国博はさまざまな美名のもとに「アメリカ独立宣言100年記念（1876，フィラデルフィア）」「フランス革命100年記念（1889，パリ）」等々，そしてムッソリーニ政権10年記念の1942年ローマ万国博のように開催されてきた。

そして，工業技術の革新が過渡期を迎えたころ，すなわち1958年のブリュッセル博の「科学文明とヒューマニズム」を境に抽象的なテーマが打ち出される。続いて「宇宙時代の人類（1962，シアトル）」「理解を通じての平和（1964，ニューヨーク）」「人類の進歩と調和（1970，大阪）」，このことは万国博が科学文明の展示ではすまされぬ事実を物語っているし，つきつめれば万国博そのものでは示威できぬところにきているのではないか。

エッフェル塔や水晶宮はともかく，サリヴァンの交通館（1893，シカゴ）やコルビュジエのエスプリ・ヌーボー館

(1925, パリ)は当時注目されなかった。シカゴの万国博は将来の都市を語り，1939年のニューヨーク博以来，未来という概念が打ち出されたが，サリヴァンやコルビュジエのように，当時注目されなかった物にその時代を語るべき物があることは，テーマとしての「未来」のお粗末さを表わしている。

第1回ロンドン博の前にチャーチスト運動が起こっていた。しかし現在万国博がかかえている問題は，万国博そのものがかつての展示による教育の場でもあったことと比較して，テレビ，ラジオ，デパートといった情報の洪水のなかでなにも語ることができなくなったということである。

シカゴ万国博覧会における交通館／ルイス・サリヴァン

P.S コンクリート (prestressed concrete)

R.C を曲げ材として用いるとき，原理的にはコンクリートが圧縮力を負担し，鉄筋が引張力を負担するわけであるが，引張側にあるコンクリートはこのとき鉄筋をつなぐだけの役目しかせず，しかもコンクリートの引張強度は圧縮強度の10～15％にすぎぬため，自重によりひび割れを起こす。そこでこの部分にあらかじめ圧縮力を加えておくと，引張力を受けたときたくわえられたプレストレスにより抵抗する。そのために高強度鋼を使用し，引っ張ったままコンクリートに定着する。この工法により鋼の引張力がコンクリートのなかに圧縮力となってたくわえられ，引張部分にあるコンクリートも抵抗して圧縮力として働き，材としての自重もその分が軽くなり，細くすることができる。

この原理はR.Cをモニエが1850年に発明した36年後にはすでに試作が行なわれたが，実際上は1926年フレシネが設計した Plougastel 橋が最初で，1930年には吉田宏彦により「鋼弦コンクリート」として紹介され，1951年に御祓川の長生橋に実用化されている。

P.Sの原理は早くから注目されてはいたが，その原理が実用化されなかったのは，材料の開発が遅れたためともいえる。なぜなら高強度鋼（R.C用鋼の3～10倍の強度）と高強度コンクリート（R.C用コンクリートの3～10倍）を必要としたからで，このことはさらに部材の自重を軽くし，寸法を小さくもする。R.Cの50～60％の自重ですむ。プレキャスト工法に併用されて精度，強度の向上とともにその薄い形からますます使用されるであろう。

プレキャスト工法による工場生産，組立方式などに結びつくことにより，工期短縮，経済性などの特性によってまさに「構造体の工業化」という新しい面を切り開いた方法でもある。

P.Sの方法は，テンションを先に与えるか，あるいは後で与えてやるか二つの種類がある。前の方法はプレテンション法と呼び，コンクリートを打つ前に鋼材を引っ張りコンクリートが強度に達したときに引張力をゆるめる。鋼材の引張力がコンクリートの付着力によって移って，プレストレスをたくわえるのである。後の方法はポストテンション法と呼び，コンクリートを打ってある強度になったとき，直接鋼材を引っ張ってプレストレスを移動させるのである。この場合は鋼材とコンクリートが付着せぬようシース（さや）をかぶせることが必要である。シェルやサスペンション，ニューマチックなどの構造とともに，大空間架構としてプレキャスト工法と併用し，発展するであろう。

メストレの倉庫におけるP.S部材の屋根版／アンジェロ・マンジャロッティ，1962

被サービス空間―サービス空間 (served space-servant space)

　ルイス・カーンの作品には「被サービス空間」と「サービス空間」の意識的な分離がみられる。ウェス邸やアドラー邸などの平面構成に明確に表わされ、リチャーズ医学研究所では、空間がおのおのの構造と表現を与えられ、ソーク研究所ではその断面でわかるようにその考えが構造のなかに統合されている。カーンにおいてこの概念は、霊感を通して見つけ出されたフォーム（形態）がデザインの段階に具象化させるときの一手法となっている（→p.64）。

　リチャーズ医学研究所は、科学研究所とは仕事場であり、呼吸する空気は棄てるべき空気と混じってはならぬという具象化の認識において構想されている。つまり「この大学のために、私はすべての人間が自分自身の世界で働けるような、三つの研究室塔を設計した。この塔における各研究室は、それぞれ避難用の付属塔と同位元素を含んだ空気や細菌に冒された空気や有毒ガスを放出するための排気用付属塔とに結びついている」（山本学治訳）とカーンは言っている。

　「被サービス―サービス空間」の分離とは、人がその建築の目的とする空間とその空間に対してサービスをする空間――それはおもに設備、施設空間である――とを明確に分けて考え、おのおのにふさわしいスケールと表現を与えるものである。それは目的とする空間の充実と不可侵による独立性を獲得するためのものなのである。

　しかしレイナー・バンハムが「カーンが彼のサービスダクトに課したこのモニュメンタルなスケールは、必ずしもその作用の性質に固有なものではない」（中真己訳）と言っているように、この医学研究所において、サービス空間の表現（ダクトのタワー群）は、建物全体を支配するほど圧倒的なものとしてこの建物を形造っている。

　実際、タワーは物置になっており、主空間はサーバントのように区切られている点、この建物は論理の成果でなくカーン独特の形態の感覚の産物なのである。

　「被サービス空間―サービス空間」の概念は「主空間―従空間」とか「目的空間―非目的空間」とも言われ、現在ではプランニングの一般的概念となっている。しかし被サービス空間の独立性の獲得から発したこの概念は、カーンのリチャーズ研究所やスターリングのレスター大学の形態的部分のみ強調され、「建築はそれぞれの目的にふさわしい空間と形態を持つべきだ」というスローガンのもとに、サービス空間である設備施設の構造的分離と露出という現代建築の一つのスタイルとしてすりかえられてしまっている。

ソーク研究所　初期案

ソーク研究所　実施案

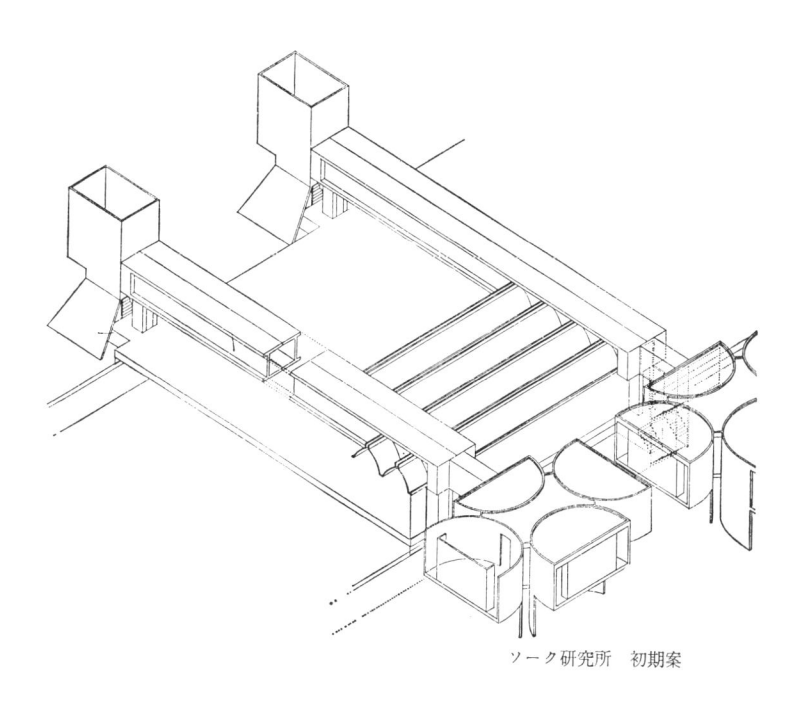

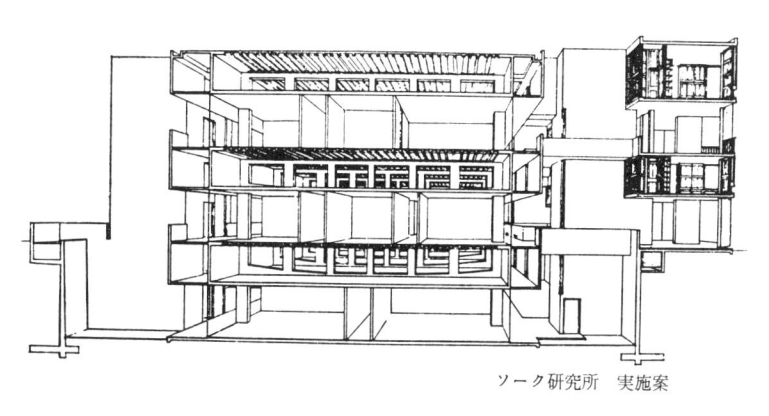

リチャーズ医学研究所での垂直サービスダクトがソーク研究所では水平にも展開し，構造システムともインテグレートしている。

尾州檜（びしゅうひのき）

　尾張藩の藩有林であった木曽谷産の檜の呼び方。紀州・尾鷲産の檜，秋田杉や屋久杉などとともに日本の伝統的な構築素材の上質材として産地の名を冠して評価したなごりである。

　これらの上質材は，その地方独自の木材をこえた全地方的な建築の素材として扱われており，日本の建築の一つの母胎であったと言っても言い過ぎではない。日本の木造建築は，これらの木の特質を利用して構築し，組み立てられ，仕上げられていった。和小屋の構造にしろ，複雑多様な多種の仕口，納まりや障子，建具類の形式，桐だんすなどの家具に至るまで，すべて材が持つ強度・弾性・重量・加工性・吸湿性，その他の性質が素直に受け入れられ洗練されて築き上げられてきたものであった。

　このような地域と土壌が生み出した建築の形式は，アッシリアの日乾れんが，ギリシア，ゴシックの石造，ローマ，ヨーロッパのれんが等と同じ反応の型であり，同時にそれは逆にその地域における空間の受取り方を決定してきた。

　尾州檜の四方柾の柱は，最も格式の高い部屋に使われるものであった。であればこそ飛驒の高山では禁木であった檜を漆で塗り隠してまでも，富裕な町人たちは住家に使おうとしてきた。

　こうした工芸の素材的な，またシンボル的な扱いをされてきた日本の木材も，木材以外に建築材を知らぬげな濫用と，戦時中の無計画な伐採により，いまやストックを失おうとしている。日常的な素材であった杉は，すでに10年ほど前よりラワンに切り換わっているし，檜・けやきなどは銘木化しつつある。

　日本の建築の主体が木造以外に代わったのは1950年代であったが，ほぼ同時に外材が内地材にとって代わった。米檜・スプルス・ラワン・アピトン等。弾性，強さ，もろさ，あばれ等，内地材と異なるこうした外材の普遍化は，日本固有の木材固有の性質を基盤とした伝統的な構法，仕口，納まりの意味を薄くしてしまった。

　こうしたなかで，慣れ親しんできた歴史的心情や，風土に育ったもの特有の材質的土着性から尾州檜を代表とする日本の上質材は，日常的な構築用材からシンボル的な造作材，仕上材へ転化していこうとしている。

　その意味で木材王国であった日本は，すでに古くから木材生産国であることをやめたヨーロッパ諸国と同じ方向をたどる新しい時点を迎えている。

　木材の伝統にあぐらをかいて安易な用法を繰り返し続けている限り，日本の木の建築は滅びるだろう。

いまや仕上材である檜を構造に使った天文学的工費の工芸品

表現主義 (expressionism)

1900年を過ぎたドイツで社会的な動揺やその後進性を背景として，音楽・映画・絵画・建築などの分野で表現主義と呼ばれる傾向が明らかになっていく。絵画においては，「青い騎士団」（カンジンスキーなどがつくっていたグループ）や「橋」などが，グループとして明確に形づくられるのだが，建築においては多くの建築家が一時期，表現主義的な傾向に同調したが，表現主義建築を主張した人はほとんどない。

表現主義的建築の最も早いのは，P.ベーレンスの AEG タービン工場 (1909) で，この後H.ベルツィヒのポーゼン (Posen) のウォーター・タワー(1911)，ルーバンの化学工場(1911～2)，B.タウトのヴェルクブントでのガラス工業館 (1914) などがある。この流れは大戦で一時中断されるが，ドイツの敗戦後再び，その大きな精神の動揺や昂揚は引き続いていた。

第一次大戦後のドイツの文化は政治的背景を強く持ち，アヴァン・ギャルドたちは進歩的政治集団と強く結びついていた。戦争前のアナーキスト・グループを引きついだ「11月団」は1918年から20年にかけての代表的存在でタウト兄弟，ベルツィヒ，ヒルベルザイマー，グロピウス，メンデルゾーンらがそのメンバーだった。彼らはそこで建築を社会の水準を引き上げるための直接的な道具であるという考えを表明していた。しかししだいにメンバーがふえ，1925年に名称を「デル・リング」と改めフーゴー・ヘーリングが書記となったころには，多くの会員の意見は多様で統一のとれないものになっていった。こうして観念的な合理主義，あるいは社会に対する参加が現実とぶつかりあって崩壊すると，人びとは大きく二つに分けられる態度を示した。それは合理主義をこえようとする有機性であり合理主義を逃避する幻想性である。当時創立されたバウハウス (1919) も初期にはカンジンスキー，ファイニンガー，クレーといった表現主義的な傾向を持つ作家が多く参加，ミースはガラスのスカイスクレーパー (1919)，R.ルクセンブルクと K.リープクネヒトの記念碑(1926)，グロピウスは戦争記念碑(1922)，イエナの劇場といった作品をつくりだしている。またバウハウスとは離れた所でも，ベルツィヒのザルツブルク・フェスティバル劇場計画案 (1920～1)，ベーレンスのヘヒスト染料工場 (1920～5)，メンデルゾーンのアインシュタインタワー (1920)，フーゴ・ヘーリングの幾何学的形態であるが有機的構成を持つガルカウの農場 (1923) などがあり，またオランダのアムステルダムでも M.ド・クラークを中心とするグループがアイゲンハー

ド住宅地 (1921) などで地域的材料を用い，童話的な造形世界をつくり出していたし，これらとは全く関係を持たぬ地点では，思索家のR．シュタイナーがゲーテに捧げた「ゲーテアヌム」(1925～8) をつくっている。しかし，1933年，ナチス政権成立という政治的背景に加えて，近代建築の指導者の間でも表現主義的―有機的傾向の建築が評価されなくなり，その初期のエネルギーを失ってしまう。

表現主義的な作品の持つ傾向の幅は非常に広く共通な考えを見つけるのは不可能に近いが，近代文明の論理的——合理世界を否定する有機性，不合理性，未知の世界に対するファンタジックな憧れといったものを，その基盤に持っていると言えるだろう。

P．ベーレンスのガス工場 (1911～2)

ピロティ (pilotis)

ピロティ，つまり独立柱が近世の建築に出現するのは，建築材料として鋳鉄がかなり大幅に使われ始める1800年以後で，大スパンの必要性に対応して，あるいはトップライトをつくることと結びつきながら，細い独立柱が使われている。このタイプの代表的なものには，ジョン・ナッシュのブライトンのロイヤル・パビリオン接見室，厨房（1818～21），ラブルーストの聖ジュヌヴィエーヴ図書館の中央ホール（1843～50），G. エッフェルとボアローによるボン・マルシェデパート（1876），あるいは V. オルタのタッセル街の住宅（1893）があげられる。

20世紀にはいるとピロティという言葉はコルビュジエによって近代建築の五原則の一つとしてとりあげられ，単に建築の個別的な表現としてでなく，近代建築のボキャブラリーとして定着した。初期のコルビュジエはそれまでの建築との相違を明確に表現するために，建築を大地からとき放つと同時に，彼の都市の対するスローガン「太陽と空気と緑」を実体化する道具として，「300万人のための現代都市案」や「輝ける都市」，プロジェクトや初期の住宅ガルシェ邸，ワイセンホーフ・ジードルンク，サヴォア邸などから晩年に至るまで使われている。それは空間の立体化（人工地盤化）を計り，ガレージ，収納スペースあるいは庭として雨天でも利用できる外部空間をつくり出し，またプライバシーを高めたり，通風採光なども可能にするだろう。サヴォア邸ではピロティが非常に細く，建物のアウトラインに沿っていて，しかも1階の壁が濃いブルーに塗られているために，大きな白い箱（ボリューム）が細い柱によって支えられているといった表現が完成させられており，またパリの大学都市に建てられたスイス館（1930～2）では，個室を収めた版状のマッスが建物の中心にある非常に太いピロティによって支えられ，1階は完全に吹き抜けであり，地上レベルはテラスに使われていて，マッスが空中に浮いているといったものである。これらはピロティの表現の二つの典型を示している。こうして一般化されたピロティは，アーバンなボキャブラリーとして他の多くの建築家に直接，間接的に影響を与えている。アメリカのレヴァハウス，シーグラムビルといった都心に造られた高層ビルの地上まわりでも，ピロティというボキャブラリーが使われており，また日本でも戦後，広島ピースセンター，東京都庁舎，丹下邸あるいは神奈川県立美術館，スカイハウスといった作品で用いられ，現在では，世界的に定着したボキャブラリーになっている。

2,000トンの上部構造を支える　マルセイユのユニテのピロティ

広場（plaza, piazza）

　文字どおり人が集まるための広い場であるが，都市の歴史においてはそれ以上の意味を持ち続けて来た。古くはエジプトやマヤから現在に至るまで。基本的には儀式・集会の場として発生し，つぎに市の場として定着化した。市の場として人が集まることによって得られる対人接触が，より高度の広場の機能を生み出す。交歓し，集会し，議論し，政治を決定し，といった段階で広場の位置が定まってくる。ギリシアのアゴラからローマへの移行はこうした初期の広場の段階であった。ローマの末期，そこは市の場であり，神殿の前庭であり，凱旋する軍隊を迎える場であり，アフロディテ女神のあやしげな儀式にわく場であり——市民生活の華がくり広げられる場であった。こうした市民の要求を自然に受けとめるよう構成されたのが，中世ヨーロッパの広場である。多くは支配者または自治体としての市庁と，天上の権力者である教会の二つに面し，ときには別個に構え，ときには連絡し合う。市民の意識がこの一つに結集されていることを空間的に具体化したこの広場の空間は，中世ヨーロッパの都市設計の最大の焦点であった。

　そして権力が市民の自治体から専制領主に移り，中央集権化していく過程で広場は街路によって結ばれた拠点の一つになり，君主の宮殿や記念建造物をきわだたせ，軍隊を閲兵するだけのバロックの広場になってしまう。

　近代に至るまで市民の意識を発生的にせよ，政治的にせよ，凝集してきた広場は，都市設計における基本的なテーマとして考えられてきたし，広場を設けることが都市設計だという楽天的な方法論を生み出していった。

　グロピウスが第二次大戦後，ヨーロッパの復興に対してコミュニティの再建を唱えた際，結局は中世広場への讃歌と再現に落ち着かざるをえなかった事実や，日本の都市計画の多くが〇〇広場と称する場を作ることで，事足れりとしている事実が物語る。

　現実に近代以降の計画された広場が単なる観念的な場に終わり，空虚な存在でしかない事実を知る者にとって，現代都市が広場といった単一焦点によって存在しうるものでなく，多くのシンボルの分布や，見えない領域の広がりのほうが都市の意味づけに価値があるという説に同意せざるをえない。

　特に日本のように道としての「かいわい」(→p.48) が古い伝統を持ち，アーケード (→p.16) や商店街に広場的な場が結成されている風土において，物理的な広がりより実体的な場としての存在の追求が，明日の都市設計の一つの焦点となるのではないだろうか。

密集した家並みの中に切り取られた広場　ヴェネチア，サン・マルコ広場

フィラデルフィア――都市の歴史（Philadelphia）

　フィラデルフィアの歴史は1600年代の初めにスウェーデン人を先頭にオランダ人，イギリス人が移住して来たときに始まる。おもにクウェーカー教徒が多く，その移民者の一人ウィリアム・ペンが1682年にデラウェア川とシュイキィル川の間の 4.8 km² の土地に緑の多いカウンティ・タウンを造ろうという計画を発表した。それは長方形の敷地を十字にクロスする緑道で四つのブロックに分け，その中央部分におのおの四つの公園があるという単純なもので，それはほぼ同年代の1666年C.レンが大火後のロンドンに対する提案と比較しても明らかであるが，フィラデルフィアの都市計画の大きな特徴の一つは，このペンのプランが骨格として現在まで明確に影響していることである。フィラデルフィアは独立してワシントンが新しい首都としてつくられるまで合衆国の首府が置かれ，独立宣言もここで書かれたという歴史的な都市である。1840年を過ぎると鉄道が敷かれ工業が盛んになり，1865年の南北戦争以後，工業の労働人口の不足とクウェーカー教徒の寛容さとが相まって黒人が多数流入する。このため白人は郊外に流出し，町の古くからの中心をはじめ町全体を囲う，現在までも残る黒人の居住地の帯が形成された。そのうえ市の政治家はフィラデルフィアを周辺にひろげ工業を発展させることばかりに力を入れ，旧市内は放りっぱなしにしたため19世紀を通じこの市の大きな変化は，港をニューヨーク州やニュージャージー州とに結びつけるデラウェア橋と B. フランクリンパークウェイの建設のみである。

　第二次大戦後人口 350 万人となったフィラデルフィアはスラム・クリアランスと再開発に積極的に取り組み始めた。新しい市民たちによる都市改造は第二次大戦直後に，それまでの67年間にわたる一つの政党による腐敗した政治に対する変革への意志と同時に起こったもので，都市計画委員会がつくられ，R. ミッチェルがその委員長に選ばれ V. モルトケなど若いすぐれた人びとが参加して後に成功を導き出す重要な布石を行なう。1947年には Better Philadelphia（よりよいフィラデルフィア）展を開催し，模型や図面・写真で新しいフィラデルフィアのビジョンを提示し，これを見た40万人以上の市民たちに対して具体的な目標を示した。1947年に委員長の期限の切れた R. ミッチェルは E. ベイコンと交代する。ベイコンは，それまでの基本的な研究を1947年から1955年まで町の各所の主要な開発計画構想をつくるという仕事に切り換えた。1952年に Home Rule Charter が発せられ，決定権の州から市へ

の移行とフィジカルプラン作成の決定がされた。1955〜1960年にかけてコンプリヘンシヴ・プランとして基本計画が出版され,それは市域全体にわたる三次元的な再開発計画だった。現在この基本計画にそいつつ実際の建設も進行中であるが,1968年には建国200年祭を記念する万国博がこの都市で開催されるため,D. クレインらの新しい人びとが参加し,この都市をより良くする計画も進行している。

ベイコンは,デザインイメージと彼が名付けた三次元的な空間構成法とそのイメージを実行しなければならないという強い信念を持っている。彼のデザインイメージをベイコン自身がつくりだしたことは当然であるが,L. カーンが1953年以降たびたび出している提案からも,大きな影響を受けている。具体的には「グリーンウェイ・コンセプツ」であり「港のターミナル」およびこうした考えが生み出される考え方全体にである。またそこにはカーンのアイデアもベイコンが実際的に翻訳されなければ失われてしまったに違いないという相互性もみられる。

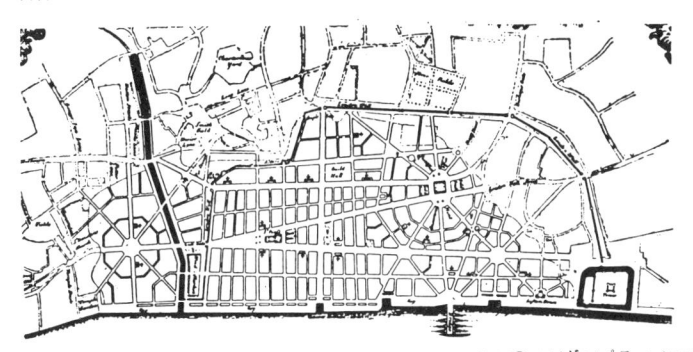

レンのロンドンプラン (1666)
ペンのペンシルベニアプラン (1682)

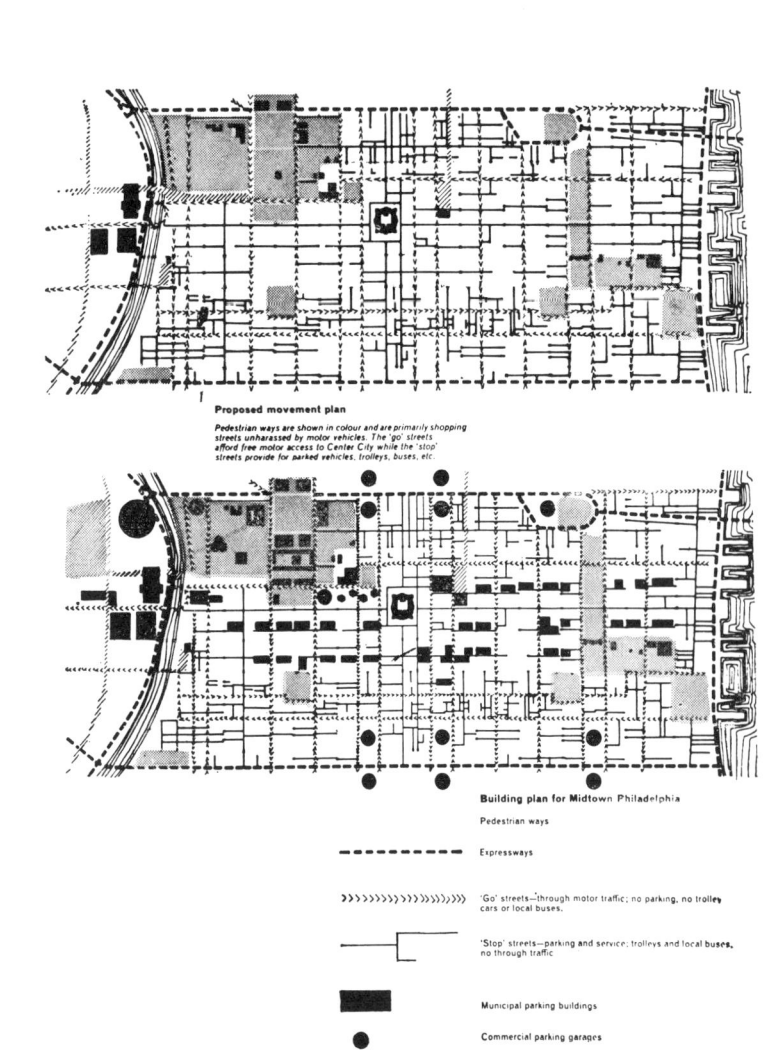

Proposed movement plan

Pedestrian ways are shown in colour and are primarily shopping streets unharassed by motor vehicles. The 'go' streets afford free motor access to Center City while the 'stop' streets provide for parked vehicles, trolleys, buses, etc.

Building plan for Midtown Philadelphia

Pedestrian ways

---------- Expressways

>>>>>>>>>>>>>>>>>>> 'Go' streets—through motor traffic; no parking; no trolley cars or local buses.

'Stop' streets—parking and service; trolleys and local buses, no through traffic

■ Municipal parking buildings

● Commercial parking garages

ルイス・カーンのプロジェクト (フィラデルフィア, 1953)

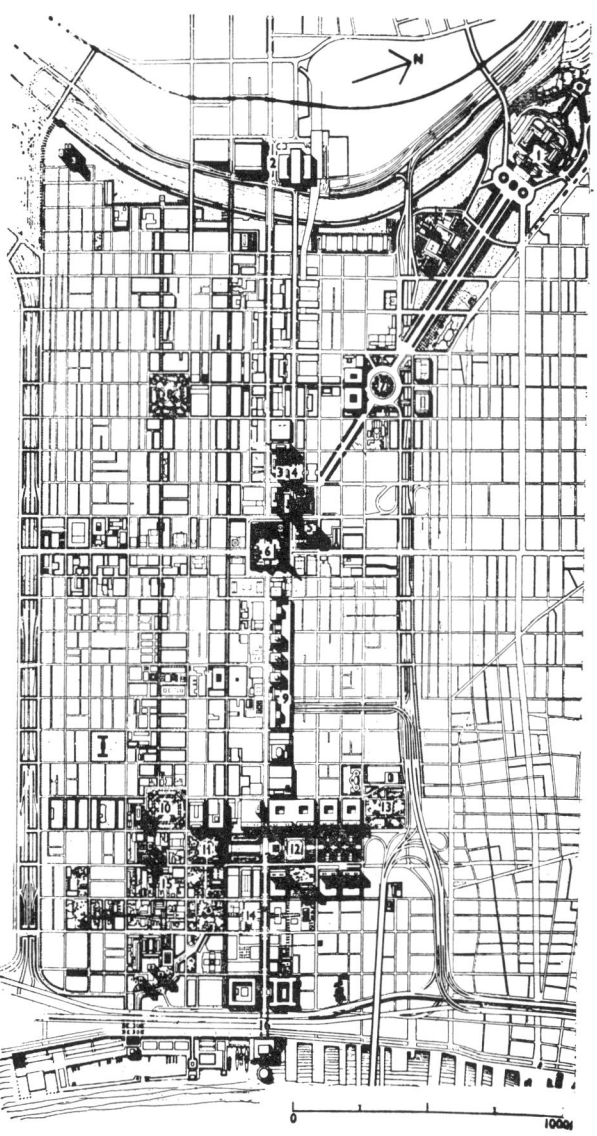

フィラデルフィア計画委員会によるフィラデルフィア中心街 (1952〜62)

複合建築

　建築が集合して町を形成していくが、そこには建築相互を結びつける媒体が存在する。媒体には給排水・電気・ガス等のエネルギー網、通信・電波等の情報網、道路・自動車・電車等の交通網があり、これらの媒体が強く作用して都市化状況が現われる。また逆に都市化が進むにつれて、これら媒体網のヒエラルキーの接点に盛り場、あるいは管理中枢部門が出現することとなる。したがって、ここでは媒体網を効率よく、割安に処理する必要が生ずる。このことは小さなビルの寄り集まりより、マンモスビルを建てることにより駐車場、冷暖房設備を一括し、また管理費から設計料までコストを下げることでもある。そこでビルの巨大化が進むし、企業自体がトラスト化、カルテル化を進めたりすることによってさらに建物の巨大化が進むのである。こうしたマンモス化状況が特に交通媒体の接点で起こる。ターミナルなどでは車・鉄道・地下鉄そして歩行者が高密度に交差するため、効率よい機能処理が必要であるが、そこに商業資本が歩行者の大量吸収をねらってターミナル・デパート、名店街が生まれるのは当然である。日本では昭和初年に浅草松屋ターミナル・デパートが出現するが、なおいっそうの客の吸収をねらって食堂・劇場・娯楽場・結婚式場・展示場が付加され、結局そうした建築群がその地域のイメージ・シンボルとも重なってくる。それら建築群が地下街やエスカレーター、ブリッジ等で結びつき、さらに、喫茶店・衣服店等の関連職種が循環的に結びあって、複合建築が生まれる。

　その結果、プラス・ボナベンチュアのようにトラックターミナル、バス、地下鉄がはいり込み、そのうえショッピングセンター、ホテル、オフィスと異なった機能が混在し、土木的スケールの構造物が移入され、内部空間と外部空間が交通機関により相互貫入して、それまでの建築的空間とかけはなれた建築が出現する。新宿・名古屋・東京・梅田のような迷路的地下街の出現もこうした傾向の産物である。

　多くの場合地下街に見られるように歩行する空間が多いし、また本来別の建物であったために管理上、調整上、法規上の問題が残る。私有地には建築基準法、道路・広場等には道路法が適用され、さらに公共の事業遂行体が区域で異なることが多く、このことが障害となって、その結果地震・火災に対する問題が片付かないこともある。現実では商業資本と法規のコントロールのなかで自己増殖的に複合建築が生まれた。しかしそのコントロールには何かが欠けているようである。

モントリオール，プラス・ボナベンチュア／アフレックほか

フラー (Richard Buckminster Fuller)

バックミンスター・フラーは，ジオデジック・ドームで最も知られているが，彼は単なる建築家・構造家ではなく，技術者・数学者・発明家・著作者・哲学者・教育者・実業家で，現代機械文明を最も総合的に把握している人の一人である。

彼の理論および思想の根本は「科学を人類の福祉へ」という言葉に要約される。機械や工業製品を捨て去っては生活が維持できないが，政治とそのイデオロギーを捨て去り，能率的な生産，流通によって人は豊かになるという脱政治的な未来像がそこから生まれる。そして「明日に関してもっとも刺激的で重要な部分は，テクノロジーとかオートメーションではなくて，人間がその仲間と全く新しい関係にはいりつつあるということである。人は子供らしい純真さや，理想を日常生活のなかでも失わずに生きてゆくようになろう。そしてそれが全面的に肯定され，そのためにおとしめられたりすることはなくなるだろう。」（新建築1970-1）という科学による真の人間性の獲得が彼の思想，哲学の目標なのである。「科学を人類の福祉へ」の思想は，建築の非合理性の打破，つまり最小限の材料を使って最大限の効果をあげる方法の追求へと向かった。これをダイマクシオン（ダイナミックとマキシマムの合成語）と呼び，これに基づいて住宅，自動車，バスユニットなどのデザインがなされた。そして彼の原子から宇宙を包含する物理学的アプローチによって独自の構造体の理論——ジオデジック・ドームを導いた——を生みだした。「宇宙に作用しているすべてのさまざまな力は……全体として最も安定した配列を形づくろうとしている。これらの自然に現われた群れを，私は，真に根源的な構造体と呼ぶ。」（山本学治訳）その構造体とは「球体および球体がぴったり集まったかたまり。……それが自然の構造体を支配する」そして建築とは「目に見えない規則的組成の構造体から目に見える規則的組成をもった構造体を造ること」だという。これまでのx, y, z軸に支配されない全三角形構造体の理論は，材料の特性を最大限に生かし，引張構造を基調にしたジオデジック・ドーム——多三角構成の球体——をつくりだした。また，引張構造への純粋な追求は，「柱のない柱」や「テンセグリティ構造体」に見られる。ドームは軽量かつ組立が簡単で，構造的に優秀である（大きいほど三角構造体の数が増すので安定する）ため，世界中に造られている。また組み立てたまま空輸することも可能である。フラーの「わたしの考える最終的な人間の住み方は，一つの場所に定住するので

はなく……どこへ行っても住めるということだ……」という考えは、建物を「永久的なもの」から人間の生活の変化に対応するものとしてとらえようとしている。また、マンハッタンをおおう2マイルのドームのプロジェクトがあるが、それは単に技術的可能性を示したものではなく、人間に福祉する科学をシンボリックに表現したものであろう。竹や紙やベニヤを使ったドームやローコストの住宅を合わせ見るとき、彼が何を目ざしているのかを明確に読みとることができる。

だがはたしてわれわれは科学によって将来真の人間性の獲得がなされうると信じきることができるであろうか。

マンハッタン島をおおうフラードーム

プランナー

　当然なことながら、コルビュジエが「輝ける都市」を語っていたとき、それとは無関係に実施されるべき都市計画が存在していた。そこではコルビュジエもグロピウスも並置され、都市計画技術者がグリーンベルト、ゾーニング、人と車の分離、近隣住区単位等をテクニックとして養成されてきた。

　戦前の日本では、都市計画とは区画整理のことであるという状態であったが、そうした平面計画では制御できぬ都市化現象から、都市計画技術者の必要が日本でも叫ばれ始めた。こうした計画は当然巨大な資金を必要とするため、企画者は政府および自治体である場合がほとんどである。自治体は国の補助金や交付金なしでは活動ができぬから、当然中央政府の経済政策等の意向が反映する。この段階的な企画の中で、市街地開発事業、単独事業（街路・上下水道・公園事業などの計画の中で施設を個別に実施）、土地利用規制（都市計画区域を既成市街区、市街化区域、非市街化区域などに分け、基本的都市公共施設―道路・上下水道・電気と、学校・病院等のコミュニティ施設―の整備を義務づける）、地域制（用途地域、容積地域、風致美観地域等の規制）といった規制を決めていく。

　こうした計画の最大の推進力は官庁のビューロクラシーであるが、縦割りの性質上、各セクションに分割され、法律にしばられてそのセクションの枠を越えることは少ない。民間のコンサルタントや大学研究室も官庁の計画能力が弱体であったり、新しい問題が生じたとき、問題が細分化したとき、あるいは大学教授を権威づけに使うことにより計画を遂行させるときに外注される状態である。

　こうした縦割りの系の中で計画は進むことになり、責任の所在が不明確になりやすいし、計画の真の主体者たる住民の発言を採り上げることはより少なくなり、表面化した矛盾に対処するのに精一杯であり、新しい計画上の技術も、縦割りに一貫した論理の裏打ちに利用されることになったり、採算のあがる部門のみが強調される結果になり、公害が起こる原因は常に内包されている。

　プランナーの果たす役割は計画が大きくなればなるほど、こうした縦割りの系では不明確になりやすい。ディベロッパー、プランナー、アーバンデザイナー、建築家、そして何よりも主体者たる住民の計画全体に対する位置を明快にし、常にフィードバックしていく系に変えぬ限り、住民・建築・都市はバラバラに進行し、結びつかぬことになる。まず縦割りのセクショナリズムを横割りに変えなくてはならない。

現代のプランナーによって描かれた絵（部分）／上田篤ほか

プリミティブ・ビレッジ (primitive village)

1960年前後から建築家のいわゆる未開社会の村落に対する関心が高まり始める。

オランダの建築家ヴァン・アイクはアフリカの村落を16ミリフィルムに収めたり，北アメリカのプエブロ・インディアンの村落を示して身近な住空間の集積としての都市を考え，「都市は大きな住宅であり，住宅は小さな都市である」と述べている(1961)。またC.アレキサンダーも人口600人のインドの村落を観察し，変化の少ない孤立的なこうした生活を対象として，彼の論理的，数学的な解析方法のエスキスを行なっている(1962)。またルドフスキーは "Architecture without Architects" (→p.14) や "Streets for People"(1969) で一貫して作者のいないプライベートともパブリックとも区別のつかない，自然に形成された環境を観察しているし，その他にニールス・グチョウによる「都市の活気の発生源 (SD 1969-9)」やフレイザーによる「プリミティブ・ワールドにおけるプランニング」などをあげることができる。この考えをもう少し広くとれば，ヴェンチューリの「ラスヴェガスから学ぶこと」やトム・ウォルフの「キャンディ・カラード」などのポップな，あるいはコマーシャルな建築群の観察をも入れることができるであろう。これらの観察の方法は多様で，写真や文章による現象の記述，村全体の実測，村の生活の社会学的，文化人類学的観察などである。

この傾向は都市を考える際のスーパースケールのストラクチュア，あるいはファンクショナルなダイアグラムで割り切ってしまうという考えに対する反抗，人間の基本的な要求の表われの重要性に対する関心や，また1958年に「構造文化人類学」を出版したC.レヴィ＝ストロースの思想による影響が大きいと考えられる。実際につくられた作品では，要素(エレメント)の同質的な結合を持つアトリエ・ファイブのハレン・ジードルンク(1961)，J.ウッツォンのキンゴー，フレデンスボルグの集合住宅(1962)，ヴァン・アイクの子供の家(1960)，サフディのモントリオール万博でつくられたアビタ'67，またプロジェクトとして大谷幸夫の麹町計画(→p.162) などだろう。

こうした作品に見られる「囲いこみの自発性」「平等主義」「すべての要求に対する柔軟な対応，バラエティ」「スーパー・ストラクチュアに対する拒否」といった性質は，いわゆるプリミティブな生活とは全く異なる超機械的でダイナミックな，そして変化のある，大量の人口を持つ現在の生活にあっても忘れることのできない重要な要素であろう。

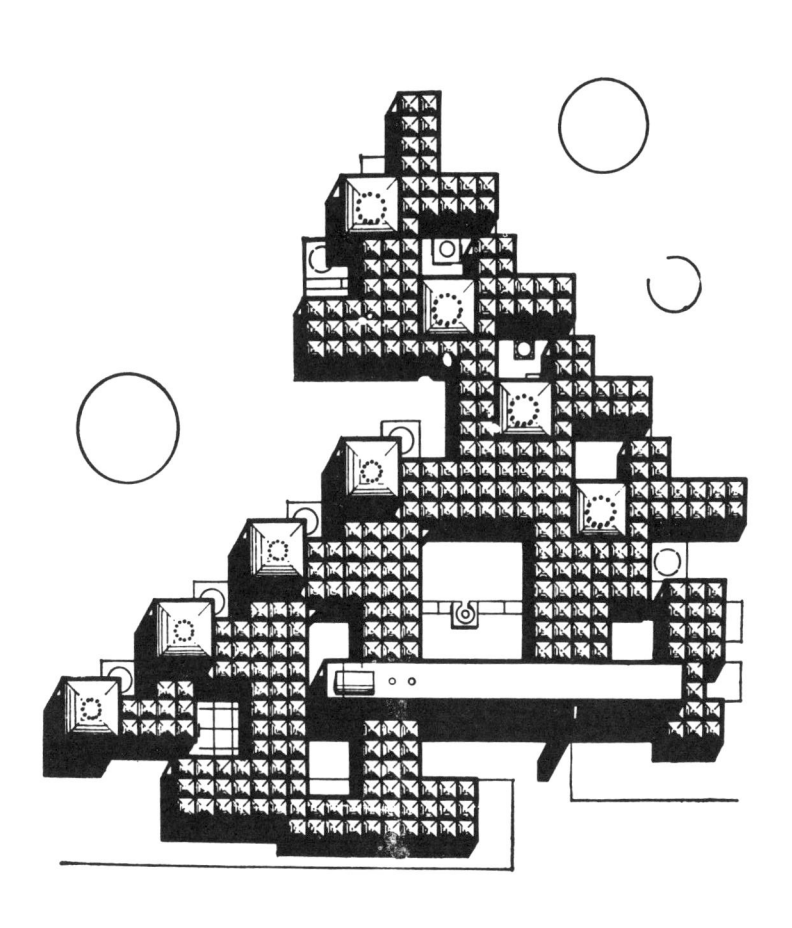

子供の家／アルド・ヴァン・アイク, 1960

プレファブ (prefabrication)

ロンドン万博に123の部材からなるクリスタルパレスが、わずか6か月間に組みたてられ、それが建築家ではなく、造園技師で王室の温室を多く手がけていたパクストンの設計であったことは、プレハブ建築の工業化が建築の外から進められたことを物語る。ジーメンス等の新しい製鋼法や蒸気タービン、内燃機関の発明による新しい技術革新の時期とプレファブの概念の発生は一致している。

その後建築の高層化、大架構の必要性からカーテンウォール、床板、あるいは P.S コンクリートのプレファブ化が進められてきた。

これに対し住宅のプレファブ化は、1927年のワイセンホフ・ジードルンクで、コンクリートブロック、パネル工法、鉄骨部材等が試作され、展示される。

その中でグロピウスから、断熱材をサンドイッチした金属パネルをボルト結合したトロッケンバウ（乾式工法）が発表され、後のカッパーハウスとともに乾式工法の基礎となる。

プレファブとは「あらかじめ作る」ということで決して大量生産を意味してはいないが、産業革命が質から量へ価値を変化させたように、建築の工業化は生産性の向上、特に建築生産組織の古さを解消させることとともに、住宅等の需要に対する大量生産が一つのスローガンであった。

鉄・コンクリート・プラスチック・アルミ等の素材の発展、モデュラーコーディネーションの確立への動き、乾式工法の概念がそれを裏打ちした。特に東ヨーロッパおよびソビエトでは、住宅建設に大型コンクリートパネルが大々的に採用され、また日本では住宅公団も1955年 tilt-up 工法により鷺の宮に2棟4戸のテラスハウスを試作して、1963年に初めて大型パネルシステムによる4階建アパートを建設し、いわゆる KJ 部品（公団住宅部品の略）を開発し、90％近く部品化してきている。

こうした大規模なハウジングにプレファブ化が進む一方、鉄鋼業やプラスチック、アルミ産業をバックにして建材メーカーが系列化することにより、耐久消費財が、住宅にまでおよんでくる状況となった。この建築の商品化は建築の外側から起こったが、職人の不足、潜在的な住宅不足、前近代的な建築生産の否定、出来ばえを目で確かめられること等、もはや建築家の重要な課題になりつつある。

しかし、建築の量産化には常に住居の画一化という落し穴がある。生産の工業化は方法である。いまや建築家が目標を定める時期にきている。

部品からユニットへ，ソビエトにおけるプレファブ工法

分離派

　辰野金吾がヨーロッパ留学中に日本の古建築を問われ、答えられずに帰国した後、1889年に木子清敬により日本建築講義が開かれた。しかしヨーロッパの近代建築が伝統と対決する姿勢のなかで始まったのに対し、日本の近代建築の流れの出発は伝統と近代がいずれもあいまいにされたままであった。

　1910年帝国議会議事堂の計画を機に「わが国将来の建築様式をいかにすべきか」と論議される。招来された外来建築家からの近代化は、技術と19世紀折衷様式であった。すなわち、この論争も西洋式、新日本式、折衷式の様式のいずれかを選ぶかということで、日本様式と折衷様式とともに武田五一の福島邸等アールヌーボーやゼセッションの影響がともに現われる。

　大正時代にはいると野田俊彦の「建築非芸術論」が発表され、ヨーロッパの合理主義がはいり、同じころ、大正9年東京大学建築科卒業生、石本喜久治、堀口捨己、滝沢真弓、矢田茂、山田守、森田慶一によって分離派建築会が結成される。「過去建築圏より分離し……」この過去建築圏とはヨーロッパ折衷様式であり、日本の過去建築圏は不問にされ、建築の工業化も不問にされる。芸術観念のためには他の様式をとればよかった。そこで当時のドイツを風靡した表現主義が採用される。しかし、折衷様式に対抗したことは画期的なことであり、近代建築運動の端緒となる（分離派は石本の退会問題が起こる第7回まで展覧会を続ける）。つづいて、大正11年に創宇社同人が結成される。創宇社は、分離派に比して下層の建築技術者によって結成されて、建築の社会的基盤にも目を向けさせる。

　その後、関東大震災の復興の気運により同潤会アパートが建てられ、国際建築等の雑誌が刊行され、昭和2年バウハウス（1925、デッサウ）に呼応して「日本インターナショナル建築会」が生まれる。分離派最後の展覧会、創宇社第5回展と同じ年である。

　そして第二次大戦のきざしが見える1930年に創宇社同人が中心となり100人の建築家により新興建築家連盟ができて、京都ではデサムが刊行され、ここに初めて「標準化」「産業化」の問題が提示されるが、2年後バウハウスが終わるように1か月後解散させられ、昭和11年（1936）、伯爵黒田清を会長とする日本工作文化連盟が結成される。分離派結成当時、F.L.ライト（→p.242）による帝国ホテルの工事が進んでいたが、ライトを理解するものは少なく、表現主義を選んだ分離派は、建築の素材、生産といった近代とは対決せず、超国家的施策の中で、「数寄屋」へと回帰していく。

分離派建築会宣言

我々は起つ。過去建築圏より分離し総ての建築をして真に意義あらしめる新建築圏を創造せんがために。我々は起つ。過去建築圏内に眠って居る総てのものを目覚さんがために，溺れつつある総てのものを救はんがために。我々は起つ。我々の此の理想の実現の為には我々の総てのものを愉悦の中に献げ倒るるまで，死までを期して。我々一同，右を世界に向って宣言する。

大正9年7月　　　分離派建築会

宣言文

われらは古代人の純情なる創造の心を熱愛し模倣てう不純なる 風潮 に泣き，永遠の母への憧れをもて頽廃と陳腐とにただれたる現建築界の覚醒を期す。われらは生の交響楽―全宇宙にわれらの生命，美しき≪マッス≫を現出すべく専心努力する。

1923　　　　創宇社第一回制作展

宣言

一．人類の生存に基礎を置いて建築の進路を根本的に解決せんとす。
二．人類の進展に伴い必然的に生まるべき様式を建設せんとす。

綱領

様式の建設には伝統的形式に拠ることを排し狭義の国民性に固執せず真正なる≪ローカリティー≫に根柢を置く……日々に各民族の間が接近しつつあることは争う余地なき事実である。世界を流れる人類の共通性は次第に濃度を増して行くと見ることは正しいと思われる。

われらはこの流れに乗り，この源を尋ねこの行先を求めて進まんとするものである。

1927-2日本インターナショナル建築会

趣意書

全青年建築家諸君　日一日と社会的不安は増大し，それにつれて個人の生活も不安になっていく。われらの愛する建築の世界もこの状勢から免れることができなかった。

……われわれの間には親しさが失われ，お互い同志の技術の交換は言うをまたず，広く知識と文化の啓発すら行われ難くなった。

1933-10　　　青年建築家クラブ
　　　　　　　　　　（高橋寿男）

指標

今や日本は興亜の盟主として長期建設に乗り出した。建築界を始め一般工作文化の各分野は益々多事多難の時機を迎えようとして居る。然し将来新体制の整備に伴い斯界に課せらるべき使命は頗る重大である。何故ならば興亜の大業の真の成功は文化の偉力によってのみから得られるのであるから。

此機に際し日本工作連盟はその趣旨に基く使命達成の拠点として「現代建築」を刊行する。現在の困難なる状態の下に於いて多くの障害が横たわって居るが，日本工作文化の輝かしき発展のためには此等の障害を打破る事が吾々に課せられたる責務である。

日本及大陸に活躍される若き工作文化の戦士は挙って此の趣旨に賛同せられる事を信じる。そして会員として本連盟の活動に協力せられん事を熱望する。

工作文化建設の3つの指標　1)様式建築より生活建築へ　2)有閑工芸より目的工芸へ　3)低俗製品より価値製品へ

1936　　　　日本工作文化連盟

マンション，コーポ

　宮益坂アパートあたりから都心部に高価格分譲による高層住宅が建ち始める。それが昭和35年，36年ごろになるとその数を急速に増し，マンション，コーポラス，レジデンス，ビラ，シャトーといった雑多な名称を生みながら東京周辺に限っても昭和39年には56棟を記録し，マンションブームと呼ばれる。そして住み手を称してマンション族といった言葉が生まれることとなる。マンション族が芸能人かお妾かと思われたように，分譲価格があまりに高額であったために昭和40年ごろは一時的に売れ残ることとなり，41年ごろから分譲価格が1,000万円以上の居室も売り出される一方，建設の主力は500万円前後の分譲価格の比較的安いが，面積の狭い大衆マンションに移行していく。

　大衆マンション化は銀行ローンの普及，分譲という財産意識，そしてマンションという語感と南欧調のデザインからくる中流階級意識へのくすぐり，そして何よりも住宅不足と長い通勤距離への不満がさまざまに重なって高層分譲住宅を飛躍的に伸ばすことになるが，都心からかなり離れた郊外型まで現われ，供給業者もまた広範囲に不動産業者，建売住宅業者，電鉄業者からベッドメーカー，寺社そして個人業者と広がり，その結果は普通のアパートに同程度のものも現われ，価格の下落が質の下落に結びついていく。

　マンションブームの掛け声は都市再開発であった。しかしこうした集合住宅が満足に機能するための駐車場，子供の遊び場，医療機関，保育所といった装置を同時に計画しているマンションは少ない。むしろマンションの建つ所必ず日照権の問題がもち上がるように，都市のなかの地価の安い所を点々と食い荒している感が強い。

　マンションは住み手に確かに設備の重要性を考えさせた。設備の優劣がマンションを決定するとはよく言われることである。しかしはたして住んで後，新しく買い入れた電気器具を取り付けるとき，その容量は満足できるものだろうか。また廊下，階段，エレベーター，ごみ処理など，共有の施設の管理上の問題は明確にされているのか。

　「若いときは都心に住み，年をとって郊外へ」といったアイデアはマンションの新しい掛け声である。しかし現状では住居不足に悩み，一部を除いては退職金でようやくマンションを買い，財産にしていくなかでは矛盾したキャッチフレーズである。それは大正13年製，昭和22-3年製の木造家屋によるスラム化より，はるかに混乱し，収拾不可能な事態を予測させる。

テラスと手摺は王朝風に　最近流行のマンション外観

ミース・ファン・デル・ローエ（Mies van der Rohe）

1886年ドイツの古都アーヘンで生まれる。ミースの父は石工の職人頭であるので，ミースは生来組積造に対する理解を身につけていたと思う。19歳になり，当時，家具を規格化して大衆化を計ったブルーノ・パウルの弟子となり，ここで建築材料への理解をさらに深め，1907年から3年間ペーター・ベーレンスの事務所に勤める。ベーレンスはAEGタービン工場を初めとし，鉄とガラスを導入することによりシンケルらのネオ・クラシカルな影響を受けながらも，新しい素材と技術の認識により新しい空間をつくり出していた。ベーレンスのもとを訪れたグロピウスが，ベーレンスの背後の理論家ヘルマン・ムテジウスに影響されたのと違い，ミースは鉄・ガラスといった新しい素材技術とともにベーレンスの持つネオ・クラシカルな美意識，単純で統一された空間をより強く受け継いだ。

1919年第一次大戦から復役したミースの周囲の状況はキュービズム，ピューリズム，構成主義，デ・スティール等の運動が渦を巻いていた。ミースもまたベルリンの芸術家集団11月グループに参加し，デ・スティールのドイツの機関紙Magazine Gを編集する。そして1921～25年の11月グループの展覧会で四つの計画を発表する。この四案を含むこの時期の五つのプロジェクトが彼のその後の作品歴を決定づける。1919年のフリードリヒ街のオフィスビル計画，1920～21年の鉄とガラスの摩天楼案は彼のレイクショア・ドライブアパートを初めとするカーテンウォールの最初のものであり，1922年のコンクリート・オフィスビルはキャンティレバーを使用し，水平に伸びた連続窓を採用し，インターナショナル・スタイルの原典とみなされる。1924年のれんが田園都市住宅案はライトの影響を受けつつ，構造体であるれんが壁と透明なガラス面との明確な扱いと考え，内部から外部空間への連続した空間を与え，1929年のバルセロナ・パビリオンへと継承させる。第五番目の1924年コンクリート田園住宅は，後のコンクリートハウスの研究とともに住宅のサービス部分を居間，寝室といった機能と関係づけながら，1951年のファンスワース邸のサービスコアに収斂する。

ミースは生涯その作風を変えなかった。それは常にディテールまでもきびしく統一された彼のクラシカルな美意識によるものであろう。それが彼を巨匠にした理由である。しかしシーグラムビルが，そのファサードのコンポジションゆえに評価されるとき，その周囲に建つカーテンウォールビルとどこに違いがあるか。less is more ではなく，less is bore なのか。

ガラスの摩天楼 (1921)

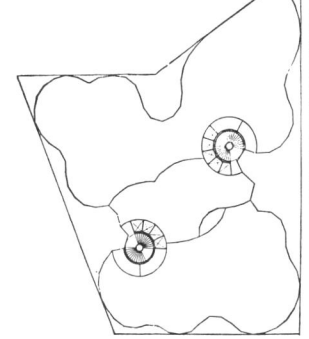

平面図

225

未来都市

　未来という名を借りた都市の新しい提案なのだが，提案にはいくつかの異なった作者の態度がうかがわれる。

　その一つは，現在の都市を中心にした社会状況と環境の変化の現状認識から，将来を予見する態度である。いわゆる未来論とか未来学が扱っていこうとすることと並行している。「これからやってくるもの」に対する単なる予見である。ここでは自動車を代表とする交通機関の著しい発達とか，情報革命による生活の著しい変化など，楽観的なユートピアが描かれる。

　もう一つに現在の都市が身動きできない状態になりつつあるのに対して，その改革的手法では，常に暫定的なものでしかありえないという認識に立って，現在の人間的価値観，政治，社会諸制度とそれをひっくるめた環境としての都市に新しいビジョンを提案するものである。未来という自由な立場に立つことで大胆に提案された現時点での理想都市（→p. 246）である。先の未来に対する予見という態度が客観的な装いをとっているのに対して，これは個人的，個性的，革命的であることがここでは意味を持ってくる。

　未来都市への態度を，明確にこの二つに分けることはできない。たとえばGEAM（→p. 68）グループは，あくまで技術者としての立場から未来を予見しようとするのであるが，その提案はビジョナリティであり，革命的である。いずれにせよ，これらのプロジェクトは未来の著しく発達した技術によって解決づけられている。逆に未来都市は，未来の技術に対する解答であるとも言える。プラスチックや新しい繊維などの新しい材料や，空気構造，スペース・フレーム，サスペンションなどの新しい構造技術の，理論的に可能と思われるあらゆる技術が駆使され，情報や交通に関する飛躍的な発展が見越される。

　ギュンケルのバブルハウスは，技術側からの未来都市への提案であるし，アーキグラムグループ（→p. 12）のプロジェクトは，技術をいささかグラフィカルに先取りすることにおもしろさを持っている。

　また，かつて人間が体験したことのないような全く異なった環境に対してのデザイナー側からの解答，たとえば「月の都市」とか「海中都市」も未来都市のカテゴリーのなかにはいるだろう。

　いずれにしても未来都市は現在の社会的，物理的情勢の投影されたもので批判的精神を内包しているが，未来という場を借りることによってイメージされた楽観的な姿は受取り方によっては危険なものである。

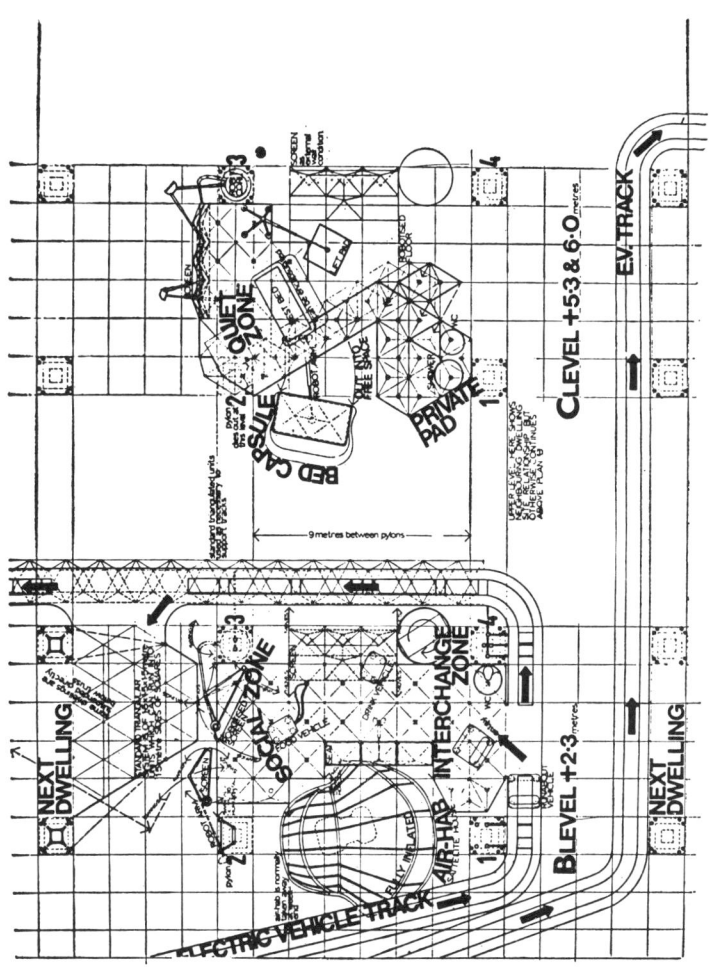

control - and - choice living

未来派 (futurism)

　フューチャリズムは1909年以後イタリアのミラノを中心とした芸術運動である。終始その中心人物であったマリネッティがパリでキュービズムに刺激され1909年に未来派宣言を発し，その翌年画家のボッチオーニを中心に未来派画家宣言がつくられる。彼らは過去の芸術をすべて拒否し新しい時代の到来を高らかに唱え，その時代の特質であるダイナミズム，動きに満ちた芸術の創造を主張した。

　建築の未来派宣言が出されるのは，少し後の1914年で，それはサンテリア（1888～1916）とキアトーネによる「新都市」展の作品と，それに付随して書かれたメッセージがマリネッティにより未来派宣言として再び出版されたときだった。この二つの文章には多少の違いがあるが，その内容は「近代建築の問題点は新しいスタイルの柱や窓縁などを発見することでも，ファサードをただのれんがにしておくか，あるいは石やプラスターでおおうかの問題でもない。つまり新しい建築と古い建築の間の形の違いなどはどうでもいいのである。建築は伝統によって病弊しているので，強制的に第一歩から再び始めなければならない。近代の建築材料およびわれわれの科学的概念は歴史的形体の規律に準じないから，鉄筋コンクリートの梁は薄弱にしか感じられないのである。われわれは近代都市を非常に喧噪（けんそう）にあふれた造船所のように，活気のある，融通のきく，あらゆる所がダイナミックで巨大な機械のような近代的ビルで形成しなければならない。またセメントやガラス，鉄の家は彫刻やペンキで装飾したりしないで，その線，形，固有の美のみで十分である」（佐々木宏訳）といったものだった。しかしサンテリアは1916年に第一次大戦で戦死し，実際の建築は一つも建てていないため，彼の「新都市」のスケッチからしか彼のイメージした都市の形態をうかがうことはできない。

　マリネッティによってロシアからスペインにまで未来派が広く伝播した結果，新しい時代を呼びかけ，その特質を述べた未来派宣言は非常に大きな影響を及ぼすのである。特に革命直前，直後のロシア構成主義グループや，オランダのデ・スティール・グループは潜在的なフューチャリストと呼べるほどであった。パリに定住したばかりのコルビュジエへの影響も見のがすことはできない。しかしイタリアでの未来派の動きはサンテリアと同様，すぐれた才能を示していたボッチオーニが1916年に戦死し，しかも1919年になってマリネッティがファシスト国家の御用芸術家になることにより，一挙に不毛におちいる。

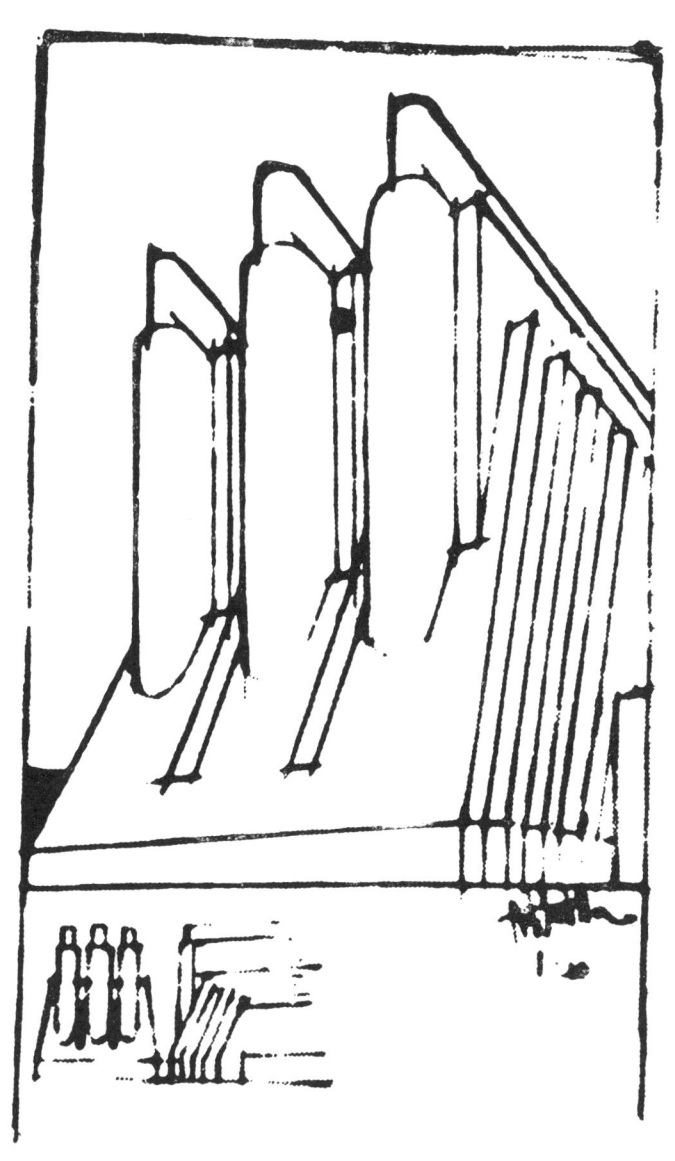

サンテリアのスケッチ

民家

「ああ三角は飛ぶよ」と日本の街から伝統的な和小屋の建築が消えさり，コンクリートの陸屋根近代建築がふえつつあることを，駐日仏大使であり詩人であったポール・クローデルがなげいたのは，大正初期のことであった。時を同じくして大正5年，柳田国男・石黒忠篤・大熊喜邦・今和次郎らが白茅会を組織し民家の研究が始まったとき，そのスタートはやはりクローデルと同じ懐旧の情が中心であった。

民家の建築家における位置はまずこのような時点からスタートし，やがて生活との関連,農村住宅改善,歴史的研究というステップでしだいに思考の基盤に組み込まれるようになってくる。

第二次大戦中は光栄ある大和民族の遺産としてナチスやイタリア・ファッショと同じように民族様式の型として，一転して終戦直後は破棄すべき封建遺制として，そして1950年代の伝統論争の時期には近代デザインの原理を包含する貴重な遺産として，背景となるべき時代の変化につれて，民家の扱われ方も変化してきた。

そして現在，明治村や民家園，民家集落博物館の設置，萩・西陣・大内・妻籠等の地域保存の計画，集団多数サンプリングによる新しい研究法，デザイン・サーヴェイの動き，アノニマスなるものとしての再評価等々，民家に関する関心や研究は豊富化し，多様化しながら再び建築家の関心を集め始めている。

民家の意味はフォークロア的な収集物であり，実体概念であり，デザインのネタであり，生活装置の秩序体系であった。事実民家はそのすべてを包み込んでいる。

J. M. リチャーズの Functional Tradition は機能主義の立場から，アメリカ西海岸でのエシェリックやムーアたちの表現は地域性のそれぞれの部分の把握であったし，日本の伝統論争時のそれは何かといわれながらやはりデザインのネタ的な扱われ方が強かったと言ってよいだろう。

民家がその背景によりさまざまな立場から扱われてきた事実の裏には，人間とか社会・歴史・経済・風土という有機的で多様な背景自身の持つ広大さに最も強く密着している事実がある。

現在われわれが民家を評価するとすれば，これらの部分の抽取ではなくて，細分化し，専門化することによって尖鋭化し，それゆえにグローバルで生々しい現実性を失いがちな現代のアプローチへの反省であろう。

それは一個人の建築家の観念，恣意的なイメージ，欲望，タブーやイデーという薄っぺらな次元よりはるかに強く，建築と人間との接触の意味を投影

している。それがArchitecture without Architects の意味でもあるし，アノニマスなるものの存在理由でもある。

その意味で民家の趣味的でなく，局部的な専門的分析でなく，流行現象的でない観察が続けられるとすれば，建築だけでなく，環境デザインや都市デザインの欠けた面を補う点は大きい。

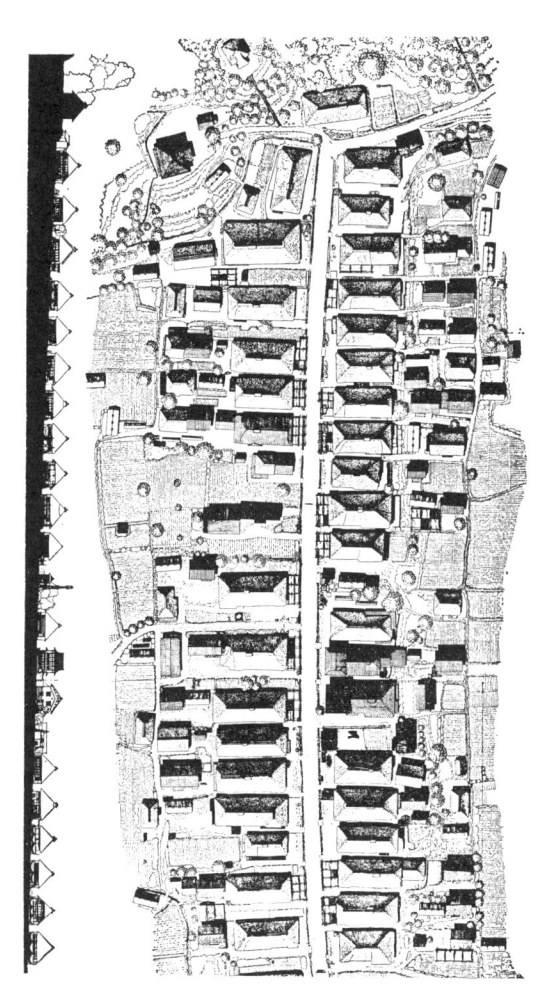

やっと残っている40余戸の草屋根（福島県：大内）

ムーブネット（movenette）

　菊竹清訓が1957年の自邸，スカイハウスに具体化し，以後作品の系列内で主として住空間に発展させ続け，現在は日立化成等で商品化されている装置およびその概念。

　自邸では台所および浴室，セコニック社アパートでは両者の一体化したもの，その後のパシフィックホテルでは市販品化されたバスユニット等，種々の型が追求されているが，現在の段階ではいわゆる衛生設備関係の諸装置を一体化し，量産化により普遍的な可変性を獲得しようとしている。

　衛生関係諸室を一か所にまとめる概念はアパートメントやオフィスビルには古くから存在していたし，機械設備または装置をまとめたユニットとしてはR.ノイトラらにより1950年ごろインガソール・ユニットが開発され，プラスチック，衛生設備メーカーにより研究，試作，製作が現在盛んである。

　ムーブネットが，量産化，設備の集約化による効率上昇といった従来の概念と異なる点は，その名の示すように可変性，動きの強い主張であろう。彼以下のメタボリズムのグループによれば建築の構成要素は，耐用年限，変化のサイクル，工業化の可能性により，それぞれのシステム系を変えるべきであり，設備部分のごとく，技術的な変動の著しい部分においては当然短期間に取り替えられるべきものと考えている。菊竹自身は，これを科学による普遍性を獲得しうる部分と，しえない部分（個性の導入が許されるべき部分）とに分け，予測できない現代の生活の変化への対応や，装置の固定化による空間の固着化を避ける意味で取り替えられるべきものと述べている。

　空間の限定化を否定し，その均質性の獲得という名目で追求されたコアシステムが，逆に空間を固着させてしまうこと。装置が主体であり，人間がそれに支配されてしまいやすいことという欠陥のほかに，基本的に一つの系が全体を統御しようというシステムであることに対し，この道具の概念は多くの系の共存を可能にしている。

　菊竹清訓が意識したかどうかは別として，空間の均質化が逆に要求してくる人間の装置の要求は，環境または空間を多様な系が交錯する場としてとらえようとするものであり，この装置の概念はこうした場の可能性を持つ。こうした可能性に対し，現在のムーブネットはまだ一元的で，逆に一元的であるがゆえに持つ具体性でもある。

　観念をのり越えて，こうした装置類が空間の多様な相貌に対する系となりうるかどうかは，このシステムとしての多元性をどうとらえるかにあるだろう。

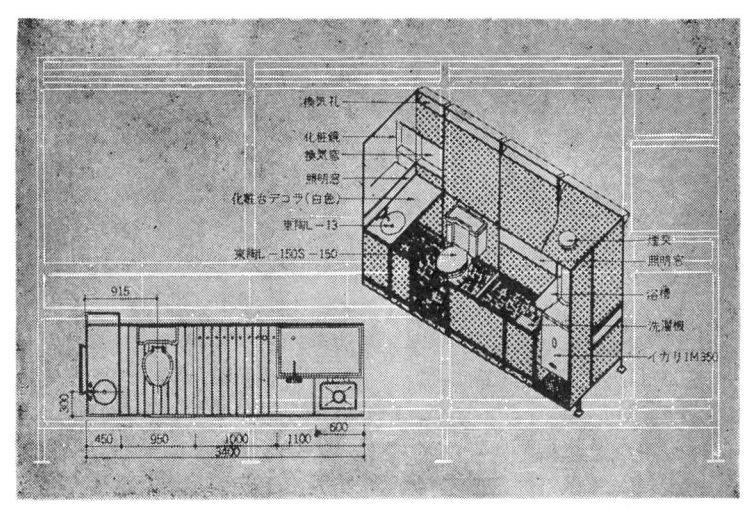

浴室ムーブネット

台所ムーブネット／菊竹清訓

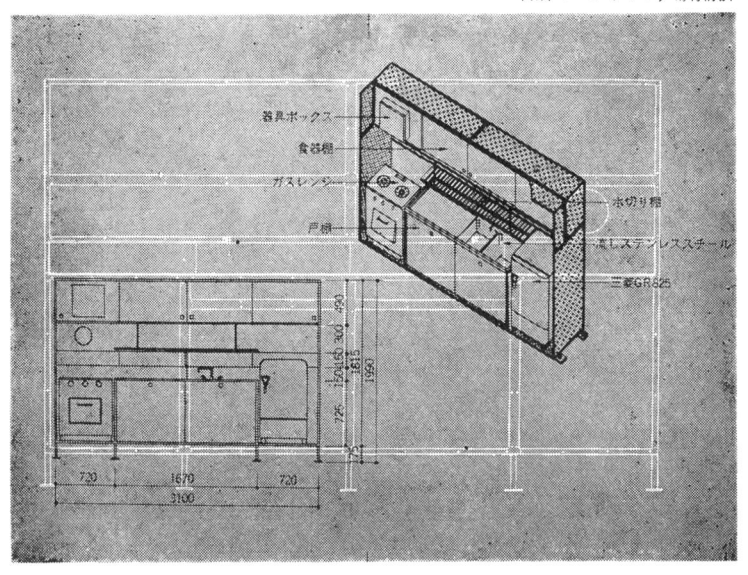

メタボリズム・グループ (Metabolism)

メタボリズム (METABOLISM)・グループは 1960 年の「世界デザイン会議」の準備をきっかけに，大高正人，槇文彦，菊竹清訓，黒川紀章の建築家に評論家川添登らが中心になって結成された。同じ年に「METABOLISM 1960—都市への提案」を刊行し，メタボリズム宣言を行なうとともにその内容を各人のプロジェクトを通して明らかにした。

このグループの主張は，建築や都市に関して，これまでの固定的な自然主義的進化論，建築の狭い視野などに反抗し，都市や建築を静的でなく新陳代謝するダイナミックな過程としてとらえることである。新陳代謝の概念は生物の生理のアナロジーとして導き出されている。それは，都市や建築に時間的ファクターを導入することで主張されている。各要素のサイクルを明確にし，サイクルの長いものに，短いものが自由にとりつく，何段階にもわたる分離と連結のシステムが主張の骨格である。それは視覚化されたインフラストラクチュアの概念と平行している。垂直や水平の人工土地（坂出市に大高正人が実現させているが，はたして彼らの主張どおりのものだろうか）や菊竹清訓のムーブネット（→p.232）——ムーバブルハウス——ムーバブルブロックに具体化されている。また，人間的尺度をはるかに越えたスピードとスケールに対応するため，スケールの段階づけが考えられている。

建築や都市を開かれたもの，動的なものとしてとらえ，新陳代謝の概念を導入することによって，その動的なもののなか（プロセス）に秩序を求めようとするものである。しかし現実化にあたって，この概念だけではカバーしきれなくなったとき，黒川紀章はメタモルフォーゼ（メタボリズムを維持するための構造自体の変身）と，拠点開発による点刺激方式に新しい突破口を開こうとしているが，ここまできてしまうと，もうアナロジーを追っかける単なる言葉の遊びにしか受け取れない。

メタボリズムのこのような考え方は，CIAM崩壊後に出現したグループ——チーム X, GEAM, アーキグラム（それぞれの項参照）——と並行している。動的なものの建築や都市への導入と動的な秩序の概念は，明らかに，CIAMの古典的で静的な秩序の体系からのリアクションとして生まれ出たものである。メタボリズムが現実性を問題にしている点，チームXに最も類似した考え方をしているし，代謝の概念はGEAMの動く建築と並行している。またアーキグラムのSF的発想も持っている。これは，時代的偶然性によるものかもしれないが，オリジナリティ

への疑いも否定できない。また彼らの実現させたものを見ると，理論を建築的表現を正統化させるための道具としてしか使っていないように見られ，静的なものから抜け出していない。それは建築や都市に対する彼らのアプローチが，これまでの建築や都市に対する概念と根本的に差異がないことのあかしである。生物のアナロジーとして，あまりにも物質的に建築や都市をあてはめたところに，それが彼らのなかに新しい表現美をつくったにしかすぎない落し穴があったのではないだろうか。

METABOLISM　第一宣言 (1960)

「METABOLISM」とは，きたるべき社会の姿を，具体的に提案するグループの名称である。われわれは，人間社会を原子から大星雲にいたる宇宙の生成発展する一過程と考えているが，とくに METABOLISM という生物学上の用語を用いるのは，デザインや技巧を，人間の生命力の外延と考えるにほかならない。したがってわれわれは，歴史の新陳代謝，自然に受け入れるのではなく，積極的に促進させようとするものである。

今回は，建築家による都市の提案でまとめられたが，今後は各分野のデザイナーや美術家，技術者，科学者，また政治家など各分野からの参加が予定され，すでにその一部は準備を始めている。われわれのグループそのものも，たえまない新陳代謝を続けていくであろう。

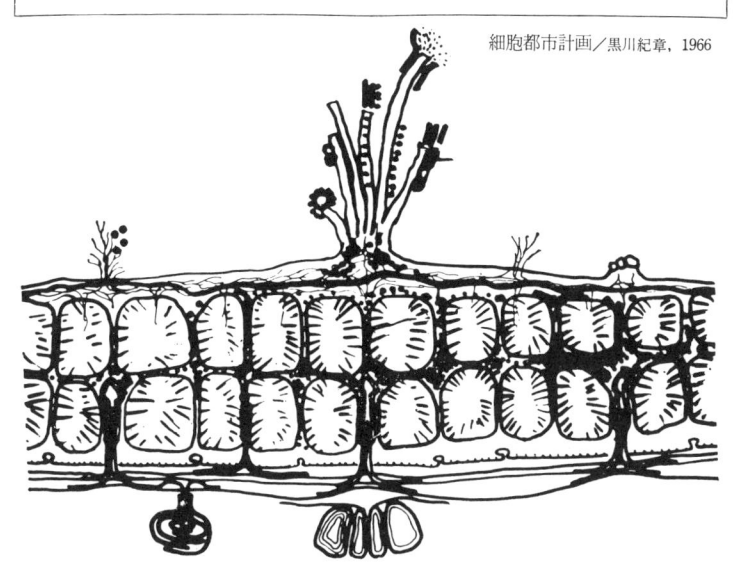

細胞都市計画／黒川紀章，1966

モビールユニット（トレーラーハウス，キャラバン）

　一般にトレーラーハウスと呼んでいるものは，モビールユニットまたはキャラバンといわれるものの1タイプである。モビールユニットとは車輪によって移動しうるスペースユニット（特に住空間の）で，そのうちでも自走しうるものがモーターホーム，牽引されるものがトレーラと呼ばれている。また，住空間のモビリティという考え方を広げてみると，工場で住宅の完成または半完成品を交通機関を使って現地まで持って行き，そこにセットしてしまい，移動するときは家ごと動かしてしまうという考えがある。これは一般にモビールホームと呼ばれる。これはモビールユニットに比べてもっと本格的な住宅であり，ユニット自身が動き回るものと概念を異にしている。

　モビールユニットの利点は，量産化によって性能が高く，ローコストのものが得られ，家具からシェルターまでトータルな製品が造れることにある。しかし最も大きな意味は移動性によって，固有の敷地から住空間を解放したところである。それによって人は自然や環境に積極的に対応する自由を獲得する。ここに今までの住まいの考え方と全く違った概念をみる。

　アーキグラム（→p.12）は，特にモビールユニットのこの概念に注目している。彼らは最終的には住居が自分と一緒に動くものではないもの，シグナルでサービスをしたり，環境をつくるロボットが動いたり，スイッチを入れることで人工環境ができたりする，住環境の非物質化による自由な生活をイメージしている。「インスタントシティ」はモビールユニットが全く革新的な概念を内包していることを示している。

　しかし，現状は必ずしも生活の自由さを満足させていない。イギリスにおいて当初ホリデイキャラバンがレジャー用として普及したが，最近の住宅不足をきっかけに住まいとして定着し始めた。そして，大型で居住性の高いモビールユニットを生んだ。それとともに，キャラバンサイト（caravan site）が種々の設備やクラブ室などの施設をもったキャンプ地としてつくられた。しかしどれもが退屈で画一的なプランニングで，ケヴィン・リンチは「トレーラーの置場をうまくその環境に適合させる，最初のデザイナーがヒーローになるだろう」と言っている。居住性が高くて，ローコストであるモビールユニットは，住宅難の中間層に広く普及したが，やがて恒久的にキャラバンサイトに定住するものもでてきた。その密集化されたものはスラム化する傾向を持っており，新しい問題としてクローズアップされてきている。

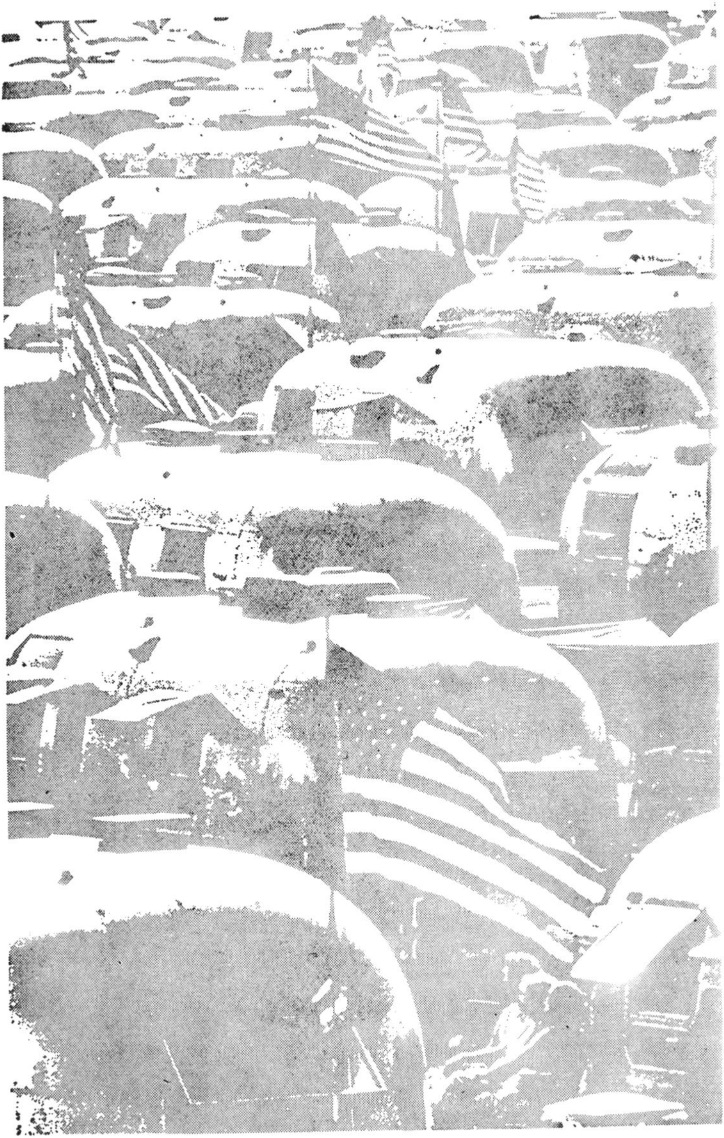

ユニテ (unité d'habitation)

　コルビュジエ(→p.250)はその経歴の最初から住宅——それも集合化している——に興味を持っていた。彼はおもに鉄筋コンクリート中心の新しい材料による，自動車に発想を得た量産可能な住宅の典型 (prototype) を造り上げるというスタディをし，そのプロトタイプは，常に都市における人間の住むべき高層集合住宅の単位となるものだった。つまりモノル，ドミノ，シトロアンと呼ばれる一連のものだ。これらも最初は2層程度，あるいは吹抜けを持った単位が，敷地全体にあるパターンをつくりながら，一個一個独立にプロットされていた。これらのスタディのなかで実現されたのがペサックの集合住宅である。この後すぐ1925年にエスプリ・ヌーボー館という名のパビリオンをパリの装飾美術展のためにつくった。これは 1922 年に考え始められた「大高層借家」の1ユニットの実物模型で，2層で，吹抜けがあり，各戸に庭園を含んでいる。この「大高層借家」についてコルビュジエは，次のように語っている。

「給湯・中央暖房・冷房・真空，水の消毒等々。使用人は各世帯に必ずしもしばられなくなる。彼らはここ——工場——に通うようにやってきて8時間勤め，夜昼警備の人がいる。食料補給は生鮮，加工品とも購買部が扱い，質と経済を確保する。大きな厨房が好みに応じて各住宅への，または，共同しレストランへの食事を提供する。各住宅は運動の部屋を持っているが，屋上にはスポーツの大ホールがあり，300mのコースがある。屋上には住民のためにお祭りのための部屋もある。守衛の住居が宿命的につく狭苦しい入口に代わって大きなホールがある。夜昼となく使用人がそこにいて訪れ人を昇降機に導く。地下駐車場の上の大きなオープンスペースではテニス。木や花がこの中庭を囲み，道路に面する四方には邸宅の庭がある。各階には空中庭園があり，常緑樹や花がある。「規格がここで権利を持つ邸宅は合理的な賢い処置の型，すべての誇張をさけた十分で実用的なものである。債券の方法で古い所有方式はなくなる。家賃を払うのではなく，債券を持っていて20か年払い込み，その利息はわずかな家賃となる。

　大高層集合住宅には，低廉化のため＜量産＞は他よりもいっそう欠くべからざるものだ。＜家政の危機＞の時代に＜量産の心＞は多くの思わぬ効用を持ち込んでくる。」(吉阪隆正訳)

　これが当時の集合住宅に対する彼の考え方で，1927年のワイセンホーフのジードルンクでは二つの集合住宅を実現させ，それまでの彼の考えをうまく整理しているが，エスプリ・ヌーボー館

の空間構成とは大きく異なっている。1933年にコルは都市に対する考え方をまとめたものとして「輝ける都市」(→p.50)を出版したが，そのなかでも都市の住居を「緑と太陽と空気を！」というスローガンのもとでプロジェクトしている。これはピロティ(→p.202)で持ち上げられた高層の版状のもので，まんなか1層おきに廊下を持ったメゾネットでこれが後のユニテの基となった。

第二次大戦直後の1947〜1952年に，マルセイユで初めて実現するユニテ・ダビタシオン(住居単位)は，鉄筋コンクリート18階建で，18階は地上56mの屋上庭園で，建物の全長137m，幅は24.5m。337ユニット約1,600人であり，独身者用から6〜8人子供のいるような大家族用までの23の異なるタイプがあり，7，8階は大半食料雑貨商品の共同組合で，ほかに小さなレストラン，18の客室を持つ小さなホテルもある。

この商店は即金の買取り式。18階の屋上庭園には託児所と児童公園があり，さらにランプで19，20階の屋上庭園へ続く。そこにも池・あずまやなど子供用の遊び場がある。残りの屋上庭園は大人の屋内体操場，戸外広場，300mのトラック，日光浴室，バーなどがある。暖房は温風で排気は台所および浴室から。なおピロティ1本は2,000tの荷重を受けている。この後，ナント(1952〜7)，ベルリン(1957)，ブリエ(1960)とユニテを造っているが，形式はほぼこのマルセイユと同じものである。

一生を通じたコルビュジエの集合住宅を通してみると，コルビュジエには人びとが集合して住むということの積極的な意味を，1922年からマルセイユに至るまで持ち続けていることがわかる。だが，初期における量産という考え方は，現実的な鉄筋あるいは鉄骨現場打ちコンクリートという工法にとって代わり，その代わりにモデュロールという寸法の体系が出現したことが理解できる。また，彼は都市の構成要素としての集合住宅を考えており，集合住宅（マルセイユなどでも実現された）のプロジェクトの場合，常に都市に対する提案の一つの部分として提示している。

またこれは決してコルビュジエに帰するものではないが，高密度集合住宅というものと高層という形が一般的に非常に結びつけられ，しかもコルビュジエのいささか強引な古い建物を一掃してしまう（たとえばパリに対する提案にはっきり表われているように）という考え方が，ドグマティックになっていることは，われわれにおおいかぶさる問題としてはっきり考え直さねばならないだろう。

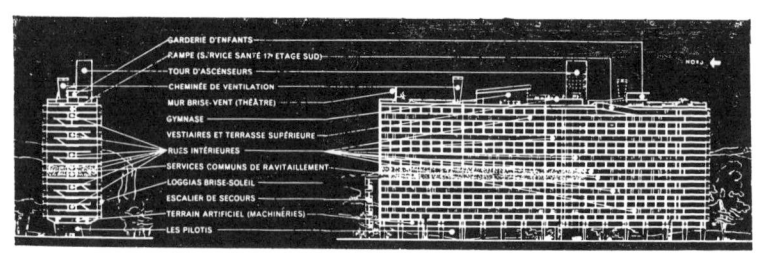

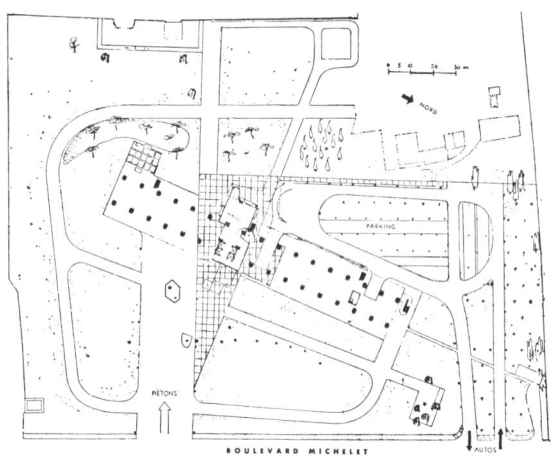

- GARDERIE D'ENFANTS
- RAMPE (SERVICE SANTÉ 17e ÉTAGE SUD)
- TOUR D'ASCENSEURS
- CHEMINÉE DE VENTILATION
- MUR BRISE-VENT (THÉÂTRE)
- GYMNASE
- VESTIAIRES ET TERRASSE SUPÉRIEURE
- RUES INTÉRIEURES
- SERVICES COMMUNS DE RAVITAILLEMENT
- LOGGIAS BRISE-SOLEIL
- ESCALIER DE SECOURS
- TERRAIN ARTIFICIEL (MACHINERIES)
- LES PILOTIS

マルセイユのユニテ，配置図

屋上平面，立面

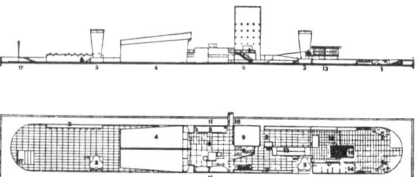

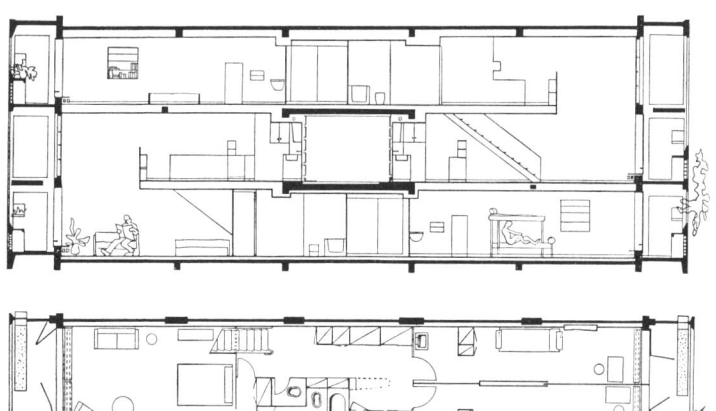

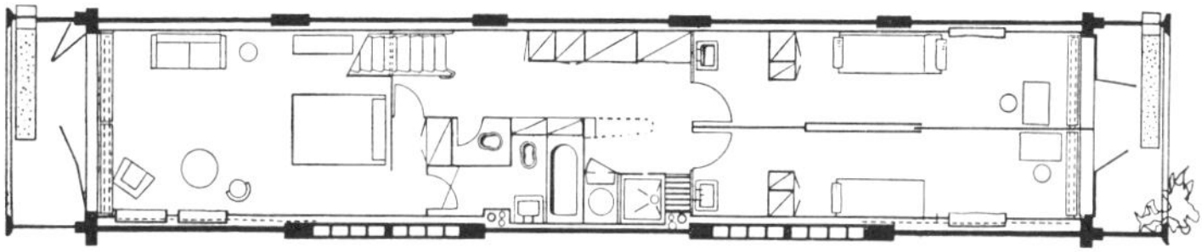

マルセイユのユニテ，断面および平面

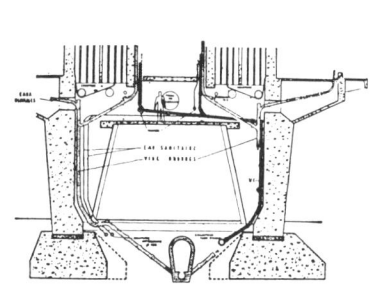

ライト（Frank Lloyd Wright）

　フランク・ロイド・ライトは，ミース，コルビュジエ，グロピウスとともに20世紀の巨匠と呼ばれる。しかし，1869年(1867年の説もある)生まれのライトに比べ他の3人は20年近く若い。ベルリンで1910～11年に出版されたライトの作品集は，3人に大きな影響を及ぼし，転機になったと考えられる。

　ライトは母親からフレーベルの幼稚園教育を受け，「私はとりわけなめらかな楓の木のブロックで作られた四角（立方体）や，円（球）や三角（四面体または三角錐台）で遊んだ。」（谷川正己・睦子訳）と述べているように，彼のプランニングの特色である，正方形・三角形あるいは円形のグリッドの基礎づけがなされる。

　彼の生まれたアメリカは，れんがより木構造建築が主流であり，それがバルーン・フレーム構造を生みだし，ヨーロッパのごとくれんが壁体の混乱への改革を進める必要もなかった。また中心に暖炉を設けて客室を構成していくプランニングは，アメリカ開拓者の住宅に見られる手法であった。ライトはこうした影響をうけながら，1887年アドラー＆サリヴァン建築事務所にはいる。シカゴ・オーディトリアムの内部仕上図面を書いたのが最初であったらしい。サリヴァンの事務所在任中住宅の設計を任され，アルバイトでも住宅をいくつか設計している（このことがサリヴァンから離れる理由となるが）。サリヴァンの「形は機能に従う」という教義は，ライトの「形と機能との一致」に受け継がれていく。1895年最初のライトの作品であるウィンスロー邸はすでに暖炉を中心にしたユーティリティ・コアの発生と，壁の明確な扱いがみられ，居間，食堂を中心コアで分離させながらも，流動する空間をつくり出している。彼の著書 Natural House （ライトの住宅）の中で，1.開放的な居間，庭と居間との直結　2.煙突の下に置かれた台所に，台所と食堂，浴室，ボイラー室が隣接すること，つまりユーティリティ・コア　3.寝室のプライバシーをあげているが，この構成は住宅作品に一貫して表われ，ユーティリティ・コアを中心にL型，十字型にプランニングが発展していく。1909年草原住宅の代表作ロビー邸ではコアを中心にプランニングは水平にのび，流動する空間は長い軒の出でいっそう強調されている。軒の出は居間とコートを結ぶだけでなく，シカゴの高くのぼる夏の日光を防ぐもの（ロビー邸の南側の短い庇は十分対応する）で，暖房と換気に対する配慮を常に忘れていない。天井裏は換気装置であった。

　こうした環境に対する考えは，鉄道に隣接した敷地に建てられたラーキン

ビルでは，はめ殺しの窓で外気と遮断され，四隅の階段棟と一体になったダクトスペースを屋上からの空気取入れ口と結びつけていることからもわかる。そして中央の大きなトップライトと大きな吹抜けで採光し草原住宅には見られぬ，垂直方向への展開が進んでいく。

ラーキンビルの2年後，1906年のユニティ教会を完成する，玄関ロビーにより礼拝堂と牧師館の異なる二つの機能を分離し，なおかつ連結するプランニングの方法は後のジョンソン・ワックス社屋，グッゲンハイム等につながるもので，同時にコンクリートの型枠そのもので装飾をつくりだしている。

ライトのコンクリートに対する認識は，カウフマン邸以後の片持スラブへと発展していくが，むしろ，ユニティ教会以後の沈黙していた期間に，これらの計画をあたためていた。この時期さまざまなスキャンダルからのがれてドイツ，日本へ旅立つ。ドイツで作品集を，日本で帝国ホテル(1922)の設計にあたる。帝国ホテルで考えられた片持梁は，1929年のセント・マークス・タワー計画で，中央の設備コアと一体になった十字型の支持で四方にはりだす樹木型の構造を考える。これは，1950年のジョンソン・ワックスの研究塔やプライスタワー(1953)の原型になる。同時にミラード邸(1923)，ストアー邸(1923)のようなユーソニアン・オートマテックと呼ぶ16in角，$2^1/_2$in厚のブロックを補強鉄筋と一体化し，またユニットによる装飾性を高めている。またこの時期のいくつかの計画案とともに1936年からブロードエーカーシティ計画を開始する。

地主なし，小作人なし，交通問題なし，スラムなし，公園内を除いては高層建築なしという「個々は全体につながり，全体は全体としてつり合いを保っている共同社会」。ブロードエーカーシティはユートピアとして描かれ，ライトは，自動車をも設計している。樹木構造の終局ともいえるマイル・ハイ・イリノイ（1956）も彼が夢みた巨大な理想郷であろう。ライトが1930年代後半，カウフマン邸やジョンソン・ワックス社屋で再び認められた頃は，すでに70歳に近くなっていた。

ライトはこの時期以降，四角形のユニットから三角，六角，そして円形のユニットへと進んでいく（1940～1959年のフロリダ・サザンカレッジ以来）。ジョンソン・ワックスの皿状の連柱，キャンティレバーとらせん形の造形とが結びついて，空間はさらに連続していく。

グッゲンハイム美術館が完成したのは1959年ライトが亡くなった直後であった。マリン郡庁舎も同様であり，彼が生活し，教育したタリアセンはいまだに活動をしている。

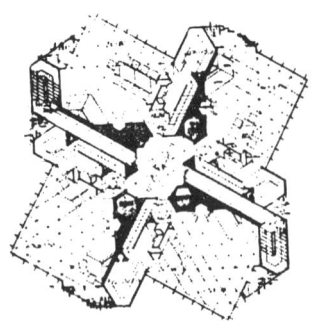

セント・マークス・タワー (1929)

グッゲンハイム美術館

理想都市 (ideal city)

理想都市とは，現代社会の構造・文化・思想・経済・芸術・宗教を背景とし，強力にそれを反映して，その不満，欠点のアンチ・テーゼとして凝集したものと言える。

それは(1)形態的整理のとどまるもの（ルネサンス期の計画のように），(2)現実社会の欠点に対する技術的処理を示すもの（コルビュジェの計画のように）(→p. 250)，(3)文明批評，批判による現実社会の再編成をねらうもの，また，(4)明確な思想性に裏づけされた未来社会像の設定とその都市計画を行なうもの(→p. 226)に分類できる。

理想都市を歴史的に見ると，古代，ルネサンス期，産業革命以後の三つのピークがあり，おのおのの性質の異なった理想都市像が見られる。そしてそれぞれヨーロッパにおけるユートピア思想の歴史と並行している。つまり理想都市の歴史は，人の生活に対する意識の変化の歴史なのである。

古代において理想都市の問題は理念としての国家の問題であった。中国やインドにおいては，理念としての国家は宇宙とのつながりにおいて，ギリシアにおいては，プラトン等の哲学をもとに考えられていた。

中世において都市は軍事的にあるいは制度上の問題として，非常に実際的に認識されていた。そして理想都市はルネサンス期において，ギリシア・ローマ文化を規範とする人間復興の運動の一環として開花した。しかし多くのそれはトーマス・モアたちのユートピア思想と並行しながらも，ヴィトルヴィウスを規範とし，中世都市の定形化としての形態的理想像を描くに終わっている。

18世紀末から19世紀初頭にかけて起こった産業革命の結果，都市は著しい人口集中，過密化が起こり，貧困と流行病と犯罪の巣と化した。そのような現状を改革しようと多く生まれた理想都市は空想社会主義の批判的姿勢と産業や技術の急速な発展の予測を軸としていた。そしてそれらは E. ハワードの田園都市 (→p. 156)，T. ガルニエの工業都市にそれぞれ集約され，コルビュジエ以降に引き継がれる。

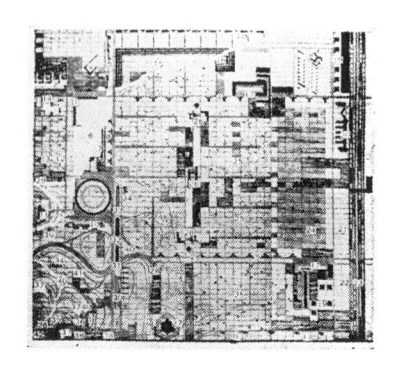

12. Babel IID

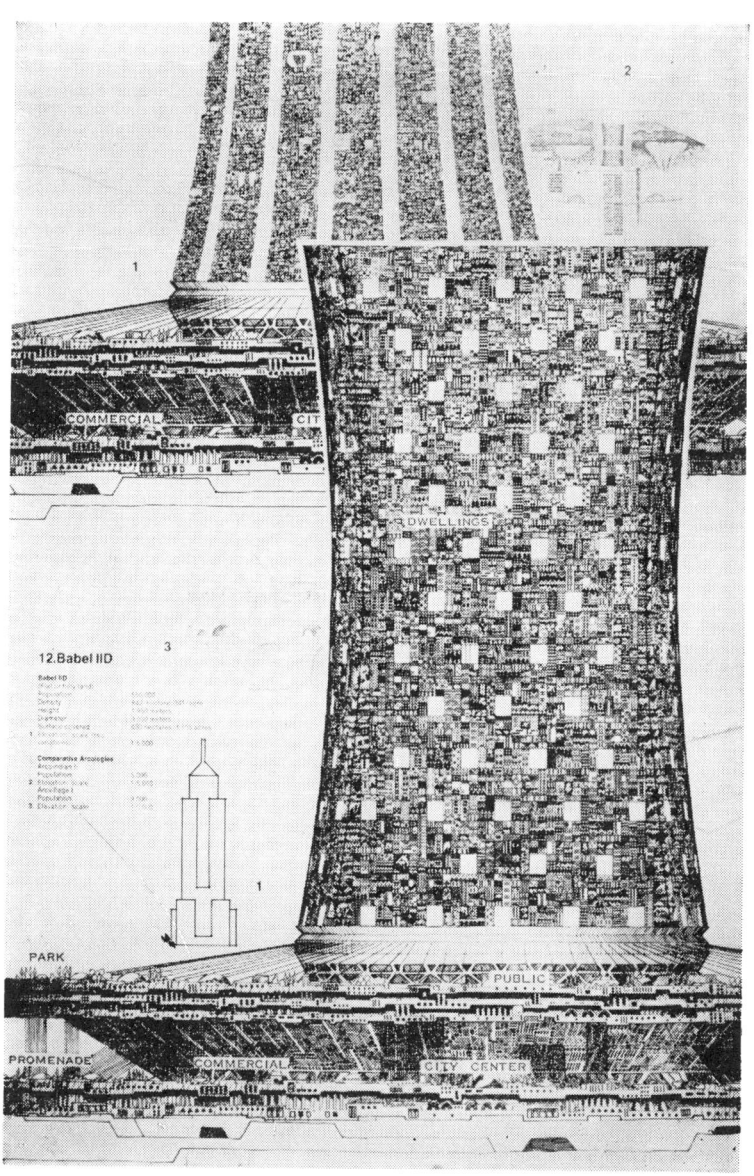

Babel IID
(Real on hilly land)
Population: 550,000
Density: 460 inhabitant/per acre
Height: 1,900 meters
Diameter: 3,000 meters
Surface covered: 600 hectares / 1,115 acres
1. Elevation Scale 1:10,000

Comparative Arcologies
Arcomedia II
Population: 2,000
2. Elevation Scale 1:10,000
Arcvillage I
Population: 3,000
3. Elevation Scale 1:10,000

COMMERCIAL CITY
DWELLINGS
PARK   PUBLIC
PROMENADE   COMMERCIAL   CITY CENTER

パオロ・ソレリのアーコロジー

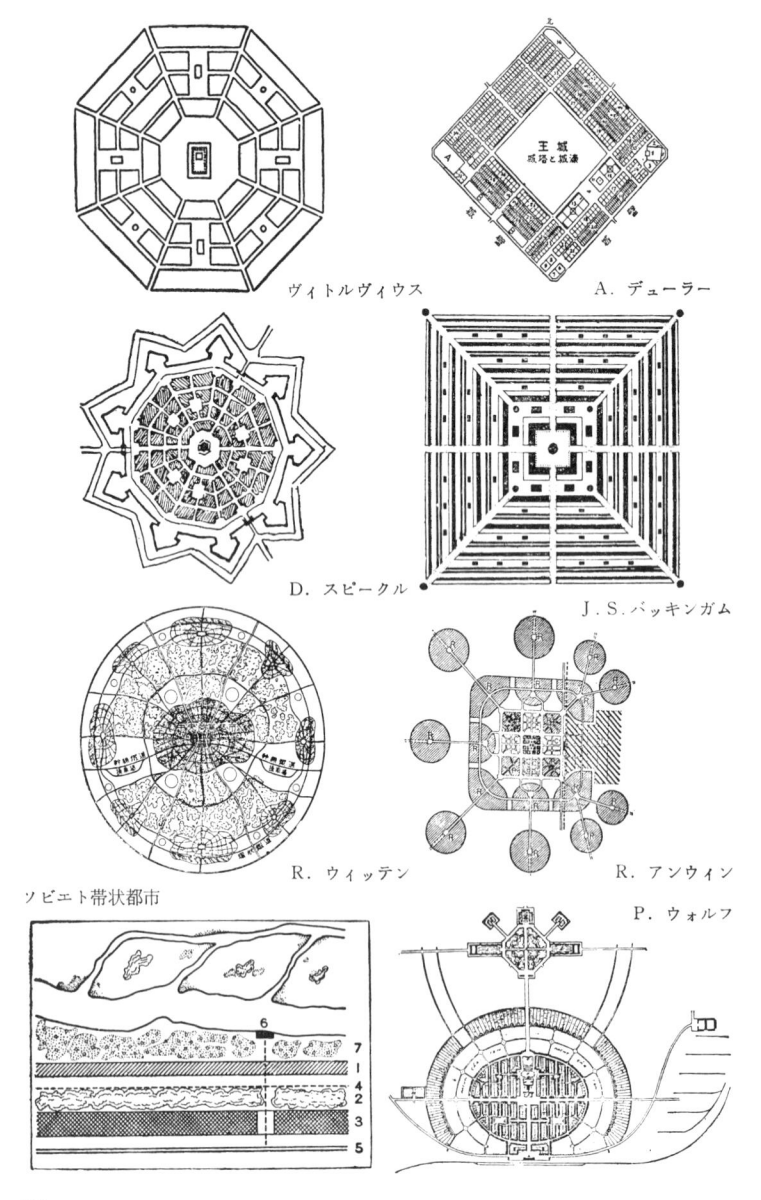

ヴィトルヴィウス

A. デューラー

D. スピークル

J. S. バッキンガム

R. ウィッテン

R. アンウィン

ソビエト帯状都市

P. ウォルフ

年代	理想社会論	理想都市論	実現した理想都市
B.C.1000		周礼，三礼図所蔵，王城	
500	B.C.	印度マナサラ 村落計画論	B.C.
	376 プラトン/哲人国家		480 ヒッポダモス/ミレトスの格子状都市
0	A.D.	B.C. A.D.	
	98 リプルス伝	27〜30 ウィトルウィウス/都市論	
A.D. 100	106〜143 キケロ/共和国		A.D.
			100 レ・マンスティウス・グラス/チムガード
200			
300			
400	427 A.アウグスティヌス/神の国		
500			
600			
700			710 平城京
800			794 平安京
900			
1000	H.Idegard / Mappaemundi		
1100			
1200			1284 エドワードI世/モンパチエ
1300			
1400		1457〜64 フィラレーテ/星状都市	
		1490 F.マルティーニ/理想都市	
1500	1516 トーマス・モア/ユートピア	1511 F.ジョコンド/理想都市	
		1527 A.デューラー/理想都市	
		1550 パーパラ/理想都市	
		1450〜1553 L.B.アルベルティ/理想都市	
		1564 G.マッジ/理想都市	
		1567 P.カタネオ/理想都市	
		B.アマナチ/理想都市	
		1570 パサリー/理想都市	
		1582 ルピチーニ/理想都市	
		1589 D.スピークル/理想都市	
		1592 B.ロリーニ/理想都市	
		1598 G.ベルーチ/理想都市	1593 V.スカモッティ/パルマ・ノヴァの建設
1600	1623 T.カンパネラ/太陽の都	1601 J.パレット/理想都市	1607 マンヘイム/D.スピークルの手法により建設
	1629 フランシス・ベーコン/新アトランティヌス	1619 V.スカモッティ/理想都市	
		1619 V.アンドレア/クリスチアナポリス	1612 マルヘイム/D.スピークルの手法により建設
		1640 ディッヒ/都市論	
	J.ヘリントン/The Common Wealth of Oceanea	1685 J.フリードリッヒ/オウパスク計画	1682 ガティナラ/イタリア理想都市
			1693 グラミケレ/の実現
		1699 S L.デ・ボーバン/理想都市	1699 L.C.スターム/シビルバウクンスト
		J.ベレー/理想都市	フィリップ伯/新アイゼンベルグ計画
1700	1795 I.カント/Zum ewigen Frieden		
	1797 R.オーエン/A New View of Society		
1800		1804 R.オーエン/オービストの計画	
		1827 J.B.パアマン/村落都市	
	1835 E.カベ/Voyage en Icarie	1849 J.S.パッキンガム/ヴィクトリア	1853 S.タイタス・サルト/模範工業村
	1848 J.G.フィヒテ/知識学	1875 B.W.リチャードソン/ハイジェリアの提案	1869 A.T.ストウート/ロングアイランド田園都市
		1882 S.Y.マータ/線状都市	
	1891 W.モリス/無何有郷便り	1898 E.ハワード/田園都市	1879 G.カドベリィ/ボアンビルの工業村
	1898 トルストイ/光ある内に歩め		
1900	1903 アナトール・フランス/白き石の上にて	1901〜04 T.ゲルニエ/工業都市	1903 レッチワース建設
	1905 H・ジョージ・ウェルズ/A Modern Utopia	1913 サンテリア/未来都市	1919 ウェルウィン建設
		1922 R.アンウィンとP.ウォルフ/理想都市	
		1923 R.ノイトラ/ラッシュ・シティ	
		1930 ソビエト/帯状工業都市	
		1933 ル・コルビュジエ/輝く都市	
		1935 F.L.ライト/ブロード・エーカー・シティ	
		1940 A.アアルト/実験都市	

ル・コルビュジエ (Le Corbusier)

　1887年にスイスのラ・ショー・ド・フォンに生まれる。その地方の多くの人びとがそうであるように，彼も装飾彫師になるため，美しい自然に囲まれた工芸学校で師匠から，「その自然の因果を学びその中から形を探り，生命の進展をきわめよ」という教育を受けた。途中で建築に興味を持ち，その手ほどきもその師匠から受ける。1907年には故郷を離れ，ウィーンでJ.ホフマン，1908年にはリヨンでT.ガルニエ，パリでA.ペレー，1910年にはベルリンでベーレンスのもとで働く。そして1911～12年にはドイツ工作連盟の人びととともに大量生産，あるいは規格化の問題に取り組む。1912年から約1年ギリシア，トルコに及ぶ未知の世界を旅した。そして1917年にはパリに定住するが，その前年に故郷の町でコンクリート造の別荘を設計している。この建物はシンメトリーな十字型プランで，道路に面する幾何学的な，庭に面する様式的なファサードを持つ折衷主義の建物で，大きな吹抜けのある空間構成はF. L.ライトのロバーツ邸(1907)に多くを負っている。この建物は彼の最も初期の作品であるが，1914年グロピウスがコローニュでのヴェルクブント展で造ったパビリオンと同様，予見的な作品である。

　パリに定住した彼は多くの前衛芸術家と交わり，その思想を大きく発展させ，1920年には画家のオザンファンや詩人のP.デルメと「エスプリ・ヌーボー」誌を発刊する。この1917年から1922年の作品の中絶の後，彼はオザンファン邸(1922)，ジャンヌレ・ラロッシュ邸(1923)，ガルシエのシュタイン邸(1927～8)，エスプリ・ヌーボー館(1925)あるいはペサックの集合住宅(1922～6)など多くの住宅を実現させ1931年にはこれらの中でも特にすぐれたサヴォア邸が完成する。この建物は彼が近代建築のアジテーターであり，その確立に対して大きな努力を払うと同時に時代を超越した豊かな空間をつくるすぐれた才能を持っていたことを証明している。細いピロティ，ランプ，曲がりくねる壁，床から天井までの大きな開口，濃いブルーに塗られた壁と白いピロティ，横長の窓，柱とガラスのアーティキュレイション，柱のランプ部分でのずらし，物体的マッスでなく，空間的ボリューム，ファサディズムなどがボキャブラリーとして用いられている。1930年代から戦後までの間には不況と戦争のために建築をつくれなかった時期がある。

　1952～6年の間にインドに建てられたジャウル邸とショーダン邸という二つの住宅がある。ともに地域性を積極的に表現しているが，ジャウル邸では

れんが積みの厚い壁とヴォールトという伝統的な材料や構造を建築的な手法とし、ショーダン邸では打放しコンクリートラーメン構造の均質な柱と床板による三次元的グリッドにいくつかの空間単位を挿入するという近代的な手法が用いられている。これら生涯をかけた彼の住宅作品に「住宅は住むための機械である」というドグマティックなスローガンにもかかわらずコルビュジエがインターナショナルスタイルをドグマとして考えず、多くの伝統的な手法を受け継ぎ、新しくしかも豊かな空間をつくる建築家であったことが如実に示されている。

彼は1965年夏地中海で死んだ。

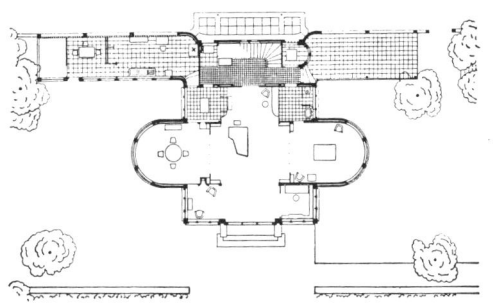

1916年シュワォツ邸
ラ・ショー・ド・フォン　図は1階プラン

ルーバー (louver)

近代建築を推進してきた要因に大量生産によって獲得した板ガラスがあげられ，もはやガラスの使用を考えずに設計することは不可能になった。

透明板ガラスは透明であるがために直射日光にはもろさをもってしまう。強い日ざしはまぶしさと日射熱の再輻射，対流による熱を帯びてくる。そこで固定された日照調整装置が生まれる。ルーバーのおもな機能目的は日照調整であるが，組合せによって通風効果，視覚調整および音響調整，火災防御を含むことがある。ゆえにルーバー設計には建物の高度・方位・緯度など太陽光線に関する地理的条件，地域気候・温度・湿度・風向・風速さらに周辺状況による敷地の気象条件，建築自体の使用時間帯，機能などの内部要求，空調計画の有無，照明などの環境設備計画と，コストが関与する。

ルーバーの基本的な形式は水平型ルーバー，垂直型ルーバー，格子型ルーバーの三つに大別される。水平ルーバー，フィンは上部から日射を調整するために光をさえぎれぬ場合，回転ルーバーでないと室内に縞目が生じる。また窓面に近いと熱を再放射する可能性があり，視界が室内からさえぎられるという欠点を持つ。

垂直型ルーバーは主として横から光の調整を行なうため，正面からの日射については再考する必要がある。またガラス面に垂直でなく傾きを持った場合，室内採光状態も片寄る傾向になる。材料が金属板のとき大きなグレアを生じさせ，室内からの視界を狭くするという欠点がある。ただ金属板，ボード，木などの材料によって水平ルーバーより可動性が高く，それを利用してシャッター代わりに防火・防盗に使用することができる。

格子型ルーバーは原理的には水平ルーバーと垂直ルーバーを格子状に組み合せたもので，形のバリエーションからデザインに利用されることが多い。

デザイン上最も大きな影響を与えたのは，反射体をそのまま竪型ルーバーに使用したコルビュジエの"ブリーズ・ソレイユ"である。1928年のカルタゴの住宅以来，日照調節を建築そのもので解決法を考え始め，36年リオ・デ・ジャネイロの保健教育省で大胆に利用する。コンクリート格子に落とす影と光の美しさゆえ，北側の日の当たらないファサードに取り付ける例まで現われるほど流行する（南半球では北側に日が当たることからの誤解）。ファサードだけでなく，内部からの視界の方向づけ，逆に視野をぼかす等の利用方法もあり，ルーバーのほかにコーティングガラス，ブラインド，れんじ，すだれ，プロフィリットガラス等が利用される。

ルドルフのウェルズレー女子大学におけるルーバー例

ローマ──都市の歴史（Rome）

　テヴェレ川に沿った七つの丘を持つ平野のなかにローマは生まれた。丘から麓に七つの都市国家が発生し，フォーラムや円形劇場，浴場等の公共施設は低地に建てられ，丘の上に富裕な市民は住む。ローマが絶頂期には人口50万から180万とも言われ，ローマの1/3を占める城郭内は延長578kmに及ぶ水道，900以上の公共浴場，1,200以上の噴水等をもつ過密都市であった。

　しかし，ローマ帝国の衰えにより，ローマもまた大方荒廃し，13世紀には人口17,000人に減少する。しかし法王が1376年にアヴィニョンからローマに帰り，再び宗教上の中心になると人口もふえ，法王の力によって都市改造が進められることになる。16世紀にはいり，ユリウスⅡ世(1503～13)がテヴェレ川に沿った2本の道路，レオX世(1513～21)とパウルスⅢ世(1534～49)はポポロ広場から放射する3本の道路のうち1本ずつを計画，こうした開発事業はしだいに南東に向かい，ピウスⅣ世(1559～65)はクィリナル丘からミケランジェロのポルタ・ピアに向かう2kmの道路を，グレゴリウスXIII世(1572～82)はサンタ・マリア・マジョーレとサン・ジョヴァンニ間の道路を改造する。

　そしてシクストウスV世(1585～90)が法王の座につくと，改造は急激に進むことになる。山賊団や貴族政治家を追放し，秩序を回復させながらローマ全体を「七つの聖地」にするように計画する。まず各道路は七つの寺院聖堂を1日の巡礼で巡れるため，サンタ・マリア・マジョーレ寺院から星型に放射し，他の寺院と結びつけるよう計画される。統治1年目にフェリーチェ道路をサンタ・マリア・マジョーレ前から丘を降り，サン・トリニタ・ディ・モンティ寺院に連絡される。この道路は馬車が5台並んで通るほどの広さを持つ。さらにサン・ピエトロ寺院前のオベリスクを解体し，再建(1585～6)して，荒廃したままの水道──アクア・フェリーチェ──をアーチ状の水路に沿って7マイル導き，さらに地中を7マイル導くことによってローマの丘陵まで引いて，1589年には27か所の噴水から水が噴き出した。

　同時にラテラン宮殿とバシリカの建造，トライアヌスの記念柱の整理，ローマ南東部ポンティン沼地の排水工事と矢つぎばやに進めサンタ・マリア・マジョーレ寺院を建設する一方，失業者のために労働者を雇用しながら低廉住宅の建設にもあたる。そして最後に毛織物・絹織物を復興させるためにコロセウムを紡毛工場に改造（1階作業場，上階居室）を計画するが，シクストウスの死亡により，実行されなかった。この実施期間は，統治期間わずか5年4か月だけであった。

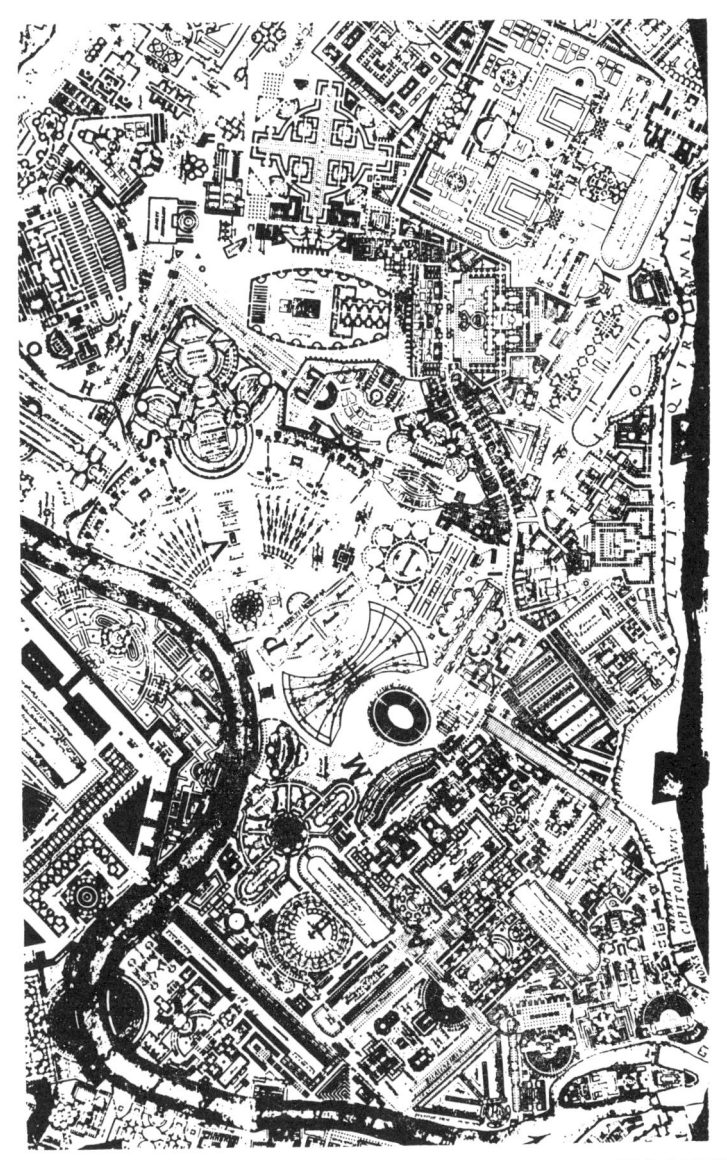

ローマ，ピラネジの地図

ロンドン──都市の歴史（London）

　ロンドンは，外洋船がさかのぼるテムズ川の終着点として，新大陸発見時代には，すでに大英帝国の中心地となるが，1660年の王政復古から6年後の1666年に，約1週間も燃え続けた大火で，中心部1万5千戸以上を灰に帰した。そこでチャールズⅡ世は，クリストファー・レンやジョン・イヴェリン等6名の建築家にロンドン再建計画の指名コンペを行なう。

　その中でレンの計画は，住宅街は幅30ft，オフィス街60ft，大通り90ftの交通網を設置，シティの焦点セント・ポールとロイヤル・エクスチェンジを結ぶという計画であったが，3日間の審議の末，チャールズⅡ世に却下される。その結果シティは大火以前の街路形態をとるが，木造家屋禁止令がしかれロンドンは中世都市から脱皮する。レンの計画が却下されたわけは，ロンドンが国王・貴族等の大地主の土地分割になっていること（20世紀初頭ですら，イギリスの半分の土地は7,400人の地主が，2割は600人の貴族が所有していた）とともに，1630年代から造り始められたスクエアを無視して，街路に中心をおいたことである。1630年ごろベットフォード伯がフェーカーを譲渡してコヴェント・スクエアをつくると　それを模してレスター・スクエア，ブルームズ・ベリー・スクエア，ソホー・スクエア，セント・ジェームズ・スクエア等がつくられる。スクエアとは自分の邸宅の北側に位置して他人の家が建つのを防げ，東西に住宅を建てて売るという利便でもあったため，一種の高級住宅街になったが，パリのように広場を結びつけることはなかった。18世紀にはいってもスクエア造りは続き，15ほどつくられ，中でもアダム兄弟の設計でアデルフィ・テラス，マンチェスター・スクエア，ポートランド広場等がつくられる。このポートランド広場に沿って1812年にジョン・ナッシュが王室所有の牧草地を公園と住宅にする命をうけ，リージェント公園計画を作成する。このときの案が実施されなかったが，1825年にリージェント公園，ポートランド広場，ピカデリー・サーカスを結ぶリージェント通りと，1825年にパーク・クレセント（三日月形連続住宅）に始まる連続住居を含むリージェント公園を完成する。

　こうした連続住居はスクエアとともにイギリス各地で建設されるが，イギリスが島国であるために，パリのごとく城壁内で人口密度が高まり高層化していくよりも，ロンドンは一戸建住宅の伝統を守りながら城壁を無視して拡大していく。この伝統はハワードの田園都市案から第二次大戦後の大ロンドン計画によるニュータウン計画まで一

貫して生き続けている。ロンドンは第二次大戦で再び破壊されるが,テムズ川のサウス・バンクにはフェスティバルホールを含むオフィス,住居等が計画され,デンス・ラズダムのベトナル・グリーン等の再開発が進んでいる。そして何よりもまず戦後の再建は,かつて大火後のロンドン計画を提出したレンの代表作セント・ポール寺院の保存とその付近の改造計画であった。

戦後の復興はレンのセント・ポール寺院にはじまる

文献

項目を大別すると、1. 建築史におけるもの。これには CIAM や NAU のような建築の運動も含まれる。2. 現代の建築界の動向をさぐるもの。3. 技術・構造に関するもの、の三つに分けられる。この書の目的の一つは、こうした項目に対する興味を文献の中にある専門書へ"橋渡し"をすることである。

したがって、できうる限り手にはいりやすいものを選んでいるつもりであり、このくらいは読んでほしいと思うものを提示している。特に建築の図版や原文をそのまま読んでほしいものもあるので、単行本だけでなく、雑誌も掲げることにした。

また、この書が建築のデザインについて書いたものであるから、したがって歴史、技術、構造についても、特殊な専門書は避けて、デザイン上、その概念が、わかりやすいものをと考えた。

全　般

通　史

建築史の通史として代表的なものをあげると

ヨーロッパ建築序説 (An Outline of European Architecture)／ニコラス・ペヴスナー　小林文次(訳)、彰国社、1954

世界中で最も広く読まれているアカデミックな本

A History of Architecture on Comparative Method／Batsford

Histoire de l' Architecture／Choisy, A. 2 vols, Paris, 1899

この本はボザールの教科書として名高い。

空間としての建築 (Saper Vedere L' Architettura)／ブルーノ・ゼヴィ、栗田勇(訳)、青銅社、1966

建築の歴史を空間のあり方という一つの視点からのみ扱っている。

A History of Architecture／Fletcher, Banister, Batsford, 14th ed. 1948

建築の歴史を様式史として一貫して扱っている。1896年の初版以来多くの建築家が親しんできた本である。

西洋建築史（建築学大系5）／彰国社、1968

西洋建築史図集／日本建築学会編、彰国社

また、平凡社からは「世界建築全集」全8巻 が出ており、また「世界建築史」1958, 美術手帖臨時増刊は小さな本ながら上手にまとめてある。

世界の建築（全24巻）／美術出版社

は写真を主とした全集で、現在まで「マヤ」「エジプト」「バロック」「ローマ」「トルコ」「ロマネスク」「ギリシャ」などが刊行されている。

パルテノンからゴシックまで

次に歴史的な流れに沿って参考文献をあげていく

パルテノン

The Architecture of Ancient Greece／Dinsmoor, W. B., Batsford 3rd ed., 1950

ぱるてのん／清家清、相模書房、1957

パルテノン（SDグラフィック3）／鹿島出版会、1966

ギリシア(世界の建築)／美術出版社、1967

L'Ordre Grace, Partenon（仏写真集）／Cali, François, Arthaud
ギリシアの空間芸術／SD 1965-5

ヴィトルヴィウス

建築書（De Architectura Libri Decem）／M. ウィトルーウィウス, 森田慶一（訳）, 東海大学出版会, 1969
B.C. 25年, ローマ初期に書かれた建築技術全書。

ロマネスク

世界の美術（中世西洋美術史第3巻）／吉川逸治, 東京堂
中世の秋（世界の名著）／J. ホイジンガ, 中央公論社, 1967
ロマネスク（世界の建築）／美術出版社, 1967
ロマンの世界／戸尾任宏, 建築1966-4〜67-11, 18回連載

ゴシック

L'ordre ogival／Cali, François, Arthaud, 1963

アーツ アンド クラフツから P. ベーレンスまで

これ以降は"近代建築"と呼ばれる時代である。ギーディオンの史観によって, 一応定着したかのように見えたこの時代の評価も, ほかの運動, あるいはグループの再評価により, 多様な歴史が並列しているという現状である。

空間・時間・建築（Space, Time and Architecture）／S. ギーディオン, 太田実（訳）, 丸善
現代建築の発展（Architecture You and Me）／S. ギーディオン, 生田勉・樋口清（訳）, みすず書房, 1961
Theory and Design in the First Machine Age／Banham, R., Architectural Press
モダン・デザインの展開（Pioneers of Modern Architecture）／ニコラス・ペヴスナー, 白石博三（訳）, みすず書房, 1957
近代建築とは何か（An Introduction to Modern Architecture）／J.M. リチャーズ, 桐敷真次郎（訳）, 彰国社, 1952
近代建築史（建築学大系6）／彰国社, 1968
近代建築史図集／日本建築学会編, 彰国社
生ける建築のために／J. イェーディケ, 阿部公正（訳）, 美術出版社, 1970

アーツ アンド クラフツ

ウィリアム・モリス（近代建築家8）／白石博三, 彰国社, 1954
建築の七燈（The Seven Lamps of Architecture）／ジョン・ラスキン, 高橋・松川（訳）, 岩波書店

アール ヌーボー

Art Nouveau／Studio Vista, London
図版, 写真を主とする入門書
マッキントッシュ（近代建築家1）／神代雄一郎, 彰国社, 1953
The age of Art Nouveau／Rheims, Maurice, Thames & Hudson, 1966
絵画から建築までアールヌーボーのすべてを網らしている写真集
Gaudi ガウディ（SDグラフィック）／鹿島出版会
A. Gaudi／Sert, J., Sweeney, J.J., Gerd Hatje, Stuttgart, 1960
セルトが書いたガウディ論を含んでいて, 近代建築家を標ぼうする人からみた, ガウディに対する意見がわかる。

ゼセッション

ヨセフ・ホフマン（近代建築家9）／上野伊三郎, 彰国社, 1955
ウィーン・伝統との相克／SD 1967-7

世紀末のウィーンの状況がまとめられ，アドルフ・ロース「装飾と罪悪」が収録されている。
J. M. Olbrich 1867〜1908／Clark, Robert Judson, AD 1967-12

シカゴ派
Louis Sullivan／Bush-Brown, Albert, George Braziller Inc., 1960
The Chicago School of Architecture／Condit, Carl W., The University of Chicago Press, 1952
Kindergarten Chats and Other Writings／Sullivan, Louis, Wittenborn, N. Y., 1947
The Autobiography of an Idea／Sullivan, Louis, Dover Publications, N. Y., 1956
シカゴ派—その文明史的背景／SD 1967-2
Louis Sullivan, Prophet of Modern Architecture／Morrison, Hugh, N.Y., 1952

フランク・ロイド・ライト
フランク・ロイド・ライト／天野太郎・樋口清・生田勉(編)，彰国社，1954
フランク・ロイド・ライト (SD選書)／谷川正己，鹿島出版会，1966
フランク・ロイド・ライト 1 (建築編)／浦辺鎮太郎・天野太郎，美術出版社，1967
フランク・ロイド・ライト 2 (住宅編)／生田勉・三沢浩・天野太郎，美術出版社，1969
ライトの遺言 (A Testament by F. L. Wright／谷川正己・睦子(訳)，彰国社，1961
ライトの住宅 (The Natural House)／遠藤楽(訳)，彰国社，1967
ライトの都市論 (The Living City)／谷川正己・睦子(訳)，彰国社，1968
The Future of Architecture／Horizon Press, 1953
Frank Lloyd Wright／Scully, Vincent, George Braziller Inc., 1960

構成主義
El. Lissitzky-Life, Letters, Texts／Lissitzky, Sophie, Thames & Hudoson, London, 1968
リシツキーの作品および文章を未亡人が編集した大著，彼の作品集の代表である。
The Work and Influence of El. Lissitzky／Frampton, Kenneth, Architectures' Year Book 12
リシツキーの現代的意義をフランプトンが論じている。
Constructivist Architecture in the U.S.S.R.／特集号 AD 1970-2
ロシア人歴史家による評論が集められている。
Town and Revolution-Soviet Architecture and City-Planning 1917〜35／Kopp, A., George Braziller Inc., 1970

デ・スティール
De Stijl 1917〜31／Jaffé, H. L. C., Meulenhoff, J. M., Amsterdam, 1956
オランダ人ヤッフェが詳細につづったデ・スティールの歴史。
De Stijl／Frampton, Kenneth AD 1969-11

未来派
未来派宣言／建築 1961-3
サンテリア／佐々木宏，建築 1961-3
Sant' Elia／Casabella 268
Futurism and Modern Design／Banham R., R. I. B. A. Journal 1957-2
以上のように未来派についてのみ扱った単行本はなく，R. バンハムの "The First Machine Age" を初めとするいくつかの通史の中で詳しく論じられている。

表現主義

ブルーノ・タウト（近代建築家３）／藤島亥治郎，彰国社，1953

アルプス建築（タウト全集第６巻）／水原徳言，育生社弘道閣，1944

Behrens' Changing Concept／Anderson, Stanford, AD 1969-2
ベーレンスがゼセッションや表現主義から大きな影響を受けていたことを示している好論文。

グロピウスからチームＸまで
ワルター・グロピウス

Walter Gropius, Mensch und Werk／Giedion, S., Max E. Neuenschwander, Zürich, 1954（英訳 1954, Architectural press, London）

ワルター・グロピウス（近代建築家４）／蔵田周忠，彰国社，1953

The New Architecture and the Bauhaus／Bayer, H., Gropius, W., Faber & Faber, London, 1935

生活空間の創造（Scope of Total Architecture）／ワルター・グロピウス，蔵田周忠・戸川敬一（訳），彰国社，1958

バウハウスの人々（近代建築家７）／山脇巌，彰国社，1954

ル・コルビュジエ

Le Corbusier & Pierre Jeanneret／Œuvre Complète, 1910～29(1937), 1929～34 (1935), 1934～38 (1953), 1938～46 (1946), 1946～52 (1953), 1952～57 (1957), 1957～65 (1965), Girsberger, Zürich
以上の本はル・コルビュジエの名前や作品をいやがうえにも高めた。

1910～60 (1960)／Girsberger, Zürich

ル・コルビュジエ／坂倉準三・磯崎新，美術出版社，1967

ル・コルビュジエ，（近代建築家５）／吉阪隆正，彰国社，1954
吉阪隆正がマルセイユのユニテでの体験を折りまぜながら語るコルビュジエ論。

闘明，(Precision, Boulogne 1930)／古川達雄（訳），二見書房，1942

モデュロール（Le Modulor）／吉阪隆正（訳），美術出版社，1953

伽藍が白かったとき／生田勉・樋口清（訳）岩波書店，1957

今日の装飾芸術（Collection de "L' ESPRIT NOUVEAU"）／前川国男（訳），鹿島出版会，1966

建築をめざして（Vers une Architecture）／吉阪隆正（訳），鹿島出版会，1967

ユルバニスム（Urbanisme）／樋口清（訳），鹿島出版会，1967

輝く都市(Manière de penser L'urbanisme)／坂倉準三（訳），鹿島出版会，1968

Who was Le Corbusier／Skira, Zürich,

ミース・ファン・デル・ローエ

ミース・ファン・デル・ローエ／浜口隆一・渡辺明次，美術出版社，1968

ミース・ファン・デル・ローエ，（近代建築家２）／山本学治，彰国社，1953

ミースの遺産／山本学治・稲葉武司，彰国社，1970

Mies van der Rohe／Johnson, Philip, The Museum of Modern Art. N.Y.,1947

Almost nothing is too much／Banham, R., Architectural Review 1962-7

Mies van der Rohe／Smithons, AD 1969-7, AD 1966-9

CIAM 報告書

アテネ憲章――文献再録／佐々木宏，建築 1961-9

Can Our Cities Survive?／edit. Sert, J.L.,

Oxford Univ. Press, London, 1942
A Decade of New Architecture／edit. Giedion, S., Ginsberger, Zürich, 1951
Heart of the City／edit. Tyrwitt, J., Lund Humphries, London, 1952
CIAM '59 in Otterlo／Newman, Oscar, Karl Krämer Verlag Stuttgart, 1961

ジーグフリード・ギーディオン

空間・時間・建築 (Space, Time and Architecture) 2巻／太田実 (訳)，丸善
近代建築運動の中で CIAM を主人公にしたギーディオンの主著である。
現代建築の発展 (Architecture, You and Me／S. ギーディオン，樋口清・生田勉 (訳)，みすず書房，1961

アルヴァ・アアルト

Alvar Aalto Ⅰ, Ⅱ／Verlag für Architektur, Zürich
アアルトの代表的な作品集
Alvar Aalto／Gutheim, Flederik, George Braziller Inc., 1960
アルヴァ・アアルト／武藤章，鹿島出版会，1969

チーム X

Candilis・Josic・Woods／Karl Krämer Verlag Stuttgart, Bern, 1968
チーム10の思想 (Team 10 Primer)／A. & P. スミッソン，寺田秀夫 (訳)，彰国社，1970
チーム10のメンバーの発言やプロジェクトが集められている文字どおりの入門書。
Oskar Hansen／AD 1968-2
ポーランドからチーム10に参加したハンセンの作品が集められている。

日本の建築史

通史

日本建築の通史としては，
日本建築史 (建築学大系4)／彰国社，1968
日本1 古代 (世界建築全集1)／平凡社，1961
日本2 中世 (世界建築全集2)／平凡社，1960
日本3 近世 (世界建築全集3)／平凡社，1959
以上のものが詳しく，信頼できる。そのほか
日本建築の研究／伊藤忠太，竜吟社，1942
日本建築史序説／太田博太郎，彰国社，1947
歴史 (建築講座5)／彰国社，1957
などがあり，写真がついたものとしては，
日本建築史図集／日本建築学会編，彰国社，1955
日本建築図集 ／ 小林文次 (編)，相模書房，1970
評論集としては，
日本文化と建築／川添登，彰国社，1965
日本建築の美／神代雄一郎，井上書院
ユニークな写真集として
日本建築の形と空間 (Form and Space of Japanese Architecture)／ノーマン・F・カーヴァ，彰国社，1955

伊勢から城下町まで

神社建築に関するものとしては，日本神社建築の発達／伊藤忠太，竜吟社，1943
神宮の創祀と発展 ／ 田中卓，神宮司庁，1960
伊勢神宮については，

伊勢神宮／直木孝次郎・藤谷俊雄，1960
伊勢／丹下健三・川添登，朝日新聞社，1961
出雲大社については，
出雲大社の本殿／福山敏男，出雲大社，1955
桂離宮については，桂離宮を日本の代表的建築にしてしまったブルーノ・タウトに日本美の再発見／篠田英雄(訳)，岩波書店，1939 ほか建築論が多くある。その他
桂離宮／堀口捨己，毎日新聞社，1952
桂離宮／和辻哲郎，中央公論社，1955
また，近世の住宅に関しては，
修学院離宮の復原的研究／森蘊，養徳社，1955
泥絵と大名屋敷／大熊喜邦，大塚巧芸社，1939
茶室に関しては，堀口捨己によるものが多い。
茶室の思想的背景とその構成／堀口捨己，白日書院，1948
利休の茶室／堀口捨己，岩波書店，1949
茶室の露地の組立て／堀口捨己，創元社，1951
その他
茶室抄／服部勝吉，彰国社，1948
図集および辞典として
数寄屋図解事典／彰国社，1959
城については
日本の城／藤岡通夫，至文堂，1960
城と城下町／藤岡通夫，創元社，1952
図録としては
城郭全集(十冊)，城郭研究会，1959
があり，その他に松本城や姫路城については解体調査の報告書がある。
城下町は，
近世城下町の研究／小野均，1928

が基本的なもので，その他には
大名領国と城下町／魚澄惣五郎，柳原書店，1957
大阪や堺などの近世の都市については
大阪／宮本又次，至文堂，1957
堺／豊田武，至文堂，1957
江戸／野村兼太郎，至文堂，1958

明治から満州事変まで

明治以降の日本の近代建築の通史には，
近代建築史(建築学大系6)／彰国社，1968
日本の近代建築／稲垣栄三，丸善，1969
近代建築の黎明／神代雄一郎，美術出版社，1963
が，代表的なものであり，
建築明治100年／新建築 1967-1～2
の連載も便利である。技術の近代化については，
日本建築技術史／村松貞次郎，地人書館，1959
があり，建築家の動向，系列，運動は
日本建築家山脈／村松貞次郎，鹿島出版会
が詳しい。
さて，時代を追って，明治の近代化の運動については，「建築」誌の文献再録および現代建築史資料に当時の論文が掲載されている。
建築非芸術論／野田俊彦，1915，建築 1961-4
分離派建築会宣言／1920，建築 1961-5
造形美術，建築芸術を語る／堀口捨己，1926，建築 1961-5
建築生産の合理化／市浦健，1937，建築 1961-8
我国将来の建築様式を如何にすべきか／建築雑誌第24輯282号，284号，1910，建築 1964-1

建築と建築生産／DEZAM, No,7, 1932, 建築 1964-2

必然の建築／石原憲治, 科学画報, 1927, 建築 1964-5

寺院より工場へ／板垣鷹穂, 思想, 1930, 建築 1964-5

また

再録・日本の近代住宅／小能林宏城, 宮瀬睦夫（編）, 建築 1964-10, 11

は, 明治以降, 戦前までの住宅の変遷を, 当時の住宅論, 図版の再録とともに解説してあり, その中の文献としては,

日本建築発生の動機／伊東忠太（伊東博士作品集）

日本の住宅：和風住宅と洋風住宅より／藤井厚二, 岩波書店, 1928

日本建築に就いて（アントニン・レイモンド作品集1920〜1935）／アントニン・レイモンド, ノミエ・レイモンド, 前川国男（訳）, 城南書院, 1935

日本の住宅様式／堀口捨己, 現代建築 940

居間に於ける最近の傾向／山脇巌, 住宅 1936-5

現代住宅建築論／香野雄吉, 天人社, 1930

国民住居論攷／西山夘三, 伊藤書店, 1944

が掲載されている。

西山夘三の論文は, その後まとめて

住宅計画（西山夘三著作集1）1967, 住居論（同2）1967, 地域空間論（同3）1967, 建築論（同4）1968, 勁草書房

に収められている。

NAUからメタボリズム・グループまで

戦後の運動の系譜を追ってみると, 前記の日本建築家山脈のほかに, 新建築戦後10周年記念号〔(1955-8), 新建築40周年記念特集, 昭和建築史に要約されている。

NAUに関しては, NAUM, NAUニュース。NAUが崩壊して, 研究会組織になる過程は

建築をみんなで／建研連編, 建材新聞社, 1956

グループの動き／国際建築 1954-1〜2には PODOKO等の研究会の動向が連載されている。

1945〜1963年の日本建築の通史および住宅設計に関しては, 宮脇檀他編になる建築文化 1964-2（特集・住宅設計1945〜63）が詳しい。

テクニカル・アプローチの名を流布させたのは

感想／前川国男, 建築雑誌 774号

日本新建築の課題／前川国男, 国際建築 1953-1

前川国男については建築 1961-6 にも紹介されている。

伝統論については,

建築の伝統と近代主義／ヨセフ・レーヴィ, 針生一郎（訳）, 美術批評 1953-10

住宅における民族的伝統と国民的課題／西山夘三. 新建築 1953-11

そして「美しきのみ機能的である」という言葉を生んだ丹下健三の論文

現在日本に於いて近代建築をいかに理解するか／丹下健三, 新建築 1955-1

現代建築の創造と日本建築の伝統／丹下健三, 新建築 1955-6

などが当時の主要な論であり, 明治以降の伝統論の流れを追ったものに

伝統論の系譜と哲学／八田利也, 文学 1957-7

があり,

現代建築を創るもの ／川添登, 彰国社, 1958

は民族の問題をテーマにして論じている。
一時，住宅論をかもし出したL+nB論は
小住宅ばんざい／伊藤ていじ，川上秀光，
磯崎新，建築文化 1958-4, 彰国社
に始まるが，それ以後3人は八田利也と称
し，その論文は
現代建築愚作論／八田利也，彰国社，1961
としてまとめられている。
東京計画1960と麹町計画についてはおのお
の 新建築 1961-3, 建築 1961-9に掲載
世界デザイン会議の準備として集まったメ
タボリズム・グループの著作には，
METABOLISM-1960／美術出版社，1960
行動建築論／黒川紀章，彰国社，1967
代謝建築論―か，かた，かたち／菊竹清訓，
彰国社，1967
移動空間論／川添登，鹿島出版会，1968

現代の様相

現代の状況について述べている一般的な文
献としては，
建築に何が可能か／原広司，学芸書林，
1967
現代建築をどうとらえるか／藤井正一郎，
彰国社，1968
現代建築をひらく人々Ⅰ，Ⅱ（Architects
on Architecture）／ポール・ヘイヤー，稲
冨昭（訳），彰国社，1969～1970
われわれは明日どこに住むか／ミシェル・
ラゴン，宮川淳（訳），美術出版社，1965
経験としての建築／S. E. ラスムッセン，
佐々木宏（訳），美術出版社
現代建築への凝視 - CIAM崩壊以後の傾向
と思考／建築文化 1967-1

世界現代建築の展望／新建築 1970-1
があり，また年一回定期的に出版される
建築年鑑／建築ジャーナリズム研究所編，
美術出版社，1958～1970
The Architects' Year Book 1～12／Elek
Books, London
World Architecture No. 1～4／Studio
Vista
Lotus No. 1～5／Alfieri, Venezia
などは刻々変化する状況を月刊誌とは異な
る方法でわれわれに知らせてくれる。

アメリカ
History of American Architecture and
Urbanism／Scully, Vincent, Thames &
Hudson, 1970
New Directions in American Architec-
ture／Stern, R. M., George Braziller
Inc., 1969
The Architecture of America／Little
Brown, Attrartic
The Rise of an American Architecture
／edit. Kaufman, Frederick A. Praeger
Inc.
アメリカ建築の幼年期をヒッチコック，ス
カーリーらが都市～住宅に至る各分野につ
いて論じている。
U.S.A／Aujourd'hui No. 55-56, 1967
世界の現代建築―2 北米編(1)，4 北米編(2)
／猪野勇一・小池新二（編），彰国社，1952
アメリカ建築の現況／国際建築 1965-7
コミュニティ U.S.A／三沢浩，都市住宅
1970-2, 6
U.S.A Architecture（特集）／Zodiac 17
U.S.A（特集）／Zodiac 8, 1961

ルイス・カーン
Louis Kahn／Scully, Vincent, George
Braziller Inc., 1962

The Notebooks and Drawings of Louis Kahn／Falcon Press, Philadelphia, 1962
Louis Kahn（特集）／Février-Mars, 1969
L'architecture d'aujourd' hui 142
Louis Kahn and Philadelphia School／Rowan, Y., Progressive Architecture 1961-4
ルイス・カーン（特集）／国際建築 1967-1

フィリップ・ジョンソン
フィリップ・ジョンソン／大江宏・明石乃武，美術出版社，1968
Philip Johnson／John, M., Jacobus Jr., George Braziller Inc.
フィリップ・ジョンソン（特集）／建築 1962-5

ポール・ルドルフ
The Architecture of P. Rudolf／Moholy-Nagy, Sibyl & Schwab, Gerhard, 1970
ポール・ルドルフ／槇文彦・山下司，美術出版社，1968
ルドルフ（特集）／国際建築 1964-4

カリフォルニア
Craig Ellwood（作品集）／McCoy, Esther, Walker and Company
Eames Celebration／AD 1966-9
イームズ夫妻の仕事の特集である。
USA／Aujourd'hui No. 55-56, 1967
アメリカの新しい傾向を特集したもの。
アメリカの草の根―続アメリカの草の根／都市住宅 1968-10, 11

ケヴィン・ローチ
ケヴィン・ローチ（作品特集）／SD 1970-1
ケヴィン・ローチ（作品特集）／建築文化 1970-9
Fresh forms and new directions from a special kind of problem solving（ケヴィン・ローチ特集）／Architecture Record 1968-5

SOM
SOM／圓堂政嘉・推名政夫，美術出版社，1968
アメリカの大組織を紹介するものとして
アメリカの設計組織と建築会社／岡田新一，鹿島出版会
I. M. ペイの事務所等についてもふれている。

バックミンスター・フラー
The Dymaxion World of Buckminster Fuller／Marks, Robert W., Reinhold Pub., 1960
フラーの代表的な作品集
Buckminster Fuller／MacHale, John, George Braziller Inc.
宇宙時代の新住宅―フラー原理の秘密／R.B.フラー，読売新聞社，1961
R. Buckminster Fuller : recent works／Zodiac 19, 1969

ロバート・ヴェンチューリ
建築の複合と対立（Complexity and Contradiction in Architecture）／R・ヴェンチューリ，松下一之（訳），美術出版社，1968
A Meaning of A&P Parking lot or Leaning from Las Vegas／Venturi, R., Architectural Forum 1968-3
ヴェンチューリ，（建築の解体-6）／磯崎新，美術手帖 1971-2
ロバート・ヴェンチューリ／磯辺行久，建築文化 1971-3

クリストファー・アレキサンダー
Notes on the Synthesis of Form／Alexander, C., Harvard Press, 1964
アレキサンダーの博士論文で，彼の基本的な考え方が明確な言葉で語られている。アメリカの新しい世代が60年代に築いた豊かな成果の一つといえる。

A City is not a Tree／Alexander, C., Architectural Forum 1965-4,5
社会的，心理的要求によって必要とされる環境形態の主要な変革（第2回日本地域開発シンポジウム報告書）／アレキサンダー，日本地域開発センター
A Pattern Language Which Generates Multi-Service Center／Alexander, Christopher, Ishikawa Sara, Silverstein Murray, Center for Environmental Structure
アレキサンダー，（建築の解体5）／磯崎新，美術手帖 1970-12

ヨーロッパ
イギリス
世界の現代建築8　イギリス編／彰国社，1955
Architecture; Action and Plan／Cook, Peter, Studio Vista, 1967
Great Britain／Zodiac 18
イギリスの現代建築1〜10／建築 1968-1〜1969-2
クリップ止めの建築／R.バンハム，建築 1966-4，建築文化 1967-1
Archigram group, London／AD 1965-11
アーキグラム創刊以来の作品がすべて発表されている年代記。
アーキグラム・グループ（建築の解体2）／磯崎新，美術手帖 1970-2

ジェームス・スターリング
露出した美学とその建築／原広司，国際建築 1965-1
ジェームス・スターリング，ジェームス・ゴーワン特集／建築 1968-1
その他の雑誌に，AD 1968-10，FORUM 1968-11，1964-8〜9，domus 1969-2 に作品が掲載されている。

GLC
国際建築 1965-7 に GLC の歴史が，建築 1968-7に最近の作品の紹介がある。

A.＆P. スミッソン
前記"チーム10の思想"のほかに
New Brutalism／Banham, R., Architectural Press
Urban Structuring／Smithon, A & P, Studio Vista, 1967
雑誌では，Zodiac 4 にニューブルータリズムについての座談会。その他，近代建築 1967-1，都市住宅 1969-5，Architects, Year Book No.7, No.8 に記事。
Heroic Period of Modern Architecture 1900〜1930／edit. Smithons, A & P, AD 1965-12

テオ・クロスビー
The City Sense／Crosby, Theo, Studio Vista
The Necessary Monument／Crosby, Theo Studio Vista, 1970

フランス，ドイツ，イタリア，スペイン
世界の現代建築10（フランス編）／彰国社，1955
Actualités France／L'architecture d'aujourd' hui 144
とくにパリについては
L'architecture d'aujourd' hui 138, Paris
建築家では
ジャン・ブルーベ
建築 1962-9に特集があり，カラム No.12 にも記事が掲載されている。
世界の現代建築5（ドイツ編）／彰国社，1954
New German Architecture／edit. Hoffman, Hubert, Kaspar, Karl, International Book Service Ltd., 1956

Contemporary Architecture in Germany／Conrads, Ulrich, Marschall, Werner, Frederick A. Praeger Pub., N.Y.
現代西ドイツ建築思想／SD 1968-9
New Direction in German Architecture／Günther Feuenstein, George Braziller, Inc., New York, 1969
建築家では
フライ・オットーの作品集である
Tensil Structure vol. 1／AD 1968-4
などがある。
ハンス・シャロウン
Aujourd'hui 1967-10, Zodiac 10, 建築 1963-8, 9, 10
などである。

イタリア
Architettura Italiana／Oggi, Carlo Pagani, Olrico Hoepli, 1955
Architettura Italiana, 1963／Edilizia Moderna No. 82-83
イタリアの都市と広場／SD 1965-1
New Directions in Italian Architecture／Gregotti, Vitterio, George Braziller Inc.
建築家の作品集に移ると
マンジャロッティ作品集／青銅社
ネルヴィ特集／建築 1962-8

スペイン
世界の現代建築9, イタリア・スペイン編／彰国社, 1952
Espana／Zodiac 15
Espagne-Madrid-Barcelone／L'architecture d'aujourd'hui 149
スペインの建築／国際建築 1963-4
スペインの建築と美術／SD 1965-2

その他ヨーロッパに関したものは
彰国社の
世界の現代建築1, デンマーク・ノルウェー編, 同3, スウェーデン・フィンランド編, 同7, スイス編がある。
Suisse／L'architecture d'aujourd'hui 121
New Directions in Swiss／Jul Bachmann, Stanislaus von Moos, George Braziller Inc.
Architectures Nordiques／L'architecture d'aujourd'hui 134
日本の雑誌では
北欧建築(1), (2)／国際建築 1963-11, 1963-12
フィンランドの自然と造形／SD 1966-11
などがある。
フィンランド建築／国際建築 1967-2
これらヨーロッパ諸国の作家およびグループについては
オランダのヴァン・アイクの作品は
Zodiac 16, 建築文化 1967-1, World Architecture 3 など。
また北欧ではヤコブセンの作品は,
近代建築 1965-3, domus 425
ヘイキ・シレンの作品は
近代建築 1965-8
J・ウッツォン特集は
Zodiac 14, 建築 1962-5, 国際建築 1965-11,
またシドニーのオペラハウスの工事については,
建築文化 1968-2, 6, 9 に連載がある。

アメリカ, ヨーロッパ以外の国
世界の現代建築11, 中南米編, 同12, 諸国編／彰国社, 1955
Africa／Edilizia Moderna No. 89〜90
Mexico's Modern Architecture／Myers, I.E., The National Institute of Fine Arts of Mexico, 1952

イスラエルの現代建築の全容／国際建築 1966-9

現代イスラエルのグループ設計／建築 1968-6

作家では

イスラエルで活躍したアルフレッド・ノイマン, Zodiac 19, 建築 1968-6に

インドの B.V.ドーシーについては近代建築 1960-3, 1964-6, 建築文化 1967-1等に掲載記事がある。

日 本
現代建築に対する一般評論

ルポルタージュ・日本建築界の断面／新建築 1968-9～1969-5

がある。その他

現代建築を動かすもの／浜口隆一・目良浩一(編), 彰国社, 1958

現代建築の断面／浜口隆一, 近代建築社

現代の作家

建築家・人と作品(上), (下)／川添登, 井上書院 1968

があり, 作家の背景, 思想, 作品が述べられている。

作品集には

佐藤武夫作品集／佐藤武夫作品集刊行委員会, 相模書房, 1969

山田守作品集／山田守建築作品集刊行会, 東海大学出版会, 1969

吉田鉄郎建築作品集／吉田鉄郎建築作品集刊行会, 東海大学出版会, 1969

現実と創造, 丹下健三 1946～1958／丹下健三・川添登, 美術出版社, 1968

技術と人間, 丹下健三1955～1964／丹下健三・川添登, 美術出版社, 1968

丹下健三の著作には

日本列島の将来像／講談社, 1966

建築と都市／丹下健三, 彰国社, 1970

人間と建築／丹下健三, 彰国社, 1970

また, 三一書房から現代建築家全集24巻が刊行される予定。

雑誌の作家特集では

増沢洵／建築 1960-9

横山公男／建築 1960-11

坪井善勝／建築 1961-1

吉阪隆正／建築 1961-5, 1966-1, **1971-1**

前川国男／建築 1961-6

アントニン・レーモンド／建築 1961-10, 1962-2

菊竹清訓／建築 1961-11, 1963-9, 1965-4, 1965-10

白井晟一／建築 1961-12,

R.I.A／建築 1962-6

生田勉／建築 1962-7

清家清／建築 1962-11

丹下健三／建築 1963-1, 1963-2

遠藤新／建築 1963-7

広瀬鎌二／建築 1963-8

若い建築家の可能性　R.A S, 黒川紀章, 川崎清／建築 1963-11

若い建築家の可能性　西原清之／建築 1964-2

谷口吉郎／建築 1965-8

大谷幸夫／建築 1966-8

原広司とRAS／建築 1968-**5**

丹下健三／新建築 1955-1

丹下健三／近代建築 1960-**9**

に作家特集がある。

都 市

都市一般

都市についてはいろいろな角度から書かれているのだが、おもなものだけピックアップすると、

都市のデザイン（Design of Cities）／E. N. ベイコン、渡辺定夫（訳）、鹿島出版会、1968

フィラデルフィア再開発のために研究したものをまとめたもので、多様な実例と分析のすぐれた本である。

現代の都市デザイン／都市デザイン研究体、彰国社、1969

豊富な図版と分析は都市デザインの最もすぐれた参考書である。

日本の都市空間／彰国社、1968

日本の都市について集大成した唯一のもので、視角構造的見地から分析されている。

Urban Pattern／Gallion, Arther B., D. Van Nostrand Co. Inc. N.Y., 1949

Town Design／Gibberd, Frederick. The Architectural Press, 1953

Town Scape／Cullen, Gordon, The Architectural Press, 1961

Urban Landscape Design／Garret Eckbo, McGraw-Hill Book Company, 1964

都市環境の演出（Cities）／L. ハルプリン、伊藤ていじ（訳）、彰国社、1970

Urban Development in Southern Europe
Urban Development in Central Europe,
Urban Development in Alpine and Scandinavian Countries／E. A. Gutkind, Free Press. N.Y.

このシリーズはヨーロッパ各都市の発達の歴史と現況を解説している。

The City Sense／Crosby, Theo, Studio Vista, London

平易で入門書的な本で、最後にアーキグラムとの合作のプロジェクトが出ている。

Urban Structuring／Smithson, A & P, Studio Vista, London

スミッソンの都市論が要領よく書かれている。

新しい都市の未来像（The Science of Ekistics）／C. A. ドクシアディス、磯村英一（訳）、鹿島出版会、1965

エキスティックスを知るのに最適。

Urban Structure／Architects' Year Book 12, Elek Book, 1968

年刊誌であるが、特にこの号は都市についてのさまざまな論文が掲載されている。

都市の科学／サイエンティフィック・アメリカン編、中江利忠（訳）、紀伊国屋書店

都市と人間／川添登編、日本生産性本部

C. アレキサンダーの"ヒューマンコンタクトを育てるまち"が中でもユニーク。

ケヴィン・リンチの視角構造からのものとして

都市のイメージ（Image of the City）／K. リンチ、丹下健三・富田玲子（訳）、岩波書店、1968

は最も重要な本であるが、そのほかに

敷地計画の技法（Site Planning）／K. リンチ、前野淳一郎・佐々木宏（訳）、鹿島出版会、1966

The View from the Road／Lynch, K. Appleyard. Myer, MIT Press, 1960

特に視角構造に興味を持った人には

シンボルの哲学（Philosophy in A New Key）／S. K. ランガー、矢野万里他（訳）、岩波書店、1960

は必読の書であろう。また、

アメリカ大都市の死と生 (The Death and Life of Great American Cities)／J. ジェコブス, 黒川紀章(訳), 鹿島出版会, 1969
は, ヒューマニティの見地から都市計画家を徹底的に攻撃しているところがおもしろい。
雑誌からであるが,
人間にとって都市とは何か／Energy 68 No.1, エッソ・スタンダード石油
は都市に関する研究論文があげてある。
生態学の本として
Design with Nature／McHarg, Ian L. Natural History Press
は, これから最も重要な本の一つとなるだろう。その他体系化された教科書的な本をあげると,
都市計画(建築学大系26)／彰国社, 1971
都市問題講座 全7巻／有斐閣
都市開発講座 全3巻／鹿島出版会
最後に, 都市社会学の本を2冊あげておこう。
現代日本の都市社会／北川隆吉, 島崎稔(編著), 三一書房, 1962
都市化の社会学／鈴木広(訳編), 誠信書房, 1965

都市の歴史

都市について歴史を追ってシリーズ化したものとして
Planning and Cities(全11冊)／Collins, R. George (編), George Braziller Inc.
この内容を紹介すると,
Village Planning in the Primitive World／Fraser, Douglas
Cities and Planning in the Ancient Near East／Lampl, Paul
Urban Planning in Pre-Columbian America／Hardoy, Jorge
Medival cities／Saalman, Howard
The Cities of Ancient Greece and Italy／Ward-Perkins, J.
The Renaissance City／Argan, Giulio
The Modern City, Planning in the 19th Century／Choay, Françoise
The Modern City, Planning in the 20th Century／Collins, George R., (未刊)
Military Consideration in City Planning／Croix, Honst de la, (未刊)
Tony Garnier, The Cite Industrielle／Wiebeson, Dora
Le Corbusier. The Machine and the Grand Design／Evenson, Norma
都市の歴史および歴史を軸として書かれている本として,
歴史の都市・明日の都市／ルイス・マンフォード, 生田勉(訳), 新潮社, 1969
都市形成の歴史 (History Builds the Town)／A. コーン, 星野芳久 (訳), 鹿島出版会
Matrix of Man／Sibyl Moholy-Nagy, Frederick A. Praeger, Inc., 1968
都市と文明／川添登, 雪華社, 1965
都市の本質(The Nature of Cities)／L. ヒルベルザイマー, 渡辺明次(訳), 彰国社, 1970
明日の田園都市 (Gerden Cities of Tomorrow)／エベネザー・ハワード, 長素連(訳), 鹿島出版会, 1965
広場の造形 (Der Städtebau Nach Seinen Künstlerischen Grundsätzen)／カミュロ・ジッテ, 大石敏雄(訳), 美術出版社, 1968
上2冊は古典的名著の訳本である。
ギリシャ都市はどうつくられたか (How the Greeks Built Cities)／R. E. ウィッ

チャーリー, 小林文次(訳), みすず書房, 1962
プリミティブでヴァナキュラーな集落を扱ったものとして, 先の
Village Planning in the Primitive World のほかには,
Architecture without Architects／Rudofsky, B., The Museum of Modern Art, New York, 1969
Streets for People／Rudofsky, B., Douleday & Company, Inc., 1969
Village in the Sun／Goldfinger, Lund Humphries, 1969
は, 地中海岸の集落を扱った美しい写真集である。
Stone Shelter／Allen, Edward, MIT Press, 1969
La Valle dei Trulli／Mimmo Castellano, Leonardo ad Vinci edifrice
は, イタリアの石造建築, 特にアルベロベロの写真と図面が興味深い。
日本の集落のサーヴェイに関しては各建築雑誌に掲載されている。
民家の研究書としては,
日本の民家 全10巻／伊藤鄭爾, 美術出版社, 1968～1969
中世住居史／伊藤鄭爾, 東大出版会, 1968
と, 民俗学の立場から古典的な書として,
日本の民家／今和次郎, 相模書房, 1943
がある。

ハウジング

ハウジング関係の本では,
集団住宅(建築学大系27)／彰国社
生活・住宅・地域計画／絹谷祐規, 西山研究室編, 勁草書房
ニュータウン計画のレポートをまとめたものでは,
新都市の計画 (The Planning of a New Town)／London County Council, 佐々波秀彦・長峰晴夫(訳), 鹿島出版会, 1964
フック, ニュータウン計画のレポート
高蔵寺ニュータウン計画／高山英華, 鹿島出版会
C. アレキサンダーの著書はユニークである。
コミュニティとプライバシイ (Community and Privacy)／S. シャマイエフ, C. アレキサンダー, 岡田新一(訳), 鹿島出版会, 1967
人間都市 (A Human City) The Center for Environmental Structure／C. Alexander, 別冊都市住宅 No.1, 1970
Houses Generated by Pattern／The Center for Environmental Structure
リマ市のハウジングコンペをまとめたもの。
雑誌でまとめられたものとして,
ハウジング入門／都市住宅 1968-9, AD 1967-9, Housing Primer 特集が転載されている。
コミュニティ研究／都市住宅 1970-1～,
特集都市住宅／SD 1966-11 臨時増刊号（単行本としても出版されている）
特集都市再開発と住宅／ジュリスト No. 414

交 通

都市の自動車交通の教科書的なものとして
都市の自動車交通 イギリスのブキャナン・レポート (Traffic in Towns)／Hmso 編, 八十島義之, 井上孝(訳), 鹿島出版会 1965
Planning for Man & Motor／Paul Ritter／Pergamon Press, 1964

人と車の各特性についての調査を含めた考察，豊富な実例と手法，ヒューマンな姿勢で体系づけられている良書。
都市交通講座 全3巻／鹿島出版会
Freeways／Halprin, Lawrence, Reinhold Publishing Corporation N. Y.
将来の都市交通を扱ったものとしてSD選書（鹿島出版会）から，
新しい都市交通（New Movement in Cities）／B. リチャーズ，曽根幸一，森岡侑士（訳），
未来の交通（Transportation in the World of the Future）／H. ヘルマン，岡寿麿（訳），
雑誌の交通特集として，
Mobility 特集／A.D. 1968-9
Transportation and the City 特集 Architectural Forum 1963-10
特集トランスポーテーション／Space Modulator（日本板硝子発行）No. 30

技術および構造

技術についての概論として
技術と文明 上・下／マンフォード，L.，生田勉（訳），岩波新書，1954
機械と人間との共生（現代の思想22）／鎮目恭夫編，平凡社
技術，科学史として
技術の歴史（A History of Technology）全12巻／ジャールス・シンガー，E. J. ホームヤード他，高木純一他（訳），筑摩書房
歴史における科学 全4冊（Science in History）／J. D. バナール，鎮目恭夫（訳），みすず書房
また，サイバネティックスの創始者であるウィーナーの著書もあげておく必要があろう。一般的な読み物として

サイバネティックス 第二版／N. ウィーナー，池原止戈夫他（訳），岩波書店
デザイナーに特に関係の深い構造関係の本を紹介すると，
現代の構造設計（Philosophy of Structures）／エドワルド・トロハ，木村俊彦（訳），彰国社，1960
建築の構造設計（Structural Design in Architecture）／M. サルバドリー，M. レヴィ，望月重（訳），鹿島出版会
現代建築の美と技術（Aesthetics and Technology of Building）／P. L. ネルヴィ，横尾義貫（監修），コロナ出版
現代建築の構造と表現（Struktur for Men der Modernen Architectur）／C. ジーゲル，川口衞他（訳），彰国社，1967
建築構造計画入門／松井源吾，彰国社
以上，構造デザイナーが構造計画について書いたもの。
現代建築と技術／山本学治，彰国社，1963
構造デザイナーを軸としての技術論の展開。
設備材料関係の本として
素材と造形の歴史（SD選書）／山本学治，鹿島出版会，1966
素材の特性と形とのユニークな展開 読み物としておもしろい。
建築材料の歴史（History of Building Material）／Dr. デヴィー，山田幸一（訳），工業調査会
Well-Tempered Architecture／Banham, Rayner, Architectural Press, 1969
新しい視点から展開されたバンハムの建築論。
雑誌では，
特集コンクリートの可能性と建築家の思想／SD 1969-9
Progressive Architecture 1966-10からの

抄訳が掲載されている。
プレファブ関係の本としては，
プレファブ住宅／黒川紀章（編），住宅研究所，彰国社，1960
プレファブ（ブルーバックス）／内田祥哉，講談社
インダストリアルデザインおよびインテリアデザイン関係では，
近代デザインとは何か？（What is Modern Design?）／E. カウフマン，生田勉（訳），美術出版社，1953
インダストリアル・デザイン（Art and Industry）／H. リード，勝見勝・前田泰次郎（訳），みすず書房，1957
道具考／栄久庵憲司，鹿島出版会，1969
C. & R. Eames 特集／AD 1966-9
イームズの紹介とその作品。
Herman Miller Collection／Herman Miller AG. Basel, 1964
ハーマン・ミラー社のカタログ集

辞典および年表

現代建築の辞典としては，1929年にベルリンで出版された Wasmuths Lexikon der Baukunst 5巻があり，それを補う意味で Knaurs Lexikon der Modernen Architektur がある。この日本語版が，
現代建築事典（Encyclopedia of Modern Architecture）／ウォルフガング・ペーント，日本語版 浜口隆一，神代雄一郎（監修），鹿島出版会
で執筆者も選ばれていて信頼がおけ，イギリス，オランダ等でも翻訳されている。
そのほか，
現代デザイン事典／美術出版社
現代建築入門／美術手帖 1961-11 増刊号
都市問題については，
都市問題事典／磯村英一，鹿島出版会

年表には，前記の山口広により近代建築史年表のほかに
建築評論年表 1945-1965／宮内康，国際建築1966-12
世界建築史年表／横山正（編），建築年鑑
建築史総合年表1750〜1961／香山寿夫，建築 1961-7
年表1945〜1963／宮脇檀他（編），建築文化1964-2
都市計画年表／建築 1965-9
等があり，日本建築界の動きについては
建築年鑑 1958, 1960〜1967／美術出版社
同 1968〜1969／建築ジャーナリズム研究所
が，その年度の事柄を集約している。
建築の用語集としては，
学術用語集（建築学編）／文部省編，日本建築学会
建築用語辞典／同書編集委員会，技報堂
共立建築辞典／建築辞典編集委員会，共立出版
などがある。

索　引

細数字は現代建築用語録，太数字は続・現代建築用語録のページを示す。

あ——お

アアルト，A. ……………………… 104. **12**
アイク，V. …………… 128, 146, 216. **93**
アイヨー，E. …………………………… **108**
アウト，J.J.P. ………………… 32, 154. **244**
青騎士 ………………………………… **96**
赤い家 ………………………………… **20**
赤坂離宮 ……………………………… **70**
ARCHIGRAM ……… 12, 44, 50, 126, 144, 234, 236. **58, 152**
アーキズーム ………………………… **152**
Architecture without Architects ……… 14
悪場所 ………………………………… **16**
アーケード …………………… 16, 144, 204
新しい都市交通 ……………………… 18
アーチ ………………………………… **86**
Arts and Architecture ………………… 132
アーツアンドクラフツ運動 … 20, 30, 98, 183
アディスン，J. ……………………… **206**
アテネ憲章 ……………………… 22, 94, 168
アテネの遺跡 ………………………… **128**
アーバン・スプロール ……………… 24
アーバン・デコレーション ………… 26
アーバン・デザイナー ……………… **214**
アミアン ……………………………… **218**
アムステルダム派 …………………… **88**
アメリカの新世代 …………………… 28
アルジェ計画 ………………………… 51
アルプ，H. …………………………… **80**
アルプ，O. …………………………… **102**
アールヌーボー ………………… 21, 30. **54**
アルベルティ，L.B. ……… 184. **20, 32, 64, 197, 210**
アレキサンダー，C. …… 36, 50, 101, 146, 157, 170, 171. **92**
アンドリウス，J. …………………… 180
アンネビック ………………………… 172
アンピール …………………………… **76**
アンピール様式 ……………………… **48**
アンフィラード ……………………… **22**
飯沼一省 ……………………………… **228**
池辺陽 …………………………… 76, 114
石毛直道 ……………………………… **92**
椅　子 ………………………………… **24**
出雲大社 ……………………………… **26**
伊勢神宮 ………………………… **26, 138**
磯崎新 …………………………… 55, 178
イタリア未来派 ……………………… 154
イットルフ，C.J. …………………… **128**
イデオロギーの終焉 ………………… **120**
伊東忠太 ………………………… **26, 104**
伊藤ていじ ……………………… 178. **92, 170**
イームズ，C. ………………………… 132
インガソール・ユニット …………… 232
インスタント・シティ ………… 12, 236
インターナショナル建築 …………… 58
インターナショナル・スタイル … 32, 154, 224. **246**
インテリア …………………………… 34
インフラストラクチュア ……… 36, 62, 76, 110, 124
ヴァン・デ・ヴェルデ ……… 30, 58. **12, 54, 118, 244**
ヴィオレ・ル・デュク ……… **30, 62, 66, 98**
ウィットコーワ，R. ………………… **196**
ヴィトルヴィウス ………… 42, 184. **20, 32, 150, 210**
ヴィトルヴィウス批判 ……………… **214**
ヴィラ・エステ ……………………… **216**
ヴィラ・バルバロ …………………… 116
ヴィラ・ロトンダ …………………… **150**
ウィーン ……………………………… **46**
ウィーン——都市の歴史 …………… **34**
ヴィンケルマン ………………… **65, 80, 215**
ウィーン工房 ………………………… **140**
上田秋成 ……………………………… **166**
ウェッブ，M. ………………………… 12
ヴェルサイユ …………………… **36, 62, 68**
ヴェルサイユ庭園 …………………… **216**

275

ヴェルクブンド	32
ヴェンチューリ, R.	26, 28, 100, 144, 184, 191. **25, 38, 87**
ウォートルス, J.J.	**178**
ヴォー・ル・ヴィコント	**36**
ウッズ, S.	36, 62, 146
ウッツオン, J.	102, 216
ウッド, J.	**197**
梅辻規清	**74, 138**
衛　生	**42**
衛星都市	**228**
H.P.シェル	80
駅　舎	**46**
エキスティクス	**38**
エシェリック, J.	**28**
エジソン	**142**
エジプト趣味	**48**
SASビル	32
SOM	40, 70
エスプリ・ヌーボー	250
エスプリ・ヌーボー館	238. **25**
江　戸	**176**
M.C.	42
エルウッド, C.	132
LCC	44, 180
LCCからGLCへ	44
エルゼエッセル, M.	**112**
LV研究会	84, 172
L+nB	**46**, 114. **53**
エンゲルス, F.	**42, 78**
エンデ・ベックマン	**186**
円明園	**217**
オイケマ	**16**
オウエン, R.	**190**
応接間	**52**
O.S.A.	**112**
大河直躬	54
大岡實	**160**
オーガニック・アーキテクチュア	54
屋上庭園	**58**
オースマン, G.	136. **34**, 60, 78, 158
オスマン・トルコ	**34**
オットー, F.	68
オペラ座	**60**

オール・セインツ教会	**128**
オルタ, V.	30
オルムステッド, F.L.	**188**

か──こ

絵画式庭園	**50**
絵画論	184
階　段	**64**
かいわい	48, 204
ガウディ, A.	31. **31, 66, 99**
カウフマン, E.	132. **112**
カウフマン邸	243
家屋耐震構造論	**130, 170**
画家の家(1927)	**143**
鏡	**68**
鏡の間	**68**
輝ける都市	**22**, 50, 88, 202
隔簾梅	**92**
カサ・ミラ	**238**
火　事	**72**
型計画	**114**
片山東熊	**70**
片山潜	**44**
桂と日光	**54**
桂離宮	116
カーテン	**76**
カーテンウォール	56, 150, 218
カフェ	**24**
加茂規清	**138**
ガラス建築	**78**
ガルニエ, C.	**63, 128**
ガルニエ, T.	50, 250
ガレリア	**24**
カレン, G.	138, 152, 184
川上秀光	**178**
カーン, L.	56, 64, 76, 82, 146, 180, 196, 207. **38, 40**
乾式工法	218
カンジンスキー, W.	182, 200. **96**
関東大震災	**180, 202**
カンバーノルド・ニュータウン	123, 180
菊竹清訓	162
基　壇	102
ギーディオン, S.	94, 102, 156. **172**

機能主義	58
ギマール, H.	30
キャリア, W.	**86**
キャンディリス, G.	36, 62, 146
キャンデラ, F.	80
旧美術館	**149**
キュービズム	78, 224
共同住居	**154**
ギリー, F.	**80, 146**
ギリー, D.	80
キルヒャー	49
木割術	**170**
木割書	**82, 166**
銀閣	**164**
銀座煉瓦街	**176, 186**
ギンズブルグ, M.	**112**
近代建築5原則	56
近隣住区	170
近隣住区論	22
クイーン・エリザベスホール	180
空気構造	60
空気調和	**86**
愚子見記	**82**
クズミン	**114, 154**
クック, P.	12
グッゲンハイム美術館	243, 245
クノッソス宮殿	**218**
クラーク, M. de	154, **88**
クラーク, K.	**98**
クラスター	62
グラフィック・アーキテクチュア	12
クリスタルパレス	**78**
グリーン, D.	12
グリーンベルト法	**228**
クルップの団地	102
クル・ド・サック	122
グループG	79
クレー, P.	182, 200
クレスピ・タダ	**102**
黒川紀章	162
黒田鵬心	**82**
グロピウス, W.	54, 55, 58, 120, 132, 140, 200, 204, 250. **133, 244**
クロンプトン, D.	12

軍艦島	**102**
君台観左右帳記	**83**
GEAM	37, 50, 68, 226, 234
芸術労働者評議会	**96**
形態は機能に従う	58, 64
形態は機能を啓示する	64
ケヴィンとペイ	70
結界	**92**
ゲーテ	**80, 116, 146, 175**
ケペシュ, G.	132, 183
建研連	**84**
幻想の建築	**72**
現代都市	51
建築家	74
建築家の覚悟	**106**
建築十書	42, 184, **20, 210**
建築集成	51
建築試論	**214**
建築設計監理業務法	130
建築積木	**94**
建築の七燈	**98**
建築の複合と対立	38
建築は絵画や彫刻の額縁である	**98**
建築非芸術論	148, 220
建築四書	**196, 211**
ケンブリッジ大学歴史学部	**213**
コアシステム	76, 140, 232
公共建築物	**62**
公共施設	46, 148
工業都市	**100**
交差ヴォールト	**243**
麴町計画	162
公衆浴場	**226**
構成主義	78, 224, 228
構造合理主義	**86**
構造デザイナー	**80**
幸田露伴	**52**
興福寺	160
功利主義	**198**
五感建築	**82**
五期会	**84**
国際デザイン会議	162
国際田園都市及び都市計画会議	**228**
国民的様式と帝冠様式	**104**

国立劇場 ················147
ココシュカ ················126
ゴシック ················86, 134
コスタ，L. ················94
五大都市周辺防空緑地計画 ················**228**
ゴダン，J.B. ················**79**, **192**
古典主義 ················120
コートハウス ················88
子供の遊び場 ················108
コムーネ ················**174**
ゴールドマン・アンド・サラッチ ················**237**
コレラ一撥 ················42
コンクリート打放し ················56, 90
コンスタンティヌス ················**194**

さ──そ

最小限住居 ················112
最小限住宅 ················94
埼玉会館 ················**204**
サヴォア邸 ················32, **202**
錯視 ················116
サグラダ・ファミリア ················**67**
ザッハリカイト ················118
ザッハリッヒ ················118
佐藤信淵 ················**16**, **74**, **176**
佐野利器 ················**106**, **130**, **170**, **180**
サフディ，M. ················216
サマーソン，J. ················**98**
サリヴァン，L. ················31, 58, 64, 92, 98, 192, 242, **54**, **240**
サーリネン，Eero ················120
サーリネン，G.E. ················**12**, **123**
サルティア ················100
サルト，T. ················100
サンヴィターレ ················**194**
サン・サティロ寺院 ················116
サン・シモン ················**37**, **190**
サン・ジル教会 ················**243**
三代巻 ················**82**
サンディエ ················52
サンテリア，A. ················50, 126, 228
CIAM ················12, 22, 94, 110, 140, 168, 170, 180, 234
ジェコブス，J. ················128

シェスター，F. ················112
C.A.T.V. ················**120**
GLC ················44
シェルター ················96
ジオデジック・ドーム ················212
市街地建築物法 ················**130**
シカゴ・オーディトリアムビル ················92
シカゴ・スタイル ················**240**
シカゴ・トリビューン ················**188**
シカゴ・トリビューン・コンペ ················**122**
シカゴ・トリビューン・コンペ案 ················32
シカゴ派 ················98, 192, **188**
シカゴ博 ················**240**
色 彩 ················**126**
色彩宣言 ················**126**
市区改正 ················44, **178**, **186**
シクトゥス ················**49**
シーグラムビル ················32, 56, **224**
慈照寺東求堂 ················**135**
ジッテ，C. ················152, **34**, **202**
室 礼 ················116
シティ・ビューティフル運動 ················**122**
自動車 ················18, 100
シドニー・オペラハウス ················80, 102
ジードルンク ················122
ジードルンク建築 ················**182**
シトロアン ················238
ジーメンスシュタットの集合住宅 ················32
下田菊太郎 ················**106**
ジャイアンツファニチュア ················96
ジャウル邸 ················**250**
社会主義リアリズム ················**79**
借 景 ················104
シャム・コンストラクション ················90
シャルトル ················**218**
シャロウン，H. ················59, 102, **54**, **244**
シャンディガール ················50, 52
ジャンヌレ，P. ················**244**
シャンボール城 ················**64**
シュアバルト ················**126**
11月グループ ················96
柔剛論争 ················**130**
住宅営団 ················114, **183**
住宅改善同盟 ················**53**

住宅産業	106
住宅産業論	114
週末住居	108
シュジェール	**242**
シュタイナー，R.	201
首都圏整備計画	24
シュネク，A.G.	**244**
シュープレマティスム	**142**
シュペール	**144**
聚楽第	**134**
ショー	**232**
書院造	**52**
ジョイント	110
城下町	112. **72**
小芸術	**132**
正司考祺	16, **230**
障子と雨戸	**134**
正倉院	**136**
浄土寺浄土堂	**160**
匠　明	42. **82**, **166**
照　明	**140**
食寝分離	46, 114
曙　光	**126**
ジョゴラ，R.	28
所　懇	84
ジョシック，A.	62
ショーダン邸	251
ショッピングセンター	16
ジョンソン，P.	32, 88, 120, 180
ジョンソン・ワックス社屋	243
白井晟一	160
シール，F.	152, 184
白い家	**144**
白い壁	**142**
白い町	**122**
新衛兵所	**147**
真行草	116, 178
シングル・デザイン	**152**
シンケル，K.F.	120. **80**, **146**
新建材	118
新古典主義	120. **47**, **208**
新撰東京名所図会	184
新造形主義	**154**
寝殿造り	150
新都市	122
新美術家協会	**95**
シンメトリー	**150**
神霊都市	**203**
水晶宮（クリスタルパレス）	192, 218
スイス館	32
崇高と美との観念の起源研究	**206**
スカーリー，V.	**38**
スクォーラ・ディ・サンマルコ	**116**
スケール	124
スタイナー邸	**238**
スタム，M.	**25**, **244**
スターリング，J.	16, 34, 126, 146, 180. **213**
スチーブンソン，G.	**46**
ステュアート，J.	**128**
ストックレー邸	**141**
ストリート，G.E.	**128**, **132**
ストリート・ファニチュア	26, 128
ストーン，E.	**120**
スーパー・スタジオ	**119**, **152**
スペッキ，A.	**64**
スペンサー，H.	**79**
スミッソン，A. & P.	36, 44, 62, 94, 110, 146, 168, 180
スラム	**162**, **182**
生活改善同盟	**224**
生活時間	**154**
セイドラー，H.	132
西洋美術館	**204**
セヴィ，B.	86, 186
関野貞	**104**, **136**
施工会社設計部	130, 150
ゼセッション	30
設計監理業務法	74
絶対建築	**156**
セルト，J.L.	22, 94, 120
戦災地復興計画	**229**
線状都市	158
尖　頭	86
セント・マーカス・タワー	**244**
セントラルパーク	**187**, **188**
セントロソユース	**56**
ゼンパー，G.	**34**, **62**, **146**, **156**

創宇社	148
草原住宅	242
装飾芸術	**132**
装飾と犯罪	**239**
ソリア・イ・マータ	**158**
ソリアーノ,R.	132
ソレリ,P.	**247**
ソーン,J.	**51**

た――と

第1期カリフォルニアの住宅	132
大英博物館	148
大　火	**176**
大架構	134, 140
第三インター記念塔	78
第3世代	102
大パリ計画	136
大仏様	160
ダイマクシオン	212
ダイマクシオン・ハウス	82
大ロンドン計画	24
大ロンドン方式	**228**
タウト,M.	**244**
タウト,B.	26, 54, 200. **56, 96, 123, 126, 153, 244**
タウンスケープ	138
ダウントン城	**207**
ダス・ノイエ・フランクフルト	**112**
立川知方	**130**
建売住宅	**162, 223**
タトリン,V.E.	78
丹下健三	36, 50, 55, 62, 84, 140, 146, 150, 160, 180
団　地	142
団地族	**227**
チェンバース,W.	**50**
地下街	144, 210
チームX	12, 36, 94, 146, 164, 234
茶　室	**151, 164**
チャドウィック,E.	**42, 187**
中世住居史	170
チューリン街の住宅	30
重　源	160
超高層ビル	56

チョーク,W.	12
ツァーンシュトラート	**89**
ツァラ,T.	**236**
ツオプシュティル	80
2×4	**168**
デア・シュトウム	**126**
帝冠様式	**106**
帝国ホテル旧館	148, 220
帝室博物館コンペ	**106**
テクニカル・アプローチ	150
デザイン・サーヴェイ	152, 178, 230
デ・スティール	79, 154, 183, 224, 228
鉄筋コンクリート	**88, 172**
テューゲントハット邸	32
デュラン,J.N.L.	**51, 198**
寺門静軒	**74**
田園都市	22, 156. **78, 88, 158, 162**
伝統論	**84**
伝統論争	140, 160
ドイツ・イデオロギー	**120**
ドイツ工作連盟	250. **118**
塔	**174**
東　京	**176**
東京海上ビル	**202**
東京計画――1960	62, 140, 162
東京計画――1960と麹町計画	162
東京都美術館	**204**
東京文化会館	**204**
冬至日照4時間	88
同潤会	**180, 226**
同潤会アパート	220
東照宮	**136**
唐招提寺金堂	**222**
東大寺	**27, 136, 160**
東大寺南大門	**161**
東北地方農山漁村住宅改善調査	**183**
トゥールーズ計画	36, 62, 146
道路からの景観	164
ドクシアディス,C.A.	38
ドーシ,B.V.	36
都市計画法	**202**
都市公園	**184**
都市のイメージ	164, 166
都市のコア	76, 168

都市はツリーではない ……………170	バウハウス ………………79, 182. **133**
トーネット，M. ……………**24**	バウハウス校舎 ……………………32, 56
ドミノ ……………………238	ハギア・ソフィア ……………………**194**
ドーム・コムーナ ……………**112**	パーク，E. ……………………**206**
ドーリア式 ……………………186	パクストン，J. ………110, 192, 218. **187**
ドールス，E. ……………………**22**	白芽会 ……………………………230
トロハ，E. ……………………**80**	バケマ，J.B. ……………………146
トンネルヴォールト ……………**243**	バース ……………………………**197**
	パースペクティブ・ビュー …………184
な——の	ハーゼナウアー ……………………**35**
NAU ………………………84, 150, 172	パターンランゲージ ………………171
永井荷風 ……………………**179**	パッサージュ ……………………**78**
中廊下 ……………………174	八田利也 ……………………**46**
中廊下住居 ……………………**224**	パッラディオ ………**32, 116, 150, 196, 211**
ナッシュ，J. ……………………**207**	バーナム，D. ……………………144
ナポレオン ……………………214	パノプティコン ………………**198, 213**
西山夘三 ………46, 114, 160, 172, 174. **224**	バフィントン ……………………**31**
日照権 ……………………88	バブーフ ……………………**234**
2DK ……………………………106, 176	パ リ ……………………………24
日本インターナショナル建築会 ……220	パリ・オペラ座 ……………………**128**
日本建築家協会 ………………74, 84, 130	パリ万国博 ……………………30
日本工作文化連盟 ……………172, 220	バルセロナ博ドイツ館 ………………32
日本住宅公団 ……………………**227**	パルテノン ……………………186
日本相互銀行 ……………………56, 150	パルマン，G. ……………………**100**
日本の都市空間 ……………………178	パルマンシティ ……………………**102**
ニーマイヤー，O. ……………………94	バルーン・フレーム ……………**168**
ニュータウン運動 ……………166, 170	"はれ"と"け" ……………………188
ニュートン記念碑 ……………**215**	バロック ……………………190. **22**
ニューブルータリズム ……44, 90, 180	バロック庭園 ……………………**218**
ニューマチック ……………………60	ハワード，E. ……………122, 156. **78, 158**
ニューヨーク——都市の歴史 ………**188**	ハワード，J. ……………………**198**
ニューラナーク ……………………**191**	ハーン，M. ……………………**124**
ニューラナークとファミリーステール… **190**	万国博覧会 ……………………192
人間的尺度 ……………………124	バンシャフト，G. ……………40, 70
ヌムール ……………………52	バーンズ，E.R. ……………………**28**
ネッシュ，W. ……………………40	バンハム，R. ……………22, 180, 196
ネルヴィ，P.L. ……………………80	ピアッツァ・デル・カンピドリオ ……**64**
ノイトラ，R.J. …………132, 232. **168**	P.S.コンクリート ……………194, 218
ノイマン，B. ……………………**64**	美観論争 ……………………**202**
	ピクチャレスク ……………………**206**
は——ほ	ビクトリア時代 ……………………**224**
ハイジャ ……………………**100**	被サービス空間——サービス空間 ……196
バイロイト宮廷劇場 ……………**61**	尾州檜 ……………………198

美装	**178**
ビーダーマイヤー	**76**
ビーダーマイヤー風	**62**
ビーダーマイヤー様式	**208**
ヒチコック，H.R.	**32**
ビビエナ，G.G.d.	**61**
BBPR	146
ピュージン，A.W.N.	**30, 48, 51**
ヒューマニズム建築の源流	**145**
ピューリズム	**224**
表現主義	183, 200, 220
火除地	**184**
ピラネシ	**64**
ビルディング・エレメント論	**110**
ヒルデブラント	**157**
ビルトル，A.	**112**
ヒルベルザイマー，L.	89, 200. **172**, **244**
比例理論	**210**
ピロヴァノ，E.	**102**
ピロティ	140, 202, 250. **203**, **212**
広場	**204**
ファミリーステール	**79, 190**
ファランステール	**18**
ファン・エイク	**68**
ファンクショナル・トラディション	126
フィッシャー・フォン・エルラッハ，J.B.	**49, 157**
フィボナッチ級数	42
フィラデルフィア——都市の歴史	206
フィルム・センタービル	**189**
フィンステルリン，H.	59. **95**
風景式庭園	**206, 216**
フォード財団	34
フォード財団ビル	**212**
フォンテーヌ	**48**
吹抜け	**212**
複合建築	**210**
福沢諭吉	**184**
札の辻	112
フック・ニュータウン	44
ブッシュ	**124**
フッド，R.M.	**124**
フラー，B.	34, 82, **212**

プライヴァシー	**220**
プライス，C.	**119, 120**
フライングバットレス	**86**
ブラウン，L.	**206**
プラグイン・シティ	12
プラス・ボナベンチャー	210
ブラマンテ，B.L.	**116**
フランク，J.	**244**
プランナー	**214**
フーリエ，C.	**18, 190, 214**
フリードマン，Y.	37, 68, **110**
フリードリッヒ大王記念碑	**80**
プリミティブ・ビレッジ	**216**
ブールジョア，V.	**244**
ブルネルレスキ，F.	**190**
ブーレ，E.L.	**49, 214**
プレイボーイ・アーキテクチュア	132
プレキャスト工法	**194**
フレシナ，E.	**194**
プレファブ	192, 218. **138**, **168**
プレファブ住宅	**223**
フレーベル，F.	**94**
プレモス	151
ブロイヤー，M.	120, 132, 182. **25**, **246**
フロステル	**12**
ブロック，A.	**72**
ブロンデル，J.Fr.	**214, 232**
噴水	**216**
分離派	**148, 220**
ベアード	**120**
ベアリングウォール	**56**
ペイ，I.M.	**56, 70**
ベイコン，E.	**206**
平内吉政	**83**
ペイン・ナイト，R.	**206**
ペヴスナー，N.	86. **60**, **64**
ベシネット	**100**
ベッドタウン	**24**
ヘーリング，F.	59, 200. **14**, **56**
ベル，D.	**120**
ペルシエ	**48**
ペルツィヒ，H.	200. **244**
ベルニーニ	**36**

ベルラーヘ, H. P.	154. **88**
ベルリン計画	36, 62
ベルリン建築アカデミー校舎	**149**
ペレー, A.	32, 120, 250. **148, 172**
ベーレンス, P.	32, 200, 224, 250. **118, 244**
ペロー, C.	**36**
ヘロン, R.	**12**
ベンサム, J.	**198**
ペンテンコーフェル	**44**
ポー, E. A.	**76**
ボアンビル	**102**
ホイティック	**78**
方広寺	**28**
法隆寺東院夢殿	**222**
歩行者コンベヤー	**18**
ボザール	92, 120, 182
歩車道分離	**22**
ポスト・インダストリー・ソサイアティ	120
ポート・サンライト	**102**
母都市	**228**
ホープ, A.	**206**
ホフマン, J.	30, 250. **140, 244**
ボフラン, G.	**197, 214**
ホライン, H.	146. **58, 156**
堀口捨己	220. **150**
ポリクロミー	**67, 126, 142, 164**
ポルトマン, J.	**212**
ポンツィオ, F.	**22**
本野精吾	**114**
ボンマルシェ	**78**

ま――も

マイ, E.	94, 122. **112**
マイヤー, A.	**112**
マイヤール, R.	80. **173**
前川国男	56, 150. **202**
マグロウヒルビル	**189**
真島健三郎	**130**
マーシャルフィールドエアハウス	**240**
マーチン, L.	**44**
マッキントッシュ, C.	**30**
摩天楼	**175, 188**
マリネッティ, F. T.	228
丸の内街	**178**
マルロー, A.	**144**
マーレビッチ	**142**
マンサール	**37**
マンション	**222**
マンハッタン・ドーム	**82**
ミケランジェロ	184. **64**
ミース・ファン・デル・ローエ	88, 116, 120, 180, 182, 224. **12, 25, 67, 244**
三橋四郎	**104**
MIDO同人	**150, 162**
三宅雪嶺	**102**
未来都市	**226**
未来派	**228**
ミラノのガレリア	**16, 34**
ミラム・ビル	**86**
民 家	**230**
民衆論	**84**
ムーア, C. W.	**28, 34. 145, 168**
ムテジウス, H.	**118**
ムーブネット	**76, 232**
無名建築家の展覧会	**96**
村松貞次郎	**130**
ムルハウス	**100**
迷 園	**218**
メジャーストラクチュア	**36, 124**
メタボリズム・グループ	**232, 234**
メンデルゾーン, E.	200. **90**
木賃アパート	**162, 220**
モスク建設	**195**
モビールユニット	**236**
モホリ=ナギー	**182**
モラン, E.	**18**
森鷗外	**44**
モリス, W.	20, 183. **132**
モリス商会	**240**
森田慶一	**33**
森本厚吉	**182**

や――よ

焼 屋	**72**
ヤコブセン, A.	**32**
柳田国男	**222, 224**

屋　根	222
矢野龍渓	184
山片蟠桃	74
ヤマサキ，M.	70, 120, 134, 180
山本学治	186
山本信哉	26
遊歩道（モール）	16
床坐と椅子坐	224
ユーゲント・シュティール	30, 154
ユーソニアン・ハウス	168
ユートピア書簡	153
ユニテ	44, 88, 90, 238
ユニテ・ダビタシオン	239. 58
幼稚園談義（キンダーガーデン・チャッツ）	93
浴　場	182, 226

ら――ろ

ライト，F.L.	58, 98, 148, 154, 186, 220, 245, 250. 54, 86, 90, 94, 168, 240
ラーキンビル	86, 212
ラ・グラン・ボンヌ	108
ラ・サラ宣言	67
ラスキン，J.	183. 30, 66, 98, 118, 128
ラスベガスから学ぶこと	26. 87
ラーディング，A.	244
ラドバーン	22, 122. 108
ラブルースト，H.	128
ランドスケープ	54
利　休	164
リージェント・ストリート	34
リージェント・パーク	207
理性時代	49
理性主義	208
理想都市	246
リチャーズ，J.M.	119
リチャーズ，B.	18, 146
リチャーズ医学研究所	76, 82, 196
リチャードソン，H.H.	240
リチャードソン，B.	100
リートフェルト，G.T.	32, 154
緑地帯	228
リングシュトラーセ	34
リンチ，K.	26, 138, 152, 164, 166, 183, 184, 236
ルイ14世	68
ルヴォ，L.	36
ルクー，J.J.	49
ル・コルビュジエ	22, 42, 44, 50, 58, 90, 94, 102, 120, 122, 126, 180, 186, 192, 202, 246, 250, 252. 12, 58, 204, 244
ルドゥ，C.N.	16, 50, 214, 232
ルドフスキー，B.	216. 24
ルドルフ，P.	82, 120, 132, 180
ル・ノートル	36, 206
ルーバー	252
ルンギ，M.	22
レイクショア・ドライブアパート	32, 224
例の会	84
レヴァハウス	40, 56
レヴェット，N.	128
レオナルド・ダ・ヴィンチ	64, 68, 116
レオニード	112
歴史博物館	126
レッチワース	122
レディメイド・アーキテクチュア	119
レプトン，H.	207
レーモンド，A.	76
レン，C.	36, 197
ロイヤル・フェスティバル・ホール	44
ロージェ，A.	214
ロース，A.	32, 58. 24, 123, 126, 156, 236
ローチ，K.	16, 34. 58
ロディア，S.	72
ローハンプトン団地	44, 123, 180
ロビー邸	242
ローマ――都市の歴史	254
ロマネスク	195, 240
ローマン主義	50, 208
ロンドン	24
ロンドン――都市の歴史	256

わ

| ワイセンホフ・ジードルンク | 202, 218, 238. 244 |
| 我国将来の建築様式は如何にすべきや | 104 |

ワグナー，O. ················30, 58. **24**, **35**, **46**
ワグナー，W. R. ·····························**62**

ワックスマン，K. ······················110, 132
ワッツ・タワー ··································72

引用文献

Architectures' Year Book 12 / Elek Books, 1968
Architecture Today & Tommorow / Cranston Jones, McGraw-Hill Book Co., 1961
Architecture without Architects / Bernard Rudofsky, The Museum of Modern Art, N. Y., 1969
Arcology / Paolo Soleri, MIT Press, 1969
Candilis・Josic・Woods / Karl Krämer Verlag, Stuttgart, 1968
Le Corbusier 1946-52 / Verlag für Architektur, Zürich, 1953
Le Corbusier 1910-65 / Verlag für Architektur, Zürich, 1967
L'ORDRE OGIVAL / François Cali, B. Arthaud, Paris, 1963
Louis Sullivan / Albert Bush-Brown, George Braziller Inc., 1960
Matrix of Man / Sibyl Moholy-Nagy, Fredeick A. Praeger, 1968
Neuer Wohnbau in England / Hansmartin Bruckman, David L. Lowis, Karl Krämer Verlag, Stuttgart, 1960
Streets for People / Bernard Rudofsky, American Heritage Publishing Co., 1964
The Age of Art Nouveau / Maurich Rheims, Thomes and Hudson, 1965
The Machin / The Museum of Modern Art, N. Y., 1968
The New Brutalism / Reyner Banham, Reinhold Publishing Corp., 1966
The Pedestrian in the City / David Lewis, Elek Books, 1965
The Radiant City / Le Corbusier The Orion Press, N. Y., 1964
The Turning Point of Building / Konard Wachsmann, Reinhold Publishing Corp., 1961
The View from the Road / Donald Appleyard, Kevin Lynch, John R. Myer, MIT, 1964
Town Scape / Gordon Cullen, The Architectural Press, 1961
Urban Design Manhattan / Regional Plan Association, Studio Vista, 1969
Walter Gropius / S. Giedion, Reinhold Publishing Co., 1954
ウィリアム・モリス（近代建築家8）／白石博三，彰国社，1954
桂——日本建築における伝統と創造／ワルター・グロピウス，丹下健三，造型社，1960
桂と日光（日本の美術20）／大河直躬，平凡社，1964
空間としての建築（Saper Vedere L' Architettura）／ブルーノ・ゼヴィ，栗田勇（訳），青銅社，1966
幻想の建築（Phantastische Architekur）／ウルリヒ・コンラーツ，ハンス・G・シュベルリヒ，藤森健次（訳），彰国社，1966
現代建築愚作論／八田利也，彰国社，1961
現代建築事典／浜口隆一・神代雄一郎（監修），鹿島出版会，1965
現代建築12章／山本学治（編），鹿島出版会，1965
現代日本の住宅／林雅子，彰国社，1969
建築めざして（Vers une Architecture）／ル・コルビュジエ，吉阪隆正（訳），鹿島出版会，1967
行動建築論／黒川紀章，彰国社，1967
コミュニティとプライバシイ（Community and Privacy）／S. シャマイエフ，C. アレキサンダー，岡田新一（訳），鹿島出版会1967
これからの住まい／西山卯三，相模書房，

30坪以内の理想の小住宅及茶室／広江文彦　地球出版，1954
空間・時間・建築(Space, Time and Architecture)／S.ギーディオン，太田実(訳)，丸善
住宅計画／西山夘三，勁草書房，1967
生活領域の形成に関する研究（昭和39年度住宅公団建築論文集）／鈴木成文，住宅公団建築部調査研究課
西洋建築史（建築学大系5）／彰国社，1968
素材と造形の歴史／山本学治，鹿島出版会，1966
チーム10の思想／寺田秀夫(訳)，彰国社，1970
道具考／栄久庵憲司，鹿島出版会，1969
透視図／黒田正巳，美術出版社，1965
日本建築の形と空間／ノーマン・F・カーヴァ，彰国社，1956
METABOLISM—1960／美術出版社，1960
モダン・デザインの展開 (Pioneers of Modern Architecture)／N.ペヴスナー，白石博三(訳)，みすず書房，1957
ヨーロッパ建築序説 (An Outline of European Architecture)／N.ペヴスナー，小林文次（訳），1954
日本美の再発見／ブルーノ・タウト，篠田英雄(訳)，岩波書店，1939
わが国土の設計／上田篤　他，学芸書林，1969

Architectural Design 1962-8, 1965-12, 1968-12
Casabella 281
domus 1968-5
EDILIZIA MODERNA 80
L'architecture d'aujourd'hui 1957-9, 1962-6,7, 1965-11, 1966-11
Progressive Architecture 1961-4
L'architettura 1969-11
Architectural Forum 1963-10

aujourd'hui 1966-5,6
SD 1965-6, 1966-2
近代建築 1960-7
建築　1961-3,6,8,9,12,1962-8,10
建築雑誌 1948-7
建築文化　1961-11, 1963-12, 1967-1, 1968-1 1969-9, 1970-9
国際建築　1955-11, 1958-2, 1962-11, 1967-1, 1965-11
新建築 1954-11, 1970-1
都市住宅 1969-12

写真提供

荒井政夫（新建築社）p.125
川澄明男　p.97, 163
葛西宗誠　p.105（下）
彰国社写真部　p.57（下）77, 131, 189, 223
中村　保　p.107
平山忠治　p.55（下）
宮脇　檀　p.17, 35, 91, 203, 205
村井　修　p.109
村沢文雄　p.161
渡辺義雄　p.199
ノーマン・F・カーヴァ　p.55, 105（上）

著者略歴

宮脇　檀（みやわき　まゆみ）

1936年　愛知県生まれ
1959年　東京藝術大学美術学部建築科卒業
1961年　東京大学大学院修士課程修了
1964年　宮脇檀建築研究室設立
1991年　日本大学生産工学部建築工学科研究所教授
1998年　没（享年62歳）
著書に『日本の住宅設計』（編著、彰国社）、『吉村順三のディテール』（共著、彰国社）、『日曜日の住居学』（丸善、講談社＋α文庫）、『旅は俗悪がいい』（グロビュー社、中公文庫）、『宮脇檀の住宅設計ノウハウ』（丸善）、『それでも建てたい家』（新潮社、新潮文庫）、『都会に住みたい』『度々の旅』（PHP研究所）、『父たちよ家へ帰れ』『男と女の家』（新潮社）、『暮らしをデザインする』（丸善）ほか。

〈コンペイトウ〉
井出　建（いで　たけし）

1945年　東京都生まれ
1969年　東京藝術大学美術学部建築科卒業
現　在　環境計画機構主宰
NPO住宅・建築・都市政策支援集団理事
2009年1月から日本建築士会連合会会誌「建築士」編集を担当。
著書に『ハウジング・コンプレックス』（共著、彰国社）、『建築とまちなみ景観』（共著、ぎょうせい）、『消えゆく同潤会アパートメント』（共著、河出書房新社）ほか。

松山　巖（まつやま　いわお）

1945年　東京都生まれ
1970年　東京藝術大学美術学部建築科卒業
作家、評論家。
著書に『乱歩と東京』（PARCO出版、ちくま学芸文庫、双葉文庫/日本推理作家協会賞）、『世紀末の一年』（朝日新聞社）、『都市という廃墟』（新潮社、ちくま学芸文庫）、『うわさの遠近法』（青土社、講談社学術文庫、ちくま学芸文庫/サントリー学芸賞）、『闇のなかの石』（文藝春秋/伊藤整文学賞）、『群衆―機械のなかの難民』（中央公論社、中公文庫/読売文学賞）、『くるーりくるくる』（幻戯書房）、『猫風船』（みすず書房）、『建築はほほえむ』（西田書店）ほか。

元倉眞琴（もとくら まこと）

1946 年　千葉県生まれ
1969 年　東京藝術大学美術学部建築科卒業
1971 年　同大学院建築専攻修了
1971 年　槇総合計画事務所（〜76 年）
1980 年〜スタジオ建築計画代表
1998 年　東北芸術工科大学環境デザイン学科教授（〜2008 年）
2008 年〜東京藝術大学美術学部建築科教授
著書に『アーバン・ファサード』（住まいの図書館出版局）、『ハウジング・コンプレックス』（共著、彰国社）ほか。

復刻版　現代建築用語録

1971 年 5 月 15 日　第 1 版　発　行
2011 年 8 月 10 日　復刻版　発　行

著　者　　宮　　脇　　　　　檀
　　　　　コ　ン　ペ　イ　ト　ウ

発行者　　後　　藤　　　　　武

発行所　　株式会社　彰　国　社

著作権者との協定により検印省略

自然科学書協会会員
工学書協会会員

Printed in Japan

© 宮脇檀・コンペイトウ　2011年

162-0067　東京都新宿区富久町8-21
電　話 03-3359-3231　　（大代表）
振替口座　　　00160-2-173401

印刷：壮光舎印刷　製本：誠幸堂

ISBN 978-4-395-01234-3 C 3052　http://www.shokokusha.co.jp

本書の内容の一部あるいは全部を、無断で複写（コピー）、複製、および磁気または光記録媒体等への入力を禁止します。許諾については小社あてご照会ください。